INSTRUMENTA LABORIS
EL MANUAL DEL FILÓLOGO GRIEGO

Serie: LINGÜÍSTICA Y FILOLOGÍA, 97

Instrumenta laboris : el manual del filólogo griego / Pérez Moro, David, coord. – Valladolid: Ediciones Universidad de Valladolid, ed., 2025

184 p. ; 24 cm. Lingüística y filología ; 97

ISBN 978-84-1320-361-4

1. Filología griega. 2. Guías, manuales. I. Universidad de Valladolid. II. Serie

80
811.14

DAVID PÉREZ MORO

(Coord.)

INSTRUMENTA LABORIS
EL MANUAL DEL FILÓLOGO GRIEGO

En conformidad con la política editorial de Ediciones Universidad de Valladolid (http://www.publicaciones.uva.es/), este libro ha superado una evaluación por pares de doble ciego realizada por revisores externos a la Universidad de Valladolid.

Preimpresión: Ediciones Universidad de Valladolid

ISBN 978-84-1320-361-4

Diseño de cubierta: Ediciones Universidad de Valladolid

Motivo de cubierta: Acrópolis de Lindos (Rodas, Grecia). Fotografía del autor

Depósito Legal: VA 540-2025

Imprime: SAFEKAT

ÍNDICE

INTRODUCCIÓN

El presente volumen, al que hemos titulado «*Instrumenta laboris*: el manual del Filólogo Griego», tiene su origen entre finales del año 2020 y comienzos del 2021, momento en el que los entonces miembros del Área de Griego del Departamento de Filología Clásica de la Universidad de Valladolid participaron en un Seminario que llevaba como título el mismo que da nombre a este manual, «*Instrumenta laboris*».[1] En este Seminario, se buscaba presentar las herramientas más fundamentales para el estudio de la Filología Griega, yendo estas desde los diversos modos de escribir en griego politónico y micénico en ordenadores hasta recursos de Griego Moderno pasando por bibliografía y herramientas de la lengua y literatura clásicas y posclásicas. Originariamente, el Seminario «*Instrumenta laboris*» estaba dirigido a los alumnos del Grado de Estudios Clásicos, Máster Universitario de Profesorado de Educación Secundaria Obligatoria y Bachillerato y Máster Universitario y Programa de Doctorado de Textos de la Antigüedad Clásica y su Pervivencia de la Universidad de Valladolid. No obstante, la difusión de este Seminario suscitó el interés de numerosos asistentes tanto del ámbito nacional como internacional y no solo del ámbito de la Filología Clásica. Como consecuencia del éxito de este Seminario, se ha decidido elaborar –mediante un enfoque didáctico y accesible– el presente manual, con el propósito de ofrecer a las nuevas generaciones una obra de consulta que reúna, de manera clasificada y comentada, tanto la bibliografía fundamental como los recursos digitales más actuales.[2] Conviene, no obstante, señalar brevemente algunas de las limitaciones inherentes a este tipo de compilaciones. Por una parte, como se verá en el siguiente párrafo, las obras de esta índole incluyen recursos bibliográficos cuya vigencia, si bien puede considerarse relativamente estable, exige una revisión periódica. Por otra parte,

---

[1] Agradecemos enormemente a los colaboradores del Seminario que se celebró del 14 de abril al 6 de mayo de 2021 (Universidad de Valladolid, Sociedad Española de Estudios Clásicos, Asociación Hispano-Helénica y Asociación Ganimedes de Jóvenes Investigadores), así como a los ponentes que accedieron a participar en él: Patricia Varona Codeso, Antonio Revuelta Puigdollers (invitado de la UAM), Alfonso Vives Cuesta, Petros Tsagkaropoulos, David Álvarez Cineira, Alberto del Campo Echevarría y Amor López Jimeno.

[2] Nos gustaría aclarar que este manual no constituye ni unas actas ni una puesta por escrito de lo que se expuso en dicho Seminario, sino que la actividad que se celebró en el año 2021 se puede caracterizar como la semilla que, al germinar, produjo esta obra como si de un fruto se tratara.

los recursos digitales presentan una validez limitada, ya que pueden quedar obsoletos por la aparición de herramientas más recientes o, incluso, resultar inaccesibles en el futuro debido a diversas circunstancias –como la caída de enlaces, la migración de las páginas webs o la falta de soporte económico–.

Mediante el presente volumen se ha tratado de cubrir un vacío, a nuestro juicio, existente en los manuales científicos de Filología Griega. Estos manuales abordan las diferentes áreas de conocimiento de nuestra disciplina de una forma teórica, es decir, con una finalidad investigadora y a un público experimentado en la materia. No obstante, en estos manuales, como consecuencia de dicha finalidad por parte de sus autores, se tiende a omitir las fuentes bibliográficas más generales. La omisión de este tipo de bibliografía genera una mayor dificultad y esfuerzo por parte de los estudiantes o los investigadores noveles de Filología Griega, quienes, como resultado de los nuevos –y restringidos– planes de estudios, no llegan, en ocasiones, a aproximarse a esta bibliografía más general. Este manual no constituye una completa innovación en el ámbito, puesto que en el último siglo ha habido obras con unas características muy similares, como, por ejemplo, *Veinte años de filología griega (1984-2004)* editado por Francisco Rodríguez Adrados en el año 2008 o, en el campo de la Bizantinística, *El Imperio Bizantino: Historia y Civilización. Coordenadas bibliográficas* elaborado por Antonio Bravo García, Juan Signes Codoñer y Esteban Rubio Gómez en 1997. Sin embargo, como advertíamos previamente, esta tipología de manuales ha de ser actualizado con una cierta asiduidad, ya que el número no solo de obras sino también de recursos bibliográficos a disposición del estudiante e investigador, sobre todo aquellos en línea o digitales, crece a una gran velocidad.

«*Instrumenta laboris*: el manual del Filólogo Griego» es una obra de consulta para aquellos estudiantes, investigadores noveles o aficionados que busquen bibliografía sobre las áreas de conocimiento incluidas o afines a nuestra disciplina. Por este motivo, las obras o recursos relativos a cada uno de los capítulos no serán meramente citados, sino que irán acompañados de un breve pero descriptivo comentario que permita al lector conocer el contenido de cada volumen citado y/o periodo y perspectiva abordados por su autor o autores. Asimismo, las referencias comentadas en los diferentes capítulos no se limitan temporalmente a la Época Clásica, sino que se han introducido también referencias bibliográficas relativas a periodos previos, como Edad de Bronce o Época Arcaica, y posteriores, como Época Helenística, Imperial o, incluso, Bizantina. Como es de esperar, en el presente volumen no se han comentado todas las referencias bibliográficas existentes, ya que ello constituiría una labor imposible de realizar con exhaustividad. Cada uno de los autores de los seis próximos capítulos han tratado de establecer un equilibrio –que esperamos haber alcanzado– entre el número de obras consideradas de gran importancia para el Filólogo Griego y el breve comentario de dichas obras.

De acuerdo con lo que acabamos de indicar, este manual se divide en seis capítulos, mediante los cuales hemos querido abarcar el mayor número de áreas de conocimiento de o afines a la Filología Griega. Los títulos de cada uno de los capítulos tratan de ser lo más breves, sintéticos y transparentes posibles, con la intención de evitar posibles confusiones. Asimismo, se ha optado por introducir la preposición *Sobre* (*Περί* en griego) al comienzo de cada uno de ellos como un pequeño homenaje a los títulos de algunos tratados griegos (*Περὶ τῆς εἰρήνης* de Isócrates, *Περὶ ψυχῆς* de Aristóteles o *Περὶ ὕψους* de Pseudo-Longino, entre otros). Los capítulos se han diseñado con cierta homogeneidad de extensión, aunque con una salvedad: el capítulo primero, *Sobre la Lengua griega I: diccionarios y gramáticas*. Este capítulo, dada su naturaleza vertebradora dentro de la Filología Griega, tendrá una extensión mayor al resto. Al final de cada capítulo, el lector encontrará un listado bibliográfico del propio capítulo. Este apartado bibliográfico se subdividirá entre aquellos recursos impresos y aquellos en línea –junto a su correspondiente enlace, con el que podrá acceder parcial o totalmente a ellos de manera legal–.

1. *Sobre la Lengua griega I: diccionarios y gramáticas*, elaborado por Alfonso Vives Cuesta (Universidad de Valladolid). Este capítulo aborda los instrumentos más lingüísticos, como son los diccionarios y gramáticas, aunque también los manuales y enciclopedias. El capítulo inicia con una introducción sobre elementos de la lingüística general (1). Tras esta introducción, Vives Cuesta describe las herramientas para el estudio del componente gramatical de la lengua griega (2), como son gramáticas, enciclopedias y compendios colaborativos, repertorios bibliográficos centrados en la lingüística griega, obras de carácter histórico y dialectológico. El capítulo primero concluye con un apartado dedicado íntegramente a los diccionarios (3). En él, su autor distingue entre aquellos diccionarios de carácter general, aquellos más específicos y, por último, aquellos recursos enfocados al estudio del léxico griego.

2. *Sobre la Lengua griega II: los textos y sus traducciones*, elaborado por David Pérez Moro (Universidad de Granada). Este segundo capítulo continúa ocupándose de la lengua griega, aunque ya no desde el punto de vista lingüístico, como sucedía en el capítulo anterior, sino que tiene como objetivo el texto en sí. En este capítulo, Pérez Moro distingue entre aquellas ediciones sin traducción (1), aquellos textos traducidos (2) y los textos de colecciones bilingües (3). Estos apartados no constituyen una enumeración de todas las obras de las diferentes editoriales o colecciones, sino una presentación de las colecciones, centrándose en el contenido y en el público al que se dirigen. Este capítulo concluye con las principales herramientas digitales –o bases de datos– que contienen textos en lengua griega (4).

3. *Sobre la Literatura griega*, elaborado por Isabel Varillas Sánchez (Universidad de Valladolid). Este tercer capítulo deja el campo de los instrumentos y herramientas para el estudio de los textos para ocuparse del ámbito de la literatura griega. En él, Varillas Sánchez elabora una descripción bibliográfica cronológica a través de los recursos del siglo XX, es decir, el periodo de las *Historias de las Literaturas* (1), y del siglo XXI, esto es, la era de los compendios –*Companions* y *Handbook*– (2). Tras este análisis, el capítulo contiene un apartado final en el que se detallan los libros y recursos

más importantes según cada época (3), distinguiendo entre Época Arcaica, Clásica, Helenística, Imperial e, incluso, Bizantina.

4. *Sobre la Historia, Historia del Arte, Arqueología y Geografía*, elaborado por Alfredo Calahorra Bartolomé (Instituto de Lenguas y Culturas del Mediterráneo y Oriente Próximo–CSIC). El cuarto capítulo de este volumen se ocupa de los recursos bibliográficos de ámbitos históricos, arqueológicos y geográficos. Tras una breve introducción (1), Calahorra Bartolomé comienza su análisis con los recursos relativos a la Historia (2), donde se distinguirán las obras de carácter general de aquellas que aborden exclusivamente un periodo (Edad de Bronce, Periodos Postmicénico y Arcaico, Clásico y Helenístico). Concluido este apartado, su autor se ocupa de los recursos de la Historia del Arte y la Arqueología (3), diferenciando en esta ocasión las obras de carácter general de aquellas relativas a la arquitectura, escultura y pintura y aquellas obras del ámbito de la arqueología. Este capítulo cuarto concluye con las obras y recursos propios de la Geografía (4), en los que se divide entre obras generales, obras sobre la Antigua Grecia y los recursos digitales para la geografía griega antigua.

5. *Sobre la Epigrafía griega*, elaborado por Sandra Muñoz Martínez (Universitat de Barcelona). El quinto capítulo empieza con una introducción –o, si se nos permite, una reflexión– sobre el porqué del estudio de la epigrafía, así como la situación actual de esta disciplina en el sistema universitario español.[3] En ella, su autora expone tanto qué es la epigrafía como para qué sirve (1), abordando tipologías, primeros testimonios y el estudio de la epigrafía griega. Tras esta introducción, se encontrará un análisis de los manuales y publicaciones de carácter no periódico (2), los distintos *corpora* (3), según distingan zonas geográficas o temáticas. A continuación, Muñoz Martínez describe los recursos en línea de la epigrafía griega (4), así como las publicaciones periódicas (5 y 6). Este capítulo quinto concluye con unas pautas sobre dónde obtener fotografías de inscripciones (7) y qué museos o colecciones epigráficas existen (8).

6. *Sobre la Paleografía y Codicología griegas*, elaborado por Carmen García Bueno (Instituto de Lenguas y Culturas del Mediterráneo y Oriente Próximo–CSIC). El sexto y último capítulo de este volumen da comienzo con una introducción tanto terminológica como descriptiva de la disciplina, así como con una reflexión sobre la situación de esta disciplina dentro de la Filología Griega española (1). A partir de ahí, García Bueno divide su capítulo en tres grandes bloques: en primer lugar, la bibliografía relativa a la Paleografía (2), donde se distingue entre las referencias generales y los manuales de esta disciplina; a continuación, aquellos recursos propios de la Codicología (3) en un único apartado; y, por último, los recursos digitales (4) existentes sobre estas dos disciplinas.

---

[3] Esta misma reflexión introductoria se observará también en el capítulo sexto del volumen. La decisión de incorporar dicha reflexión por parte de cada una de las autoras se produce como consecuencia de la precaria situación de estas disciplinas (epigrafía, y paleografía y codicología griegas) en los modernos planes de estudio de España.

Como se puede observar, la estructura del presente volumen responde tanto a una concepción amplia de la Filología Griega como al objetivo pedagógico de proporcionar al lector –especialmente al estudiante o investigador novel– una introducción sólida a sus instrumentos fundamentales. En este marco, los capítulos dedicados a la epigrafía griega (capítulo 5) y a la paleografía y codicología griegas (capítulo 6) no constituyen un añadido arbitrario, sino una elección meditada y justificada tanto por su valor formativo como por su pertinencia filológica.

En primer lugar, la epigrafía debe entenderse como una manifestación textual más del griego antiguo y no como una mera disciplina auxiliar desligada del quehacer filológico. El estudio de las inscripciones griegas permite acceder a textos originales que, a diferencia de los literarios, han llegado hasta nosotros sin la mediación de la tradición manuscrita, es decir, sin los filtros de selección, copia y transmisión propios de la literatura de autor.

Por su parte, la paleografía y la codicología griegas constituyen herramientas imprescindibles para acceder y evaluar el testimonio manuscrito de los textos clásicos. Aunque tradicionalmente consideradas disciplinas técnicas o auxiliares, hoy se reconoce cada vez más su dimensión autónoma dentro de los estudios clásicos. La formación básica en estas áreas permite al filólogo no solo comprender la transmisión textual, sino también valorar críticamente el soporte material del texto y entender los condicionamientos históricos de la lectura y la escritura.

Es cierto que otras disciplinas igualmente relevantes –como la papirología, la ecdótica o la teoría de la transmisión textual– podrían haber sido incluidas. No obstante, la configuración del volumen obedece también a su origen concreto en una reunión de especialistas, que determinó en parte el alcance temático. En cualquier caso, no se pretende agotar la totalidad de los campos de especialización filológica, sino proporcionar una base representativa y operativa para una posterior profundización.

Para concluir, con la intención de ser lo más exhaustivos posibles –tratando de conservar el equilibrio del que hemos hablado previamente– cada capítulo ha sido objeto de discusiones con diferentes miembros de la comunidad universitaria española. Por ello, mediante estas palabras queremos agradecer enormemente su tiempo y esfuerzo, así como sus sugerencias y correcciones, a Jesús Polo Arrondo (Universidad Autónoma de Madrid), José Antonio Izquierdo Izquierdo (Universidad de Valladolid), Juan Signes Codoñer (Universidad Complutense de Madrid), Mª Paz de Hoz García-Bellido (Universidad Complutense de Madrid) y Paula Caballero Sánchez (Universidad de Málaga).

David Pérez Moro
Universidad de Granada
Julio, 2025

Lista de Autores

ALFREDO CALAHORRA BARTOLOMÉ es el coordinador de la oficina CLARIAH-ES en el Instituto de Lenguas y Culturas del Mediterráneo y Oriente Próximo (ILC) del CSIC, enfocada a la dimensión digital de las humanidades. Estudió el Grado en Historia del Arte en la Universidad Complutense. Completó su Máster en Estudios Medievales y su Doctorado en Historia del Arte en la misma Universidad. Su tesis doctoral abordó el desarrollo del Gran Palacio, sede del poder en Constantinopla. Su campo de estudio es el arte bizantino a partir de las descripciones presentes en los textos. Tiene un interés particular por el periodo iconoclasta, la topografía de la capital bizantina y el diseño virtual en 3D. Ha colaborado en proyectos como MABILUS (Manuscritos bizantinos iluminados en España) o COMURB (Lugares del comercio y su papel nuclear en el urbanismo de la periferia romana).

CARMEN GARCÍA BUENO es Licenciada en Filología Clásica por la Universidad de Valladolid y Doctora en la misma especialidad por la Universidad Complutense con una tesis sobre Paleografía Griega. Ha participado en varios proyectos nacionales y europeos en los que se han estudiado diferentes aspectos de los manuscritos griegos, especialmente de aquellos depositados en instituciones españolas. Actualmente es contratada posdoctoral en el Instituto de Lenguas y Culturas del Mediterráneo y Oriente Próximo (ILC) del CSIC, en el programa *Momentum*, con un proyecto para desarrollar una herramienta digital de reconocimiento de escritura manual aplicada a las escrituras griega y árabe.

SANDRA MUÑOZ MARTÍNEZ es Graduada en Filología Clásica por la Universitat de València y Doctora en Estudios Lingüísticos, Literarios y Culturales, con especialización en Filología Clásica, por la Universitat de Barcelona, institución en la que actualmente desarrolla su labor como investigadora postdoctoral. Su tesis doctoral, titulada *Bilingual (Greek-Latin) Metrical Inscriptions from the Roman Western World: Corpus and Analysis*, constituye el eje vertebrador de su trayectoria investigadora, centrada en la epigrafía griega y latina, la sociolingüística, los estudios clásicos –especialmente lírica y teatro– y los contactos culturales. Estas líneas de investigación las ha desarrollado en el marco de diversos proyectos nacionales e internacionales en los que participa.

DAVID PÉREZ MORO es Graduado en Estudios Clásicos por la Universidad de Valladolid, donde también cursó su Máster en Profesor de ESO y Bachillerato y su Máster en Textos de la Antigüedad Clásica y su Pervivencia. Completó su formación con su Doctorado en Filología Griega, bajo la supervisión de Juan Signes Codoñer. En su tesis se analiza lexicográficamente un conjunto de metáfrasis de la *Ilíada* de Homero compuestas en época bizantina. Tras su discusión, se incorporó como investigador postdoctoral en el Departamento de Lingüística de la Universidad de Gante (Universiteit Gent). Actualmente es Profesor Ayudante Doctor de la Universidad de Granada y miembro del equipo de investigación del proyecto ERC *MELA: The Meaning of Language*, dirigido por Andrea M. Cuomo. Sus líneas de investigación se centran en los niveles de lengua y en la enseñanza del griego en época bizantina.

ISABEL VARILLAS SÁNCHEZ, natural de Salamanca, donde estudió la Licenciatura de Filología Clásica, es desde 2022 Profesora Asociada en el Departamento de Filología Clásica, Área de Griego, de la Universidad de Valladolid. Allí defendió en 2021 su tesis doctoral sobre la *Recensión pisistrátida de los poemas homéricos en las fuentes literarias*, con mención internacional, habiendo realizado estancias de investigación en Oxford y Atenas. Sus temas de investigación principales son la cuestión homérica, los procesos de reescritura de textos clásicos y la Atenas de época arcaica. Es también miembro del GIR *Metáfrasis: Reescritura y autoría en el mundo grecolatino (s. I–XV)*. Además, desde 2018 compagina su actividad investigadora con la de profesora de secundaria en diferentes institutos públicos de Castilla y León.

ALFONSO VIVES CUESTA es doctorando en Filología Clásica por la Universidad de Salamanca, redacta su tesis sobre la sintaxis y el léxico de los *verba dicendi* en griego antiguo. Es, además, especialista en Orígenes del Cristianismo (UVa) y Orientalística y Egiptología (UCM). Ha realizado estancias en Bolonia, Oxford y Roma. Como docente, imparte clases en la Universidad de Valladolid y en el Estudio Teológico Agustiniano de Valladolid, además de coordinar varias sedes de la Fundación Instituto Bíblico y Oriental. Sus investigaciones abarcan diversos temas de lingüística griega, griego bíblico y bizantino, y la relación entre la Biblia y la literatura del Próximo Oriente Antiguo.

1. Sobre la Lengua griega I: diccionarios y gramáticas[1]

Alfonso Vives Cuesta[2]
Universidad de Valladolid

1. Introducción: conceptos básicos

Las siguientes páginas solo podrán cobrar algún sentido si cumplen con su principal objetivo de servir de kit bibliográfico «de primeros auxilios» para que el estudiante de Grado en Estudios Clásicos tenga agrupados los principales recursos que, a nuestro parecer, se consideran de referencia obligada en el proceso de su primer acercamiento sólido al estudio de la lengua griega en la Universidad.[3] Lejos de nuestro propósito está elaborar un estado de la cuestión sobre los temas aquí tratados, ni tampoco ser mínimamente exhaustivos en la consideración de los asuntos particulares que por su naturaleza y alcance son obviamente inabarcables, tratándose como es el caso de disciplinas tan amplias y de límites tan difusos como todas

---

[1] El autor de este trabajo forma parte del equipo de trabajo de dos proyectos de investigación nacionales que, en mayor o menor medida, están presentados por las temáticas de este trabajo: *Interacción del léxico y la sintaxis en griego antiguo y latín 2: Diccionario de Colocaciones Latinas (DiCoLat) y Diccionario de Colocaciones del Griego Antiguo (DiCoGrA)* (PID2021-125076NB-C42) y *El autor bizantino III: metáfrasis, reescritura y recepción* (PID2019-105102GB-I00). Agradezco, por otra parte, a los dos revisores anónimos de este trabajo sus observaciones y comentarios. Cualquier error o imprecisión que permanezca en estas páginas es de mi exclusiva responsabilidad.</br>
[2] Correo electrónico: alfonso.vives@uva.es.</br>
[3] Esta es la denominación propia del plan de estudios vigente en la Universidad de Valladolid desde 2014. En el ámbito español, sin embargo, sigue dominando la etiqueta tradicional de *Filología Clásica* con la única excepción, aparte del caso vallisoletano, de la Universidad Autónoma de Madrid, que en los últimos años ha compartido un grado con Historia Antigua denominado *Ciencias de la Antigüedad*. No obstante, estas páginas pueden ir destinadas a cualquier tipo de estudiante que persiga realizar una inmersión académica de nivel especializado en el aprendizaje de la lengua griega, sea alumno de un grado universitario o no. Agradezco a los revisores de este capítulo sus enriquecedoras aportaciones y matizaciones críticas. Asimismo, informo que la bibliografía y webgrafía que se comenta en nota al pie se considera secundaria, mientras que en el cuerpo del texto se citarán las obras principales sobre las que versarán los comentarios y, por tanto, las citas en ellos serán completas. En las referencias bibliográficas del final, no obstante, se dará cuenta de todas las obras citadas en ambos niveles, salvo de las referencias webgráficas exclusivas para evitar redundancias.

aquellas que se circunscriben al ámbito lingüístico dentro de la Filología Griega. Para ello, los estudiantes contarán con la guía de sus profesores y el desarrollo de los programas docentes que estos diseñen en el ejercicio de su libertad de cátedra.

Una síntesis tan extrema como la que aquí se propone obviamente se ve condicionada por razones de extensión y por la finalidad introductoria del capítulo. En consecuencia, la selección se impone. De entre los innumerables *Instrumenta* para el abordaje de la lengua que la tradición filológica ha generado desde época alejandrina hasta nuestros días, donde imperan los recursos electrónicos en el ámbito de las Humanidades Digitales, pondremos el foco exclusivamente en aquellas obras (manuales, compendios, diccionarios, enciclopedias, artículos de referencia, etc.) que, según nuestro criterio basado en la experiencia universitaria docente de más de una década, constituyen obras de inexcusable referencia para emprender la tarea del aprendizaje de la lengua griega desde sus primeras etapas. La exigencia de síntesis es enorme, pues pocos ámbitos existirán para el filólogo clásico más instrumentales y de contacto cotidiano a la hora de enfrentarse al análisis, comentario y traducción de los textos que el que supone el estudio de la gramática y del léxico.

No se puede acceder a la filología de los textos griegos sin tener en cuenta los presupuestos contemporáneos que afectan al estudio riguroso y científico de la lengua, entendida, al modo funcionalista, como un conjunto de signos cuyo principal objetivo es el intercambio comunicativo. A lo largo del último siglo, la teoría lingüística, sobre todo en sus vertientes más formales (como el estructuralismo o la gramática generativa) ha propuesto por principio la segmentación del lenguaje en diferentes módulos que se corresponderían con parcelas diferenciadas del diasistema lingüístico de cualquier lengua: fonética, morfología, sintaxis, semántica, pragmática, etc. En este capítulo vamos a seguir los postulados de esa división por ser los que históricamente han resultado dominantes en las descripciones generalistas (especialmente, las de carácter más escolar) y que se han ocupado de exponer la gramática griega, aunque somos conscientes de que hay posturas teóricas más recientes, de orientación metodológica funcional-tipológica, que abjurarían de dicha modularidad. Desde una perspectiva puramente onomasiológica, suele hablarse de tres componentes fundamentales que vertebran el particular estudio lingüístico de una lengua de corpus sin hablantes nativos vivos con los que realizar pruebas de aceptabilidad. Partiendo de la *forma*, hay diversos niveles de gradual complejidad en sus unidades metalingüísticas constitutivas. Así, la FONÉTICA[4] estudia los sonidos (también los de una lengua de *corpus*) y la FONOLOGÍA[5] estudia los *fonemas*, es decir,

---

[4] Un enfoque teórico general para el estudio de la fonética suficiente para el abordaje de los hechos griegos puede alcanzarse con la consulta del manual de Hardcastle y Laver (1996). La fonética griega está íntimamente relacionada con la prosodia, la métrica y la ortografía. El término «fonética» aquí es de carácter inclusivo y no entra en los muchos problemas metodológicos que implica.

[5] *Cf.* Hippisley y Stump (2016) para una versión actualizada de los principales problemas del estudio de la morfología de las lenguas.

los haces de rasgos distintivos que posee el sistema de sonidos operativos en una lengua. Un mayor nivel de complejidad representa el estudio del *morfema*, es decir, de componentes con valor gramatical en la lengua inferiores a la *palabra*[6] entendida en sentido léxico. En un mayor nivel de complejidad se suele situar a la SINTAXIS[7], cuyos contenidos se articulan en torno a las nociones de *sintagma* y, principalmente, de *oración*. Esta última noción teórica muy generalizada en las corrientes teóricas actuales resulta clave para establecer diferentes niveles de integración en los constituyentes de su estructura gramatical.

Por último, el componente pragmático-discursivo, tan vivamente promocionado desde las modernas perspectivas comunicativas, en los últimos tiempos se ha incorporado a la descripción de las lenguas de corpus sin hablantes vivos. La PRAGMÁTICA[8], centrada en el *uso en contextos reales*, aporta a las expresiones lingüísticas particulares indicaciones sobre las intenciones del hablante (actos de habla) o sobre la relevancia informativa de cada segmento de información que se transmite (Tópico o Foco) o, incluso, de la propia organización del discurso (marcadores del discurso). La moderna concepción de la pragmática colinda con algunos de los aspectos de la antigua Retórica y de otras antiguas disciplinas literarias que se encargaban del estudio preceptivo del uso literario del lenguaje y de la estilística.[9]

Desde el punto de vista del *significado*, es decir, de la relación del diasistema de la lengua como codificación del mundo extralingüístico, las disciplinas lingüísticas encargadas de su estudio (denotativo y connotativo) distinguen gradualmente entre el significado léxico y el significado gramatical. Gracias a las aportaciones de la Gramática Cognitiva hoy sabemos que la estricta separación entre palabras léxicas (sustantivos léxicamente plenos, verbos, etc.) y palabras gramaticales («partículas», conjunciones, etc.) no es tan estricta como suele presentarse. Siempre es preferible hablar en términos graduales de prototipicidad categorial o de *categorías borrosas*

---

[6] Morpurgo Davies (2017) señala la ausencia de un término específico para «palabra» en griego antiguo hasta fecha relativamente tardía, aportando datos prosódicos y ortográficos para dilucidar los límites de la conciencia metalingüística que se extrae de las noticias de los gramáticos antiguos y de otros criterios *etic*.

[7] La diversidad de planteamientos teóricos que afectan al estudio crítico de la sintaxis es tan grande que resulta muy difícil recomendar una sola obra. Sin embargo, Van Valin y La Polla (1997) sigue siendo un manual teórico interesante para quien desee tener una visión de conjunto del tema. No se oculta que la perspectiva teórica dominante en este capítulo es la funcionalista o, si se prefiere, funcional-cognitiva y tipológica. En esa línea, los trabajos de Givón especialmente (1995) son de consulta obligada.

[8] Los estudios de pragmática y de análisis del discurso han experimentado una verdadera eclosión en los últimos años. Las actualizaciones rápidas en un campo tan amplio de estudios son difíciles, no obstante, nos parece muy recomendable y accesible para el que se inicia en el estudio el *Handbook of Pragmatics* en versión electrónica que se puede encontrar alojado en la URL: https://benjamins.com/online/hop (fecha de consulta: 23 de marzo de 2025).

[9] Estos aspectos quedarán mejor recogidos en el capítulo *Sobre la Literatura griega* a cargo de Isabel Varillas Sánchez. Invito al lector a acudir a él.

que de casillas estancas a la hora de relacionar los polos léxico-semántico y gramatical-morfológico de la lengua. Sin duda, ambos han constituido desde la Antigüedad tardía los dos ejes vertebradores de la descripción de una lengua y en torno a los cuales se han configurado las principales herramientas del estudio de la lengua de las que, en el caso del griego, aquí tratamos de dar cuenta: gramáticas y diccionarios.

Bajo estos presupuestos, el presente capítulo se articulará en dos apartados que cubren aquellas áreas principales de la gramática que tradicionalmente se han ocupado del estudio de la *palabra* (λόγος, φωνή, λέξις, etc.) comprendida en toda su amplitud:

(1) Herramientas para el estudio del componente gramatical. Bajo este epígrafe tendrán todos los componentes que tengan que ver con la noción de «palabra gramatical», organizados en los diferentes módulos o estratos lingüísticos que en lo conceptual se han heredado de la gramática (Τέχνη Γραμματική).

(2) Herramientas para el estudio del componente léxico, donde se dará cuenta de los principales diccionarios al uso de los estudiantes de griego y sus principales características diferenciales.

Por poner puertas al campo, antes de proceder al análisis concreto de cada uno de estos apartados, procederé a ofrecer algunas orientaciones teóricas que han guiado de forma sistemática mi elección de los materiales correspondientes a cada apartado. En general, se va a recoger una variedad de recursos instrumentales de referencia, dirigidos a un público de diversos niveles de formación. Se optará por obras de carácter general antes que por ensayos técnicos especializados alejados del interés primario de los alumnos. Asimismo, aunque preferiríamos recomendar obras que estén en español, en realidad existen pocos materiales en nuestra lengua y la mayor parte de la bibliografía instrumental de la Filología Clásica está en inglés, alemán, francés, italiano, etc. Puntualmente haremos referencia también a bibliografía en griego moderno, lengua tristemente olvidada en la Filología Clásica «occidental».

Junto a las obras de referencia ya consagradas por la tradición escolar, se prestará especial atención a las últimas novedades que cubren un determinado campo o sección de nuestros apartados.[10] En la sección gramatical, organizaremos los recursos a nuestra disposición a través de los diferentes módulos del diasistema de la lengua, siguiendo las distinciones tradicionales (fonética, fonología, morfología, sintaxis, semántica) e incluyendo el material para comprender los fenómenos pragmáticos de la lengua que afectan al nivel supraoracional o del discurso y que en

---

[10] Eso nos ha llevado a señalar la última edición de la obra reseñada o, al menos, la última a la que hemos tenido acceso. En ocasiones, si resulta relevante, colocamos entre corchetes angulares el año de la primera edición.

los últimos tiempos han revolucionado metodológicamente el estudio pragmático-discursivo de la lengua griega.

En la caracterización lingüística, el estudio del ático de la época clásica como lengua literaria por antonomasia de la lengua griega, sigue jugando un papel central y relevante a la hora de configurar el canon universitario de nuestra disciplina. Sin embargo, los modernos enfoques prestan cada vez más atención a otras fases de la lengua en la enseñanza inicial del griego, sobre todo, asumiendo variantes de lengua de la κοινή de época helenística e imperial por su transparencia morfológica y claridad sintáctica. Asimismo, la sensibilidad por variedades distintas al «ático clásico normativo» no excluye que se estudien, incluso en el marco del mismo griego clásico, otras variantes diatópicas y diafásicas inherentes a los presupuestos sociolingüísticos hoy vigentes.

Por último, como es natural en un enfoque global de estas características aplicado a las necesidades metodológicas de la enseñanza-aprendizaje de una lengua que no cuenta con hablantes vivos, dominará una visión más bien descriptiva de la lengua que estrictamente normativa. Hoy día sería inevitable entender una descripción lingüística, por elemental que parezca, sobre algún aspecto de la lengua griega (gramatical o lexicográfico) sin tener en cuenta el comportamiento universal de las lenguas (Tipología Lingüística). Es patente que los «datos del griego» o de cualquier otra lengua no «hablan por sí solos», sino que deben ser sometidos a pruebas de funcionamiento inherentes a las propias estructuras lingüísticas. Por esta razón, en la presente síntesis bibliográfica convivirán manuales clásicos y citados por todos que compilan una ingente cantidad de datos de forma acrítica, con sistematizaciones más precisas que acoten el material filológico y lo orienten a una explicación más detallada, conforme a los presupuestos teóricos que estas obras implican. Precisamente por coherencia con esta manera de proceder y por mi condición de lingüista no puedo substraerme a la idea de que este prontuario bibliográfico comentado contenga también una escuetas y mínimas referencias teóricas en nota como propedéutico necesario al estudio de las diversas áreas del lenguaje.

2. HERRAMIENTAS PARA EL ESTUDIO DEL COMPONENTE GRAMATICAL

El presente apartado clasificará el material escolar partiendo de lo más general a lo más particular. Comenzaremos por las obras clásicas de referencia que constituirían manuales de consulta obligada para estudiantes universitarios e investigadores noveles y, posteriormente, añadiremos algunas referencias particulares a manuales recientes que cumplan con el requisito de ofrecer una visión panorámica sobre un área o conjunto de fenómenos concretos. Finalmente, hemos dedicado un apartado de repertorios bibliográficos especializados porque el estudiante puede necesitar, incluso en las fases más incipientes de su aprendizaje, consultas puntuales con cierto nivel de especialización que le ofrezcan un rápido planteamiento general de cuestiones puntuales.

2. 1. Gramáticas de referencia

Los dos volúmenes en lengua alemana de Raphael Kühner y Friedrich Blass *Ausführliche Grammatik der Griechischen Sprache* (1966 [1890-1892]) y, especialmente, el segundo volumen a cargo de Kühner y Bernhard Gerth (1966 [1894-1908]), dedicados a la morfología y sintaxis respectivamente, siguen constituyendo una obra de referencia en todo el sentido de la palabra para quien quiera adentrarse en el estudio de cualquier aspecto de la morfosintaxis de la lengua griega. Su impresionante volumen de datos, su puntilloso carácter descriptivo y su enfoque historicista dan cuenta del buen estado de salud del que gozan, pese a su más de un siglo de vida y, a pesar de estar en alemán, debería ser de consulta obligatoria para cualquier alumno e investigador con una cierta competencia filológica en el griego, aunque obviamente no para el que se inicia en el aprendizaje de la lengua.

También de carácter enciclopédico y con un horizonte comparatista contamos con la monumental *Griechische Grammatik* en cuatro volúmenes del lingüista Eduard Schwytzer (1959) que ofrece, además de una gran cantidad de ejemplos y clasificaciones tipológicas, una visión evolutiva de la lengua resaltando la continuidad desde el Indoeuropeo hasta las diversas variedades del griego histórico del primer milenio.[11] Es destacable el segundo volumen dedicado a la «sintaxis y estilística», pues ofrece con precisión suiza medios para la caracterización de la siempre resbaladiza noción de estilo o de registro omnipresentes en los análisis literarios propios de la filología imperante en la primera mitad del siglo XX. Esta obra de referencia, sin embargo, no es accesible para los alumnos que comienzan, sino para los que tienen un nivel de griego alto.

Frente a la exhaustividad y amplitud de los tratamientos gramaticales de ámbito alemán, la *scholarship* anglosajona nos ofrece manuales gramaticales mucho más accesibles y con un eminente enfoque práctico de aplicación directa sobre los textos para el aprendizaje de los rudimentos de la lengua. De entre ellos, la obra de uso más extendido y frecuentemente reeditada es la *Greek Grammar* de Herbert W. Smyth (1956²[1920]) que contiene en un solo volumen y de modo sintético la descripción de las principales categorías morfosintácticas, siguiendo *mutatis mutandis* la división tradicional en «partes» (μέρη τῆς γλῶσσης) de la gramática antigua (1. Fonética, prosodia y acentuación; 2. Flexión de palabras; 3. Formación de palabras; 4. Sintaxis además de un muy útil apéndice en forma de lista de verbos que incluye los verbos

---

[11] Schwytzer muere en 1943 repentinamente y el segundo tomo que corona su monumental proyecto gramatical se completa póstumamente a partir de sus numerosos apuntes por el eminente lingüista Albert Debrünner. Otros dos volúmenes adicionales acabarían siendo publicados en 1959.

irregulares o polirrizos).[12] En mi opinión esta gramática, por su carácter práctico, puede ser utilizada desde las primeras fases de aprendizaje de la lengua.

El enfoque semasiológico que da prioridad a la forma sobre los contenidos está muy presente en la muy compendiosa *Griechische Grammatik* de Eduard Bornemann y Ernst Risch (1978), a mi juicio, magistral, pues compendia el conjunto de los componentes principales de la gramática (fonética, morfología y sintaxis). La claridad expositiva y el conjunto de los contenidos sirven de piedra de toque idónea para un primer acercamiento a la lengua griega.[13]

Actualidad, innovación metodológica y perspectivas teóricas renovadas se pueden encontrar en las más de ochocientas condensadas páginas de *The Cambridge Grammar of Classical Greek* de Evert van Emde Boas *et al.* (2019), *opus magnum* gramatical que viene a sustituir definitivamente a la muy popular gramática de Smyth y que es la culminación de más de cuatro décadas de investigaciones aplicadas sobre la lengua griega de la escuela funcionalista y textual holandesa. A las particiones habituales de fonética-morfología (1) y sintaxis (2), sin duda, la parte más elaborada e interesante de la obra, cabe notar la inclusión de toda una amplia sección dedicada a la coherencia textual (Pragmática, Análisis del Discurso y de la Conversación) que, en lo que se refiere al tratamiento de las «partículas», constituye el primer intento de integrar en una descripción gramatical amplia y actualizada, los componentes supraoracionales que sirven para dotar de cohesión y coherencia a las diferentes modalidades textuales. Por todas estas razones y otras que no cabe comentar aquí, esta singular obra colaborativa es digna merecedora de la consideración, dentro de las de nueva generación, de gramática de referencia.

La enseñanza de las lenguas clásicas, siguiendo el modelo humanista de la *Respublica litterarum*, presenta matices nacionales concretos que ambientan adecuadamente el tipo de metodologías imperantes. En un contexto variado y supranacional como el que siempre han ofrecido los Estudios Clásicos, consideramos que debemos hacer una rápida incursión en los métodos de enseñanza del griego preponderantes en las principales escuelas filológicas europeas. En la idea de que cada una de ellas es complementaria de las demás, estos aportes internacionales se presentan como posibilidad de multiplicación de las principales herramientas con los

---

[12] Esta gramática cuenta con la ventaja de estar integrada en la biblioteca digital *Perseus*, principal repositorio digital de textos griegos en acceso abierto. Disponible en https://www.perseus.tufts.edu/hopper/ (fecha de consulta: 23 de marzo de 2025).

[13] El profesor Ángel Ruiz Sánchez (Universidad de Santiago de Compostela) ha tenido la gentileza y generosidad de traducir al español y compartir un enlace de la versión española de este texto en su perfil de Academia.edu bajo el título de «Apuntes de Gramática Griega». Disponible en https://www.academia.edu/9631965/Apuntes_Gram%C3%A1tica_Griega (fecha de consulta: 25 de marzo de 2025). Este resumen, sin duda, puede servir de punto de partida para todos los alumnos que se inician en los rudimentos de la lengua.

que otros estudiantes durante las últimas generaciones se han introducido en el estudio del griego antiguo.[14]

Si quisiéramos destacar en este campo algunas de las principales aportaciones del pedagogismo francés, habríamos de tener en cuenta muchas aportaciones de manuales de *Licée* que ofrecen en la lengua gala síntesis de carácter teórico-práctico basadas en la repetición y en la ejemplificación constante de las construcciones descritas. Sin salirnos de los métodos tradicionales de gramática-traducción, uno de los paquetes pedagógicos más extendidos en Francia para la introducción del griego en los estudios preuniversitarios es la *Nouvelle Grammaire Grecque* (2010[3]), la *Grammaire grecque par l'example* (2008) y *Vocabulaire Grecque: du mot à la pensée* (2007) una trilogía completísima entre gramática, libro de ejercicios basados en la repetición de ejemplos ilustrativos y un glosario razonado de los principales dominios léxicos existentes en griego debidamente interconectados entre sí a cargo de Joëlle Bertrand. Todo el utillaje que un estudiante debe tener a su disposición y con gran disponibilidad para la ejercitación práctica. Además, los ejemplos presentan una variedad y registros de autores de época clásica debidamente anotados y adaptados sin parangón en un método introductorio de estas características que bien podría ser utilizado en los actuales niveles universitarios.

Si desplazamos nuestra atención a los métodos pedagógicos italianos, observamos de fondo una potente orientación histórica en los materiales que se utilizan en la formación de alto nivel que hasta hace no tantos años proporcionaban los *Licei classici*. Obras de referencia en este ámbito que conjugan una precisión y exigencia alta en el estudio de los rudimentos de la lengua y un enfoque historicista que no excluye, debidamente pautado, ni el estudio de la variación de las lenguas literarias griegas, ni tampoco el enfoque comparativo con el latín o –hecho que supone un verdadero avance metodológico– los paralelismos diacrónicos con las estructuras básicas del griego moderno, como vemos en el muy difundido método Ἑλληνιστί: *Corso di lingua e cultura greca* obra de Pierangelo Agazzi y Massimo Vilardo (2023[5]). Las investigaciones lingüísticas de primer nivel también se han aplicado con éxito al estudio de las lenguas clásicas, como demuestra el muy particular método de Francesco Michelazzo (2019[2]) *Nuovi itinerari alla scoperta del greco antico. Le strutture fondamentali della lingua greca: fonetica, morfologia, sintassi, semantica, pragmatica* ampliamente basado en los postulados teóricos de la Gramática Funcional. Cualquiera de estos manuales puede servir como piedra de toque para el estudio de la lengua. Estos enfoques más contemporáneos no impiden la convivencia con otros métodos de enfoque más tradicional que incorporan la rica

---

[14] No olvidemos que la Facultad de Filosofía y Letras de la Universidad de Valladolid ofrece varios cursos de lenguas modernas en su oferta académica como segundas lenguas, por lo que la mayor parte de los alumnos del Grado tienen la oportunidad y la necesidad de conocer alguna otra lengua moderna en la que se encuentre la amplia bibliografía secundaria referida a los instrumentos de estudio de las lenguas clásicas.

herencia humanista de décadas pretéritas instando al alumno a un conocimiento global de los textos basado en la traducción mediante el manido recurso de la antología de textos que sigue privilegiándose en la enseñanza media italiana.

Al margen de los compendios gramaticales ya comentados más arriba, un rasgo típico de la filología clásica alemana es ofrecer repertorios completos de ejemplos en los que es posible vislumbrar cada categoría gramatical en infinidad de ejemplos extraídos del canon de los autores literarios de época clásica o bien de baterías de ejemplos inventados *ad hoc*. Destaco estas obras, siguiendo una tradición enciclopédica en la enseñanza de las lenguas bajo los postulados de la *formale Bildung* decimonónica, por la utilidad que tienen para el cotejo de ejemplos perfectamente clasificados en las múltiples categorías que la gramática descriptiva suele ofrecer. Las doce ediciones sucesivas del *Repetitorium der griechischen Syntax* de Hermann Menge *et al.* (2011^{12}) son un ejemplo palmario de su éxito entre docentes.

2. 2. Enciclopedias y obras de conjunto

En los últimos años de plena efervescencia de materiales y contenidos de todo tipo en la era de la información, hemos revivido una versión nueva de la vieja tendencia a la recopilación universal de materiales por materias. Se hace difícil mantenerse actualizado ante el volumen de publicaciones que se acumulan en todo tipo de campos y especialidades científicas. En este contexto han ido apareciendo los llamados *Companions*, muy del gusto de las nuevas formas de conocimiento promovidas en el ámbito anglosajón. Son monografías genéricas de carácter temático que contienen a modo de estado de la cuestión la mayor parte de la bibliografía científica que se refiere a una determinada área de conocimiento compilada de forma sintética y debidamente actualizada. Generalmente, cuenta con diferentes capítulos que abarcan ámbitos temáticos bien circunscritos. Su estructura es descriptiva y sintética. Contienen las referencias de las monografías de referencia esenciales y normalmente hacen una síntesis más o menos crítica de las publicaciones más recientes. Estas características convierten a los *Companions* dedicados a cualquier aspecto de la lengua griega en un auténtico *vademecum* para introducirse con competencia técnica en cualesquiera aspectos de la lengua que el estudiante o investigador desee conocer con profundidad.

Respecto a la lengua griega, cabe destacarse *A Companion to the Ancient Greek Language* editado por Egbert J. Bakker (2010) en la prestigiosa colección Wiley Blackwell. En ocho capítulos, la obra da cumplida cuenta de los principales campos de estudio de la lengua griega de manera sintética. El estudio de las fuentes, los componentes principales de la lengua –fonética, morfología, léxico–, el estudio de las variaciones diacrónicas, diatópicas y diastráticas, tan esenciales para entender la sociolingüística del griego antiguo, la relación de la lengua con las variedades literarias, los procesos de enseñanza-aprendizaje del griego antiguo y su enseñanza, etc. aparecen muy bien representados para que puntualmente sean consultados por los alumnos interesados en cualquier aspecto relativo a la lengua griega de cualquier período, variedad o registro.

Todavía más especializada resulta la completísima enciclopedia que responde a las siglas *EAGLL,* editada por Georgios K. Giannakis *et al.* (2013) (*Enciclopedy of Ancient Greek Language and Linguistics*) y periódicamente actualizada.[15] Constituye un proyecto ambicioso emprendido por la prestigiosa editorial Brill que pretende hacer de las principales lenguas clásicas un abordaje exhaustivo y continuamente actualizable de cualquier aspecto de la lengua. Como toda obra monumental, las entradas son bastante desiguales y dependen de su autor. Se basa en la organización modular típica de la lengua, contando con elementos relacionados con la fonética, morfología, sintaxis, semántica, léxico y pragmática del griego, aunque también el lector puede encontrar otro tipo de materias alineadas con otros aspectos teóricos y metodológicos de la investigación lingüística. Con todo, para cualquier estudiante o investigador que desee tener un acercamiento rápido a fenómenos concretos como *e.g.* el hiato, la tmesis o el dialecto macedónico, por poner tres de entre varios miles de entradas ilustradas con ejemplos, tendrá en esta enciclopedia de acceso también electrónico el mejor y más especializado punto de partida, al menos, en lo que se refiere a un nivel conceptual de definiciones básicas. No obstante, hay que entender este tipo de obra como de consulta puntual y sin que ello se convierta en un sustituto de los tratamientos sistemáticos de las gramáticas comentados anteriormente.

Los estudiantes o investigadores que sean capaces de leer alemán tendrán en la *Griechische Sprachwissenschaft* de Michael Meier-Brügger (1992) en dos volúmenes una recopilación de consulta rápida, más informativa que descriptiva, que puede ofrecer panorámicas compendiosas de los principales fenómenos gramaticales con gran aportación bibliográfica sobre cada uno de ellos. Predomina una mirada historicista en el enfoque de los temas de morfología y fonética, siendo muy inferior en exhaustividad y utilidad el bloque dedicado a la sintaxis, la hermana pobre de la Lingüística Indoeuropea. La utilidad mayor de este trabajo supone la aportación de la bibliografía secundaria que afecta a la mayor parte de los temas tratados atómicamente. Sin embargo, muchos de estos trabajos ya están desactualizados y resulta mucho más conveniente acudir al lema correspondiente de la *EAGLL*.

Años de enseñanza han constatado que uno de los retos más complicados de abordar en la didáctica del griego es el estudio de la flexión verbal. Conscientes de ello, recomendamos unos instrumentos no muy habitualmente utilizados en el ámbito español, las llamadas *cheet sheet* o compendios sintéticos de todas las formas

---

[15]   Disponible en https://referenceworks.brillonline.com/browse/encyclopedia-of-ancient-greek-language-and-linguistics. (fecha de consulta: 25 de marzo de 2025).

verbales concentradas a simple vista en una sola hoja. Este tipo de prontuarios pueden ser profundamente útiles cuando se está aprendiendo la intrincada morfosintaxis verbal. Aunque existen múltiples versiones, recomiendo por su gran utilidad práctica el *Tutti i Verbi Greci* de Nino Marinone (1950) o la web Σφίγξ: *Classical Grammar Drill*,[16] que ofrece una versión digital abierta y al alcance de cualquier estudiante de cuadros verbales griegos. A sus cuadros sinópticos de formas verbales acompaña un listado alfabético de verbos analizados morfológicamente usando como criterio el índice de frecuencia relativa de uso de esas formas en el griego clásico. Este tipo de auxiliares han quedado ciertamente un tanto obsoletos con la funcionalidad de herramientas electrónicas como las que ofrecen *Perseus* o el *TLG*. Sin embargo, para los amantes de la lectura en papel constituyen una herramienta tan útil como práctica para salvar ese escollo de la transparencia morfológica de ciertas formas verbales cuando uno comienza a estudiarlas.

2. 3. El griego como lengua indoeuropea

Lamentablemente, los estudiantes del Grado en Estudios Clásicos de la Universidad de Valladolid llevan casi una década sin poder contar en su currículo con una asignatura de Lingüística Indoeuropea o incluso un sucedáneo diluido de la misma. Salvo contadas excepciones, el panorama no es mucho más alentador en los demás grados de Clásicas en España, incluso en los que sí cuentan nominalmente con asignaturas específicas. Parece que se confirma así una tendencia general cada vez más próxima, salvo valientes excepciones, a la extinción de estas disciplinas en la mayor parte de los Grados españoles. Frente a esa tendencia, consideramos que, al menos, para el alumno autodidacta que quiera indagar en la matriz originaria y de las lenguas que estudia en el Grado, especialmente en el caso del griego, debe tener a su disposición algunas herramientas auxiliares que cubran ese enorme hueco. Tres libros pueden acompañar esta tarea al principiante absoluto. Benjamin W. Fortson en *Indo-European Language and Culture: An Introduction* (2010) consigue elaborar una obra más accesible para el público no iniciado. Recoge, en ordenados capítulos, los principales problemas de la lingüística histórica (fonética, morfología, léxico) sin olvidarse de la paleontología lingüística, que siempre suscita tantas apasionadas adhesiones a los principiantes. Además, cuida el componente práctico, pues incluye numerosos ejercicios que pueden servir para reforzar las ideas y conceptos tratados. El magnífico *Indo-European Linguistics: An Introduction* de James Clackson (2007) es un buen punto de partida para conocer el denominado modelo «estándar» de la lengua, profundizando en aspectos de «cladística computacional», hoy tan en boga para una refinada clasificación de las distintas ramas lingüísticas de la familia.

---

[16] Disponible en https://sphinx.metameat.net/. (fecha de consulta: 25 de marzo de 2025).

2. 4. Gramáticas históricas e historias de la lengua griega

Los enfoques historicistas y comparativistas van ligados a la propia génesis y evolución de nuestras disciplinas lingüísticas a partir de las concepciones científicas de la Alemania de finales del siglo XIX.[17] Estos enfoques suponen un impulso decisivo en los estudios de la gramática griega, en la medida en que sientan las bases para que no se pueda establecer un corte tajante entre diacronía y sincronía a la hora de estudiar un determinado fenómeno de la lengua. En un caso como es el del griego antiguo, en que fluidamente conviven tantas variedades lingüísticas (diacrónicas, diafásicas y diastráticas) es interesante tener en cuenta el desarrollo de muchos fenómenos en su génesis y posterior gramaticalización. No menos decisiva resulta la consideración del griego como una lengua multisecular en desarrollo y cambio continuos, con sus discontinuidades extremas, hasta nuestros días con el griego moderno.[18]

Si nos adentramos en la gramática histórica y comparada centrada en el griego, hay que reconocer los enormes frutos teóricos del estructuralismo francés. Dentro de esta pionera corriente teórica, son clásicos consagrados en la materia que difícilmente pasan de moda obras como la *Formation des noms en Grec Ancien* (1979) de Pierre Chantraine, donde se analizan con gran exhaustividad los principales componentes derivativos y compositivos de la intrincada flexión nominal griega, estudiando monográficamente los principales sufijos derivativos y compositivos.

Encabezando la lista de gramáticas históricas, en el sentido completo del término, incluyendo la fonética y la morfología del griego, ha de destacarte por encima de todas *The New Comparative Grammar of Greek and Latin* de Andrew L. Sihler (1995). Además de la ventaja que supone la perspectiva comparativa que plantea, proponiendo datos de las diversas lenguas indoeuropeas para describir los principales paradigmas nominales y verbales del griego y del latín, llama la atención su organización exhaustiva de los fenómenos morfológicos irregulares. Es, sin duda,

---

[17] Dentro de las muchas posibilidades con las que se cuenta, como propedéuticos teóricos para el abordaje del cambio lingüístico, los procesos de gramaticalización, la variación diacrónica, el cambio semántico, etc., la reeditada obra clásica de Hock (2021³) o los compendios monográficos de Luraghi y Bubenik (2013) y, más específicamente, el de Narrog y Heine (2021) sobre la gramaticalización en perspectiva tipológica, ofrecen panoramas más que suficientes para quien se adentra en el estudio diacrónico de las lenguas particulares con un bagaje teórico suficiente y que tradicionalmente no se proporciona en las asignaturas lingüísticas del Grado.

[18] La aportación del estudio del griego y del latín, así como de otras lenguas indoeuropeas antiguas, es muy estimable en el territorio de la Tipología Lingüística, tanto en lo que se refiere a los aspectos diacrónicos como sincrónicos de cualesquiera fenómenos estudiados. No en vano en los últimos años han aparecido trabajos de enfoque estrictamente lingüístico que parten del estudio pormenorizado de problemas en lenguas antiguas en general. Esta orientación la representan, por ejemplo, los trabajos recogidos en de la Villa y Pompei (2018), que dan buena muestra de lo que aportan las lenguas clásicas al moderno estudio tipológico de la lengua bajo presupuestos teóricos muy diversos.

una obra de consulta que debe ocupar un lugar preferente en el estudiante de Clásicas desde primer curso de carrera. Junto a esta preciosa aportación inglesa, contamos con la *Morphologie historique du grec* (2005[11] [1972]) de Chantraine, un fruto del trabajo estructuralista francés muy difundido y traducido al español desde 1983. Un enfoque indoeuropeo de la fonética y morfología griegas muy exhaustivo, en el que se ofrece reconstrucción de la mayor parte de las raíces, es la *Historische Grammatik des Griechischen* (1992[2] [1976]) de Helmut Rix. Su desarrollo de los resultados de las laringales indoeuropeas en griego, tan decisivo para la formación de ciertos paradigmas nominales y verbales, o de los restos de la antigua apofonía vocálica son algunos de sus puntos fuertes. Menos enfocada a la reconstrucción histórica y comparada del griego, y sí más enfocada a la historia «externa» de la lengua griega, es *The Greek Language* de Leonard R. Palmer (1983). Aunando amenidad expositiva con rigor y precisión, ofrece una sinopsis de la historia de la lengua griega y de los dialectos literarios. Se le puede criticar la falta de exhaustividad en el tratamiento de los datos dialectales. Restringidas al verbo, son la importante monografía francesa *Le Verbe Grec Ancien: Elements de Morphologie et de Syntaxe historiques* de Yves Duhoux (2000[2]), donde encontramos tanto componentes de morfología como de sintaxis histórica del verbo, y el utilísimo manual de Albert Rijksbaron *The Syntax and Semantics of Classical Verb* (2003). La aplicación de criterios estadísticos le permite realizar al primero un tratamiento pormenorizado de ciertos aspectos interesantes de la muy atomizada morfosintaxis histórica del griego antiguo. El segundo es un manual óptimo de carácter práctico para el estudio en perspectiva funcionalista de las categorías morfosintácticas del verbo griego antiguo.

Sin embargo, si tuviésemos que destacar una obra de referencia exhaustiva a la par que reciente sobre la morfología verbal del griego, ese lugar preminente le corresponde merecidamente a *The Origins of Greek Verb* de Andreas Willi (2018). A medio camino entre la lingüística comparada y los estudios descriptivos del griego, representa el primer intento de esbozar conjuntamente los desarrollos que desde la protolengua indoeuropea hasta el complejo sistema verbal nos encontramos en Homero y sus variaciones en otros textos griegos del I milenio a. C. La obra aporta respuestas novedosas y creativas a problemas e irregularidades aparentes que no habían sido tratados con la suficiente profundidad en las descripciones historicistas precedentes, especialmente en el muy pantanoso territorio del origen del aspecto verbal griego. Este libro está llamado a convertirse en una obra de referencia para cualquiera que busque orientación en los muy tortuosos caminos de la reconstrucción de la morfología verbal griega.

Si subimos el nivel de las exigencias académicas hacia las obras enciclopédicas que tratan, en síntesis, toda la historia del griego debemos detenernos ante dos hitos complementarios entre sí. En primer lugar, *A History of Ancient Greek* editado por Apollos Ph. Christidis (2007) es un compendio enciclopédico de carácter temático con capítulos monográficos dedicados exhaustivamente a temas como lengua e historia, dialectos griegos antiguos, estructura y cambio, el griego en contacto con otras lenguas, palabras clave del griego, el pensamiento lingüístico sobre las lenguas, etc. Es, sin duda, en su género una obra imprescindible que muestra de forma sintética el resultado de la colaboración de los mejores especialistas en áreas muy diversas del griego y atendiendo focalmente a su vertiente diacrónica. El enfoque que se abre a la comprensión del griego en su caracterización sociolingüística de diglosia da pistas de las nuevas perspectivas que prestan una atención especial al contacto interlingüístico del griego popular con otras lenguas.

Todo aquel estudiante con un mínimo bagaje de griego ático se verá deslumbrado ante la monumental obra de Geoffrey Horrocks dedicada a la historia del griego del período postclásico. Con su *A History of the Language and its Speakers* (2014[2] [1997]) el autor nos propone un viaje en el tiempo desde las tablillas micénicas hasta el griego moderno en la multisecular historia de esta maravillosa lengua. Horrocks ha pergeñado una síntesis perfecta entre erudición filológica de etapas posteriores a la clásica y mucho menos sistematizadas desde el punto de vista lingüístico entre los clasicistas y una penetración apasionante por los vericuetos de la historia externa del griego en la época imperial y, especialmente, en el griego bizantino y moderno. Su conocimiento de los acontecimientos sociopolíticos, inseparables de los incesantes cambios y adaptaciones que va experimentando la lengua en su devenir, configura una imagen dúctil y rica de la evolución natural de la lengua, prestando especial interés a las variaciones de registro que propician algunos acercamientos sociolingüísticos inherentes a la propia relación dialéctica del griego con los modelos aticistas que la preceptiva literaria antigua fue imponiendo.

2. 5. Las variedades del griego: dialectología griega

La primera impresión del estudiante de Filología Clásica cuando abandona por primera vez la práctica de la traducción del ático literario para adentrarse en otras variantes dialectales o literarias de esa lengua es la de la existencia de «muchos griegos» con un «aire de familia», pero que no todos ellos son reductibles entre sí ni mutuamente inteligibles. El estudio de la dialectología, desde sus inicios científicos, a finales del siglo XIX, se ha situado en el plano de los estudios de Filología Griega por su *pedigree* científico y también por la necesidad de abordar las lenguas literarias que desde época arcaica con gran plasticidad dominan el panorama literario (oral y escrito) de la Grecia arcaica. En este sentido, trataremos con algo de detalle este importante apartado de nuestra síntesis.

Como introducciones generales, muchas de ellas acompañadas de crestomatías que ejemplifican la variedad epigráfica del griego, es altamente recomendable la puesta en práctica del comentario de sus muchos textos anotados de Stephen Colvin (2007) *A Historical Greek Reader: Mycenaean to the Koine*. Sin abandonar la lengua inglesa un prontuario elemental y rápido de la situación dialectal del griego antiguo nos lo ofrece Robert D. Woodard en el capítulo dedicado a este tema en el volumen

The Ancient Languages of Europe (2008). Útil, aunque con algunas ideas que muestran la particularidad de las visiones del autor, es la *Introduction aux dialectes grecs anciens: problèmes et méthodes, recueil de textes traduits* por Yves Duhoux (1983) en francés o, todavía más breve y compendioso, el manualito *Einführung in die griechischen Dialekte* de Rüdiger Schmitt (1977) para los amantes de las precisas taxonomías germánicas.

Sería interminable dar una descripción de los muy elaborados trabajos (gramáticas dialectales, geografía dialectal, etc.) que existen para cada región de la Grecia antigua. Sin duda, estamos ante uno de los campos más trillados por la investigación lingüística y que se han visto más sometidos a la renovación metodológica en los últimos años. Por otra parte, merece la pena destacar la más que notable contribución española a los estudios de la dialectología griega donde la *escuela de Madrid* ha recogido el testigo de sus maestros elaborando gramáticas dialectales como las del eolio (José Luis García Ramón y María Isabel del Barrio), el dorio del noroeste (Julián Méndez Dosuna), el argólico (Enrique Nieto Izquierdo) y otras muchas que no podemos mencionar. Por razones de síntesis, recogemos aquí simplemente algunos de los principales manuales de referencia que contienen información, textos, explicaciones sucintas y glosas para el que quiere descubrir las variedades del griego antiguo. El manual de referencia sigue siendo el *The Greek Dialects* de Carl R. Buck (1955), todavía no sustituido como texto base para el estudio de los dialectos. En realidad, muchas partes de la edición de 1955 muestran sin cambios la edición primera de 1910. A nuestro juicio, sin embargo, los tres volúmenes de la gramática dialectal más exhaustiva para el estudio de los dialectos griegos siguen siendo los de Friedrich Bechtel (1921-1924): *Die Griechischen Dialekte. Erster Band: Der lesbische, thessalische, böotische, arkadische und kyprische Dialekt* (1921); *Zweiter Band: Die Westgriechischen Dialekte (1923); Dritter Band: Der ionische Dialekt (1924).* Como manual exhaustivo de consulta para detectar y explicar las variantes dialectales contamos con los dos volúmenes de Albert Thumb y Ernst Kieckers (1932) y (1959) respectivamente, basándose en la obra seminal del primero, *Handbuch der griechischen Dialekte*, que data de 1909.

Al margen del Buck, no siempre es sencillo acceder al material epigráfico local que constituye la base filológica de la gramática de los distintos dialectos.[19] Se hace necesario comenzar recurriendo, por tanto, a antologías o crestomatías dialectales. En español contamos con la crestomatía anotada del profesor José María Egea (1988) *Documenta selecta ad historiam linguae graecae ilustrandam* (vol. 1) dedicado a los dialectos antiguos, y el volumen segundo (1990) dedicado al griego medieval, que sigue siendo hasta la fecha la única antología de textos comentados para el estudio del período postclásico del griego.

---

[19] Para más información, véase en este manual el capítulo quinto *Sobre la Epigrafía griega*, a cargo de Sandra Muñoz Martínez.

Fuera de los dialectos epicóricos y las variantes diatópicas propiamente dichas, en griego se da un fenómeno muy especial de usos artificiales tipificados en el ámbito de la literatura escrita y asociados a la performatividad de los distintos géneros literarios que suelen recibir el nombre de lenguas o dialectos literarios. Estas variedades no muestran correspondencia directa con el habla de ninguna región concreta. En este terreno, es indispensable contar con la obra recientemente reeditada en italiano de Albio C. Cassio (2016 [2008]) y sus colaboradores *Storia delle lingue letterarie greche* que, además de una síntesis de los rasgos de los dialectos antiguos, ofrece una descripción de las variedades literarias (lengua de la épica, yambo, elegía, lesbio literario, poesía mélica, dórico literario, prosa jónico-ática hasta la formación de la koiné) con una antología de textos comentada y analizada que puede servir de apoyo al comentario de textos de las asignaturas de Historia de la Lengua Griega o incluso de la Literatura Griega.

2. 6. El dialecto micénico

Tras el redescubrimiento, gracias a John Chadwick y a Michael Ventries (1953-1955), de que tras la misteriosa escritura silábica de la Lineal B se escondía una genuina variante dialectal del griego, los estudios de micénico y micenología han cobrado un auge extraordinario. Muchos grados académicos, también de forma especial dentro de nuestras fronteras, han trabajado con materiales para el estudio de la escritura y lengua micénicas que es lo mismo que decir el más antiguo testimonio de un dialecto griego en el II milenio a. C. Contamos con la suerte de tener uno de los más completos y exhaustivos manuales de micénico salido de las manos de dos grandes especialistas españoles como son Alberto Bernabé y Eugenio R. Luján, quienes en 2006 publicaron la primera *Introducción a la gramática micénica* en español, acompañada de una sucinta crestomatía de textos debidamente anotados y acompañados de un rico glosario.[20] En el apartado de la sintaxis del micénico, la hermana pobre de los estudios lingüísticos de este dialecto griego del II milenio a. C. por la naturaleza del material textual, contamos desde (2016) con el manual de José M. Jiménez Delgado que viene a completar las descripciones gramaticales contenidos en la gramática.

Los principiantes absolutos tienen en los tres volúmenes editados por Duhoux y Morpurgo Davies (2008; 2011; 2014) una introducción extraordinaria a estos estudios recogida en el siguiente título: *A Companion to Linear B: Mycenaean Greek Texts and their World*. Por su carácter marcadamente escolar y propedéutico, se recomienda comenzar por la lectura de Robert Palmer (2008) *How to Begin? An*

---

[20] Recomendamos al lector español cualquiera de los trabajos del eminente micenólogo José Luis Melena, pero especialmente sus aportaciones al desciframiento de los nuevos signos de la Lineal B que han ido sumándose al inventario del signario tras los nuevos hallazgos documentales.

Introduction to Linear B Conventions and Resources.[21] En 2016 vio la luz en dos volúmenes la obra de síntesis de la micenología italiana editada por Maurizio del Freo y Massimo Perna bajo el título de *Manuale di epigrafia micenea: Introduzione allo studio dei testi in lineare B*.

2. 7. La lengua de Homero

La lengua de Homero y de toda la tradición inagotable que inaugura la épica homérica es decisiva en los estudios griegos por la venerable antigüedad de un «autor» de alcance universal y por las numerosas cuestiones complejas de una lengua literaria mixtificada y heterogénea, oralizante y, en cierto modo, artificial. Desde un punto de vista estrictamente lingüístico, todo alumno que se adentra en el caudaloso océano homérico debería tener a mano los dos volúmenes de la *Grammaire Homerique* de Chantraine (1958, 1963), sin olvidarnos de la clásica obra seminal de la dicción formular del verso épico de Milman Parry (1971[2]) titulada *The Making of Homeric Verse* que decisivamente tanto inciden en la selección de las formas lingüistas usadas por el «poeta». La erudición homérica ha llegado a un punto tan alto de sofisticación que se vio la necesidad de dedicar una monumental *The Homeric Encyclopedia* editada por Margarit Filkenberg (2011) a este autor y su obra en tres prolijos volúmenes actualizables llenos de entradas oceánicas sobre muy diversos asuntos lingüísticos, métricos, dialectales, etc. Junto a estas obras de referencia, contamos en español con obras escolares de fácil acceso y que se han convertido en clásicos para los que se inician en los estudios homéricos. Martín Sánchez Ruipérez y su celebérrima *Antología de la Ilíada y la Odisea* (1963), veintiséis veces reeditada, contiene pasajes muy bien escogidos y está pertrechada de innumerables notas, glosas y anexos que esclarecen al estudiante las no pocas dificultades de comprensión que le suscite el acceso a la lengua de Homero. Por su parte, la *Introducción a Homero* de Rodríguez Adrados *et al.* (1963) constituye un comentario general de los principales temas, incluidos los lingüísticos y métricos, que afectan al texto escrito de los poemas homéricos. En mi opinión, ambas obras, deudoras del magisterio de dos de los más destacados maestros dc la Filología Clásica española del siglo XX, deberían estar en el anaquel de cualquier estudiante de un Grado universitario especializado en lenguas clásicas.

---

[21] También resulta útil como recurso general la extensa Bibliografía de la Lineal B de Jeremy Rutter, que la trata en todos los aspectos de la Prehistoria del Egeo disponible en https://sites.dartmouth.edu/aegean-prehistory/lessons/lesson-25-narrative/lesson-25-bibliography/ (fecha de consulta: 27 de marzo de 2025) No menos interesante es la página del joven micenólogo Theo Nash disponible en http://mycenaeanmiscellany.wordpress.com (fecha de consulta: 27 de marzo de 2025) quien nos ofrece una miscelánea con no pocas apasionantes entradas sobre la historia de la Filología Clásica.

2. 8. Recursos electrónicos para el estudio del griego clásico

El desarrollo de las Humanidades Digitales ha tenido un gran impacto en la renovación y desarrollo del estudio y didáctica de las lenguas clásicas.[22] En lo que a los estudios gramaticales se refiere y más allá de las bases de datos compilativas que serán tratadas en otros trabajos, me permito mencionar aquí algunas herramientas interesantes.[23] En el estado de conocimiento actual de la sintaxis de las lenguas flexivas es importante tener en cuenta la situación de los modelos de representación y etiquetado sintáctico que cada vez con más frecuencia se están aplicando a las lenguas clásicas. Fundamentalmente, me estoy refiriendo a bases de datos específicamente gramaticales que ofrecen una representación de la estructura de las dependencias sintácticas de cada oración y en las que se pueden almacenar datos morfológicos, sintácticos o de cualquier otro tipo.[24] Representan un instrumento de primer orden para el estudio lingüístico de todo tipo de lenguas y presentan un gran potencial de aplicación didáctica (Celano, 2019). Actualmente, el principal *treebank* dedicado al análisis del griego antiguo y del latín es *The Ancient Greek and Latin Dependency Treebank*. Restringidos a ámbitos más concretos están el *Aristarchus Treebank* (Daniel Riaño) o el *treebank* de textos en papiro *Sematia* o el de los Papiros de Herculano (Daniel Riaño). Recientemente, un equipo del CSIC español ha presentado un buscador *online*, llamado *ARGOS*, que tiene acceso a los datos de todos estos repositorios en acceso libre.[25] El motor de búsqueda permite a cada usuario, en esta primera versión, establecer distintos *corpora* y recuperar cualquier forma o lema, aisladamente o en relación de dependencia, por lo que el estudio de las posibilidades combinatorias de formas se convierte así en una posibilidad real para el estudiante.

---

[22] Este apartado y otros del presente capítulo deben verse ampliados y completados por el capítulo segundo *Sobre la Lengua griega II: los textos y sus traducciones*, a cargo de David Pérez Moro.

[23] Garzón Montalvo *et al.* (2023) ofrecen en español y en inglés una guía de anotación en lenguaje XML para el etiquetado de textos griegos y latinos muy útil. Responde esta publicación a los resultados del proyecto Lógos-BBVA COMREGLA que buscas trasvasar y compatibilizar en lenguaje XML los datos ya compilados previamente en la base de datos del macroproyecto REGLA (*Rección y Complementación en griego y latín* URL: http://www.reglabd.org/) (27 de marzo de 2025) y en otros recursos digitales y lograr así fijar una guía de anotación de corpus textuales griegos y latinos sobre las bases teóricas del funcionalismo lingüístico.

[24] En este campo el proyecto de investigación REGLA, así como muchos de los subproyectos que acoge bajo sus siglas, han sido pioneros en la implementación de herramientas digitales, especialmente bases de datos, destinadas a las búsquedas y tratamiento específico de datos.

[25] Mucho de estos recursos pueden encontrarse en la web del Grupo de Lingüística del CSIC de Madrid (José Antonio Berenguer, Daniel Riaño y colaboradores) cuya URL se encuentra disponible en https://glg.csic.es/ (fecha de consulta: 28 de marzo de 2025).

2. 9. Las herramientas para el estudio del griego postclásico

Lamentablemente, el estudio académico de la Bizantinística todavía está en ciernes en España donde sigue a la sombra de la Filología Clásica. Una de las razones que explica esta situación es la ausencia de instrumentos gramaticales que permitan el estudio del griego medieval en toda su enorme variedad de registros y niveles de lengua que cubra este período, especialmente las variantes populares de la lengua.[26] Las dificultades del estudio del griego Nuevo Testamento merecen un tratamiento aparte. Ryan (2024) traza un estado de la cuestión en el que analiza los retos de enseñar el griego del Nuevo Testamento (NT), una lengua no estándar, compuesta por no nativos y desarrollada en un contexto multilingüe. Ryan critica cómo la mayor parte de los manuales priorizan la frecuencia de formas lingüísticas sobre la estructura del idioma, limitando la adquisición de los fenómenos al enfocarse en la exégesis teológica más que en el contexto cultural y estableciendo una discontinuidad entre el griego clásico y las variedades de la koiné que conviven abigarradas en el NT. Propone integrar estudios clásicos y teológicos para mejorar la pedagogía. De la selección de los muchos manuales que presenta destacamos tres: *Learn New Testament Greek* de John H. Dobson, ideal para principiantes, enseña vocabulario básico y formación de palabras, pero omite aspectos gramaticales complejos como el optativo; un nivel de dificultad intermedio lo representa *The Elements of New Testament Greek* de Jeremy Duff y John W. Wenham, que estructura la gramática por frecuencia, cubriendo brevemente el optativo; y finalmente *Greek Grammar Beyond the Basics* de Daniel B. Wallace sería el manual idóneo para estudiantes avanzados de la lengua del NT, con sugerencia de muchos estudios exegéticos.

Una excepción a esta carestía, lo encontramos en el estudio del griego del Egipto romano tiene una obra general de referencia en Francis Th. Gignac, *A Grammar Of The Greek Papyri Of The Roman And Byzantine Periods* (1975), 2 vols Recientemente, David Holton *et al.* han solucionado parte del problema editando *The Cambridge Grammar of Medieval and Early Modern Greek* (2019), que da bastante importancia a los últimos siglos de Bizancio (XI-XV) y a las variantes vernáculas que preludian el desarrollo del griego moderno. Sigue, sin embargo, siendo necesaria una gramática del griego culto en Bizancio en toda su extensión que ayude a determinar la penetración de los diferentes niveles de lengua que conviven en la diglosia o triglosia bizantinas y que verdaderamente sería de utilidad para quien se adentre en estas áreas. Mientras se aguarda esa publicación, sigue siendo útil la *Grammatik der byzantinischen Chroniken* ([1913] 1974) de Stamatios B. Psaltes que se ocupa de detectar los usos del griego culto de la historiografía bizantina o de estudios gramaticales de autor que, bajo el enfoque retorizante de «estilo», ocultan lo

---

[26] Aunque existen algunas herramientas para el estudio del léxico, que se anotarán en el siguiente apartado, no ocurre lo mismo con los instrumentos gramaticales.

que en realidad son descripciones gramaticales. Un ejemplo claro y pionero de esto es el sistemático estudio sobre la obra de Pselo realizado por Émile Renauld (1920) en su *Étude de la langue et du style de Michel Pselos*.

2. 10. Repertorios bibliográficos especializados en lingüística griega

La era digital hace tiempo que creó espacios web para la inclusión y actualización y compilación de la principal bibliografía científica de nuestros campos. En el caso de la lengua griega, varios profesores han realizado compilaciones eficientes sobre la mayor parte de trabajos. Uno de los pioneros en esta tarea fue Michael Buijs quien hace años diseñó un portal bibliográfico muy completo sobre lingüística del griego antiguo.[27] En su extensa bibliografía se incorporan monografías muy interesantes relacionadas con los nuevos enfoques pragmático-discursivos aplicados a la lengua griega.

El objetivo oxoniense de dotar de repertorios bibliográficos generales por materias (*Oxford bibliographies online*) no ha dejado de lado tampoco a la lingüística griega. Stephen Colvin, un reputado estudioso de la koiné, ha sido el encargado de abordar esta tarea.[28]

Pese a su carácter general, el recurso bibliográfico *Linguistic Bibliography Online* mantenido y publicado por la editorial Brill con más de medio millón de entradas sobre publicaciones lingüísticas, ofrece mucha información relevante para cualquier estudioso de las lenguas clásicas. De la parte griega se encarga el antiguo profesor de la Universidad de Gante Mark Janse.[29]

El blog asociado a la página de recursos mantenida por Michael Palmer específicamente para el estudio del griego helenístico (*koiné*) y con varias secciones de recursos que actualizan las últimas aportaciones científicas sobre la lengua en griego helenístico, constituye un recurso bastante interesante para el estudio del griego de esos períodos y es fácilmente accesible en inglés.[30]

Con una interfaz mucho más amable y unos objetivos mucho más modestos, tenemos la sección de gramática griega que ofrece la web que recoge el muy estimable trabajo colaborativo de un grupo de docentes de Educación Secundaria españoles *Chiron.web* bajo la égida original de Carlos Cabanillas. No debe ser

---

[27] Disponible en https://hum2.leidenuniv.nl/bibliography-of-greek-linguistics/bgl.html (fecha de consulta: 25 de marzo de 2025). Lamentablemente, la página no se actualiza desde agosto de 2016.

[28] Disponible en https://www.oxfordbibliographies.com/display/document/obo-9780195389661/obo-9780195389661-0044.xml (fecha de consulta: 26 de marzo de 2025).

[29] Disponible en https://brill.com/display/db/lbo (fecha de consulta: 26 de marzo de 2025).

[30] Disponible en https://greek-language.com/#gsc.tab=0 (fecha de consulta: 26 de marzo de 2025).

desdeñada la posibilidad de encontrar en niveles universitarios de enseñanza del griego algunos elementos de repaso y práctica en este sitio.[31]

Abonando el formato digital, en España encontramos una iniciativa extraordinaria de actualización bibliográfica doble. Por una parte, hay que destacar la labor realizada por el CSIC cada veinte años dando a conocer las principales áreas de investigación de la Filología Griega. En 2004 se publicó el último volumen editado y coordinado por Francisco Rodríguez Adrados *et al.* bajo el título *Veinte años de Filología Griega.* El tratamiento por áreas y el comentario exhaustivo hacen de esta obra un útil de consulta indispensable para ver el panorama más o menos actualizado de cualquiera de las áreas, no sólo lingüísticas, que caen bajo los dominios epistemológicos de la Filología Griega.

Desde 1992 contamos en español con la revista *Tempus* amparada en el sello editorial de Estudios Clásicos se viene dedicando en exclusiva a la actualización científica sobre el mundo clásico en España. Reseñas penetrantes y actualizaciones bibliográficas sobre las diversas áreas del conocimiento, incluida, por supuesto, la lengua, convierten a este instrumento en un medio de consulta obligada para el investigador novel.

3. HERRAMIENTAS PARA EL ESTUDIO DEL LÉXICO: DICCIONARIOS

Si es indiscutiblemente necesario asimilar el sistema gramatical de una lengua para comprender los mensajes codificados en ella, tanto más imprescindible para la comunicación resulta tener conocimiento de los conceptos del mundo contenidos en su lexicón mental que esa lengua prescribe.[32] El conocimiento de un vocabulario suficientemente amplio de términos de la lengua nos es necesario para dar cuenta de las entidades del mundo que son determinantes para la completa comprensión de un sistema semiótico.[33] Por ello son tan importantes los diccionarios, especialmente para el estudio de las lenguas de corpus. El panorama lexicográfico del griego antiguo

---

[31] Disponible en https://sites.google.com/view/chironweb/ (fecha de consulta: 26 de marzo de 2025).

[32] Para la metodología de cómo trabajar en el campo de lexicología y/o lexicografías sigue siendo una aproximación meridianamente clara el artículo de Hiorth (1954–1955) sobre los procedimientos de descomposición semántica. Modernos acercamientos teóricos que nos permiten tener un bagaje general son Cruse (1986), o Geeraerts (1997), Svensén (2009) que ofrecen indicaciones fundamentales para la aplicación práctica en el ámbito de la lexicología y lexicografía de cualquier lengua. La labor de renovación metodológica promovida por el proyecto del *DGE* es digna de tener en cuenta. Bajo los presupuestos de la lexicografía estructural contamos con muchos de sus trabajos recopilados en la URL http://dge.cchs.csic.es/bib/ilg-idx.htm (fecha de consulta: 28 de marzo de 2025).

[33] Aunque no muy actualizada, en *Lexicity* se reúne un grupo interesante de recursos para el estudio del griego. *Cf.* la URL original no se encuentra disponible, pero se puede acceder a su material mediante https://web.archive.org/web/20221115084724/http://lexicity.com/ (fecha de consulta: 28 de marzo de 2025).

excede con mucho nuestra capacidad de síntesis posibilidades, por ello, nos centraremos específicamente en aquellos diccionarios de carácter general (3.1),[34] que puedan entenderse como recursos específicos para el estudio del griego clásico como herramienta de acceso directo a la correcta hermenéutica de los textos, sin incidir en los diccionarios de carácter especial que existen por doquier.[35] Por otro lado, por su importancia para la comprensión de algunas de las fases de la lengua griega, se pasará revista a algunos diccionarios de carácter más específico (3.2) y, por último, se prestará atención a algunos recursos lexicográficos electrónicos que resultan especialmente interesantes para las tareas escolares del primer aprendiz del vocabulario griego (3.3).

3. 1. Diccionarios generales del griego clásico

Cualquier descripción de la lexicografía griega por, mínimo que sea el alcance que se plantee, debe comenzar por el hito fundacional que supone para la disciplina el diccionario conocido por sus siglas como Liddell-Scott-Jones (*LSJ*), primero en su versión «intermedia» (1968 [1889]) realizada por Liddell en solitario y posteriormente en sus notabilísimas versiones ampliadas por varios colaboradores (1925-1940). La tradición del *LSJ* ha dominado la lexicografía griego-inglés y la filología en general, y también ha constituido la base de los proyectos para producir diccionarios del griego clásico en otras lenguas modernas. Comenzó como traducción de la obra de Passow (hasta la cuarta edición de 1855). Hoy sigue vigente la novena edición (1968) como referencial, mientras han surgido dos suplementos que revisan algunos de los problemas y limitaciones de los significados.[36] A pesar de las muchas deficiencias que se la han imputado críticamente, este monumento de la lexicografía victoriana sigue siendo un *opus magnum* insustituible en el trabajo diario

---

[34] La ingente labor de recopilación de bibliografía secundaria para elaborar los lemas por parte del equipo del *DGE* se pone al público en este enlace URL: http://dge.cchs.csic.es/blg/blg.htm (fecha de consulta: 28 de marzo de 2025).

[35] Para un elenco actualizado de los principales diccionarios especiales, temáticos y de autor remito a Rodríguez Somolinos (2004) y a la bibliografía de lexicografía griega compilado por James en el repositorio electrónico *Oxford Bibliographies* disponible en https://www.oxfordbibliographies.com/display/document/obo-9780195389661/obo-9780195389661-0061.xml (fecha de consulta: 28 de marzo de 2025). La síntesis de Rodríguez Adrados y Rodríguez Somolinos (2005), responsable del magno proyecto del *DGE*, es continuadora de trabajos precedentes que forman parte de las actualizaciones científicas que cada veinte años va realizando el CSIC sobre la metodología lexicográfica del griego antiguo.

[36] Muy dignas de tener en cuenta son las revisiones sistemáticas del *Supplement* (1968) y del *Revised Supplement* (1996) promovidas, entre otros, por John Chadwick. El segundo suplemento supone un replanteamiento de los principios lexicográficos principales aplicados a la novena edición vigente del *LSJ*, haciendo especial énfasis en la jerarquización semántica de las sucesivas acepciones de cada lema y reforzando la atención a los contextos de uso particulares.

con los textos griegos.[37] Ni sus críticos más acérrimos pueden poner en duda que este continúa siendo un diccionario de obligada consulta para los que se introducen en el griego clásico por muchas razones. La digitalización de esta obra de referencia disponible en la web *LSJ.gr*[38]constituye un hito de valor inestimable para la disciplina que ve finalmente la luz en 2013 con la intención de hacer una *Wiki* de los términos lematizados en la edición clásica del *LSJ*. Con el tiempo ha evolucionado muchísimo, pues ahora incluye casi una decena de diccionarios (sino más) sólo de griego y un *tagging* de colores e hipervínculos que ayuda a la navegación entre términos.[39] Aprovecho para recomendar muy encarecidamente a los estudiantes que, al margen, por supuesto, de cotejar las ediciones críticas que manejen en las grandes colecciones editoriales propias de nuestro campo o la base de datos *TLG*, utilicen los textos compilados en *Perseus* que aparecen hipervinculados con el *LSJ maior* correspondiente a su última edición (1968) y también a su versión intermedia (1889).[40] Tener a mano un análisis morfológico de las palabras y las diversas versiones del *LSJ*, además de una diversidad de traducciones al inglés, hace de este instrumento una herramienta casi indispensable para el trabajo cotidiano con los textos griegos originales. Desde un punto de vista crítico, cabría señalar que el *LSJ* ha quedado estancado en su enfoque decimonónico que prioriza glosas de traducción sobre definiciones contextuales. Su autoridad como obra lexicográfica queda muy limitada al griego literario de época clásica. Por otra parte, el proceso de lematización en ocasiones es problemático, al agrupar las equivalencias de traducción de forma subjetiva en lemas amplios sin diferenciar matices semánticos ni variaciones diacrónicas. También llama la atención el escaso recurso a la correlación léxico-sintaxis. A diferencia, de otros diccionarios más recientes que se comentarán a continuación, el *LSJ* no incluye muchos datos de la koiné y ha quedado un poco rezagado en lo que se refiere a la aplicación de herramientas propias de la lexicografía computacional.

Como continuación reciente en el ámbito de la lexicografía anglosajona, surge el proyecto del *Cambridge Greek Lexicon* (*CGL*) publicado en 2021 tras décadas de trabajo.[41] Con la experiencia adquirida con el diccionario Oxford de latín, John

---

[37] Para quien desee tener un panorama útil y accesible de la lexicografía griega y latina, recomiendo la lectura de las compendiosas páginas de Schapps (2011: 69-80).

[38] La página de referencia de este proyecto lexicográfico está disponible en el sitio https://lsj.gr/wiki/Main_Page (fecha de consulta: 28 de marzo de 2025).

[39] Más información sobre este proyecto véase en https://www.translatum.gr/forum/index.php?topic=340668.0 (fecha de consulta: 23 de marzo de 2025).

[40] La aceptación del *LSJ* como obra referencial fue de tal magnitud que muchos profesores de las «High School» inglesas reclamaron la adaptación de un diccionario de uso intermedio para escolares. De ahí surgió la versión *Intermediate* (1889) que también se encuentra accesible en *Perseus*.

[41] La página de acceso al proyecto del léxico de Cambridge se encuentra alojada en la URL https://www.classics.cam.ac.uk/research/projects/glp/introduction (fecha de consulta: 28 de marzo de 2025).

Chadwick vio la necesidad de un nuevo léxico adaptado a los estudiantes de nivel escolar y universitario. La publicación del *CGL* se esperaba con impaciencia. Fallecido el promotor principal, el *CGL* ha sido llevado a buen término por un equipo editorial con sede en la Universidad de Cambridge formado por James Diggle (en calidad de redactor jefe), Bruce Fraser, Patrick James, Oliver Simkin, Anne Thompson y Simon Westripp. No se trata, sin embargo, de un diccionario completo destinado a sustituir al *LSJ*. El *CGL* se concibió originalmente como una revisión de la versión intermedia del *LSJ* aunque basado en principios diferentes a los de los léxicos griegos principales (*LSJ* y Montanari). Su principal aportación respecto al *LSJ* y aquello por cuya consulta resulta recomendable para todos los estudiantes o los investigadores noveles junto al *LSJ* es su revisión sistemática de la organización jerárquica de los significados, con vistas a mostrar los sentidos de las palabras y las relaciones entre ellos. Asimismo, los editores de *CGL* aspiran a ampliar su ámbito de aplicación del corpus textual y han reexaminado sistemáticamente el material original (incluido el que se ha descubierto desde finales del siglo XIX) recurriendo a los estudios textuales y filológicos más recientes sobre los textos literarios. Como novedad, se ha dado mucha más importancia a los poetas helenísticos, Polibio, Plutarco y el Nuevo Testamento y parte de la primera literatura patrística, postergada sistemáticamente en el *LSJ*.

Seguimos nuestra descripción de los principales diccionarios generales de griego con el nuevo diccionario *The Brill Dictionary of Ancient Greek* (*BDAG*) a cargo de Franco Montanari y sus colaboradores, publicado en su traducción inglesa más difundida en 2015. La monumental edición de referencia es una versión de la tercera edición italiana del *Vocabolario della lingua greca* (2013), con el añadido de algunas mejoras. El corpus textual del diccionario abarca esencialmente el periodo comprendido entre el siglo VIII a. C. y el siglo VI d. C. Entre las numerosas entradas del léxico se encuentran también nombres propios, sobre todo de fuentes literarias, lo que sin duda constituye uno de los aspectos más destacados del diccionario. La clara disposición de las entradas, incluido el sistema de prácticos símbolos gráficos, el marcado especial para formas que aparecen exclusivamente en fuentes no literarias, etc., reflejan los avances de la lexicografía moderna. Sin la necesidad de embarrarse en sutiles explicaciones etimológicas, sin embargo, el *BDAG* ofrece interpretaciones bastante interesantes sobre los étimos más seguros. El *BDAG* incluye la escansión de las vocales largas, lo que lo convierte en un instrumento valioso para estudios de naturaleza métrica.

De acuerdo con las prácticas lexicográficas modernas, el diccionario pretende en general ofrecer definiciones, es decir, significados fundamentales, en lugar de meras traducciones contextuales a partir de ejemplos representativos extraídos *ad hoc* de los usos literarios del corpus de autores y obras. La presentación de las palabras polisémicas y la reagrupación de algunas entradas respecto a la excesiva atomización del *LSJ* es otra de las ventajas objetivas del manejo del *BDAG*. En definitiva, ya sea en su versión inglesa o italiana, es una aportación muy bienvenida al actual fondo lexicográfico del griego antiguo y está llamado a convertirse en un recurso primordial para el estudio del griego antiguo, especialmente en lo que se refiere a los textos no literarios y a los autores postclásicos que se han incorporado.

El horizonte de un gran diccionario que continuase la tradición del *LSJ* en lengua española está en la base del monumental proyecto del *Diccionario Griego Español* (*DGE*) inspirado por Francisco Rodríguez Adrados y su equipo de colaboradores del CSIC desde finales de los años setenta del pasado siglo, concebido como diccionario de autoridades. El proceso de elaboración del *DGE* fue una apuesta fuerte por el estudio teórico-aplicado de la lexicografía general y griega en particular sin precedentes en el ámbito contemporáneo por lo que desde muy pronto se encontró de forma digitalizada en la red.[42] Siguiendo un esquema similar al del *LSJ* en lo que se refiere al método de lematización, la aportación principal del *DGE* es el volumen de datos que incorpora y el valor de las traducciones y acepciones están documentadas con citas de autores literarios y textos documentales, corpus que abarca desde el período micénico y Homero hasta el siglo VI d. C. Su vocación de exhaustividad se basa en una amplia recolección de materiales léxicos de toda procedencia (papirológica, epigráfica, dialectal, etc.) y en la actualización de los datos que suponen las nuevas ediciones electrónicas y estudios sobre el léxico griego. A ello hay que añadir las bases de datos del griego antiguo (*TLG, PH5*).[43] Uno de los puntos fuertes era la vocación etimologista de los lemas, que, pretende en ocasiones remontarse hasta el radical indoeuropeo. Pese a lo ambicioso de este proyecto, las próximas generaciones de filólogos clásicos, sin embargo, no podrán tener acceso a esta obra, pues sigue un lento y parsimonioso proceso de publicación. En 2019 ha salido a la luz en papel el volumen VIII del *DGE* que cubre los lemas que van de ἔξαυρος a ἐπισκήνωσις. Actualmente, descartada la posibilidad del uso escolar del diccionario por su carácter inmanejable, el objetivo principal del proyecto es el desarrollo de una nueva versión más sofisticada que la actual edición en línea, que en su primera versión abarcaba los volúmenes I a VII (ἀ - ἔξαυος), siguiendo la senda del ya completo diccionario técnico *Léxico de magia y religión en los papiros mágicos griegos* (2001) compuesto por Luis Muñoz Delgado como quinto Anejo al *DGE*.[44] A la espera de la digitalización de este VIII volumen y los siguientes, lamentamos tener que recomendar con muchísimas precauciones este diccionario como obra de consulta puntual para aquellos estudiantes o investigadores que quieran profundizar en la «historia» de un término concreto que se encuentre lematizado antes de la voz ἐπισκήνωσις.

---

[42] La sede electrónica del diccionario se encuentra disponible en la URL http://dge.cchs.csic.es/xdge/ (fecha de consulta: 28 de marzo de 2025).

[43] Una presentación del proyecto se puede leer en la página dedicada por sus propios editores en la breve historia del proyecto: http://dge.cchs.csic.es/hist (fecha de consulta: 28 de marzo de 2025).

[44] http://dge.cchs.csic.es/lmpg/ (fecha de consulta: 28 de marzo de 2025).

El mejor representante de la estimable tradición lexicográfica francesa es el *Dictionnaire Grec-Français* de Anatole Bailly (1963). Conocido como el «Bailly» desde su primera edición (1894), su enfoque pedagógico ofrece definiciones claras y ejemplos prácticos, ideales para estudiantes de griego clásico, a diferencia del *LSJ*, que está concebido para el uso de helenistas con mayores competencias en griego. Este diccionario equilibra exhaustividad y concisión, siendo más manejable para consultas rápidas que los presentados anteriormente. Una característica distintiva es la inclusión de la escansión métrica, que detalla la cantidad silábica (largas y breves), un recurso esencial para analizar la métrica de la poesía griega. Esta función no está presente de forma sistemática en el *LSJ*, lo que representa una ventaja significativa para estudiantes de literatura griega, a pesar del inconveniente de la lengua francesa. Además, una aplicación digital basada en la cuarta edición permite un acceso cómodo e inmediato.[45]

Sigue siendo útil a quienes conozcan la lengua gala, por su claridad en la organización de los lemas. Contiene tanto autores clásicos como cristianos y da una especial relevancia a los antropónimos y topónimos. Desde 2021 se encuentra disponible en formato electrónico abierto en la red.[46]

En el ámbito de la cada vez más desarrollada lexicografía estrictamente digital, hemos de destacar una herramienta fundamental como es *Logeion*. Haciéndose eco de su etimología griega, es una base de datos compilativa ideada para proporcionar la búsqueda simultánea de entradas en las numerosas obras de referencia que componen la colección de textos del proyecto *Perseus* y de otros recursos que de forma generosa han sido cedidos a *Logeion*.[47] Sin duda, marcar como favorito el enlace de esta página, junto al *TLG*, debería ser prioritario para los estudiantes e investigadores de griego. Además de los principales diccionarios (Bailly, *BDAG*, *LSJ*, *LSJ* intermedio, etc.) presenta un analizador morfológico (Μορφώ)[48] y un utilísimo diccionario de formas inversas a partir del inglés (*Retro*).[49]

Por último, a medio camino entre el léxico y la sintaxis, y como parte de algunos de los subproyectos insertos en *REGLA*, en los últimos años se ha visto la necesidad de incorporar la información sintáctica de los predicados complejos, fruto de colocaciones altamente frecuentes en la lengua, aprovechando las herramientas digitales que tienen que ver con la compilación de *corpora* textuales. Bajo esos auspicios, el *Diccionario de Colocaciones Latinas* (*DiCoLat*)[50] mucho más

---

[45] Disponible en https://bailly.app/%C3%A0-propos (fecha de consulta 27 de mayo de 2025).

[46] Disponible en https://bailly.app/ (fecha de consulta: 28 de marzo de 2025).

[47] Disponible en https://logeion.uchicago.edu/ (fecha de consulta: 31 de marzo de 2025).

[48] Disponible en https://logeion.uchicago.edu/about/morpho (fecha de consulta: 31 de marzo de 2025).

[49] Disponible en https://logeion.uchicago.edu/about/retro (fecha de consulta: 31 de marzo de 2025), que incluye para el griego el diccionario inverso de Woodhouse ya mencionado anteriormente.

[50] Disponible en https://dicolat.iatext.ulpgc.es/dicolat/ (fecha de consulta: 31 de marzo de 2025).

desarrollado o el *Diccionario de Colocaciones Griegas* (*DiCoGra*)[51], se presentan como diccionarios en línea, accesible (el primero) ya a usuarios externos, que pretenden recoger y describir de manera sistemática las colocaciones verbo-nominales (predicados complejos del tipo lat. *gratias agere*, *bellum gerere* o *in mentem venire* o gr. λόγον δίδωμι, λόγον ποιοῦμαι, etc.) documentadas en las literaturas latina y griega en un amplio corpus de autores y obras desde el siglo II a.C. hasta el siglo V d.C. Supone una gran novedad de gran potencial didáctico contar con un diccionario de colocaciones para el trabajo con los textos.

3. 2. Diccionarios específicos

Es oportuno pasar revista también a algunos instrumentos lexicográficos más específicos que las obras generales de consulta comentadas anteriormente, pues pueden resultar de interés para el alumno de cualquier curso de Clásicas.

Para comenzar a organizar la adquisición de un volumen de palabras progresivo en las etapas iniciales del aprendizaje, una herramienta infrautilizada, pero de gran aprovechamiento, son los diccionarios inversos. Además, contamos con la ventaja de que uno de los principales y más completos recursos de este tipo es el *Diccionario Griego-Español* de Coderch (1997).[52] Aparte, contamos con el diccionario inverso de Woodhouse de libre acceso desde la plataforma *Perseids*.[53] Este tipo de herramientas será tanto más útil cuanto mayor sea la presencia, todavía incipiente, de alguno de los ya no tan nuevos métodos activos (inductivo-contextuales) en la enseñanza universitaria de las lenguas griega y latina y de los que antes ya se ha hecho mención.

En el siempre interesante territorio de los diccionarios etimológicos contamos con tres obras de referencia, dos de ellas clásicas (Frisk y Chantraine) y otra mucho más reciente (Beekes). El *Griechisches Etymologisches Wörterbuch* de Frisk en tres volúmenes (1960-1972), podríamos decir que era el mejor recurso lexicográfico de su tiempo. Sin embargo, debido a la cobertura poco sistemática de las formas micénicas y a la falta de desarrollo del modelo estándar de la teoría laringal, presenta algunas reconstrucciones un tanto anticuadas. No obstante, cubre bien las mejores

---

[51] Disponible en https://dicogra.iatext.ulpgc.es/dicogra/ (fecha de consulta: 31 de marzo de 2025).

[52] El blog del profesor Juan Coderch (St. Andrews Classics) ofrece en abierto muchos materiales gramaticales, traducción de clásicos de la literatura contemporánea y otro tipo de materiales didácticos basados en sus excelentes manuales gramaticales sobre el griego y el latín que se pueden encontrar en su página web personal: http://coderch-greek-latin-grammar.weebly.com/ (fecha de consulta: 30 de marzo de 2025).

[53] La plataforma *Perseids* se encuentra disponible en la URL https://www.perseids.org/libraries-tools/ (fecha de consulta: 30 de marzo de 2025) es un entorno de edición web que permite la edición y marcación colaborativa de textos griegos y latinos con supervisión profesional editorial. Entre los instrumentos que aporta se encuentra el acceso a ediciones, traducciones y medios de análisis lingüísticos.

hipótesis etimológicas para el léxico griego propuestas hasta el momento de su publicación y está bien fundamentado en el método de la escuela neogramática de los maestros Karl Brugmann y Eduard Schwyzer. Mucho más accesible y en francés es el clásico diccionario de sabor estructuralista que debemos al gran filólogo Pierre Chantraine. Su *Dictionnaire étymologique de la langue grecque* publicado en cuatro fascículos (1999 [1968-1980]) ha sido y sigue siendo una obra de cabecera para los helenistas de diversas generaciones.[54] Lejos de la precisión neogramática de Frisk, este diccionario buscaba ser una *histoire des mots* al más puro estilo del estructuralismo francés, es decir, un estudio histórico del vocabulario griego en sí mismo, dando especial importancia a las familias de palabras, al vocabulario derivado, a los compuestos y la continuidad del vocabulario griego antiguo en el griego moderno. La claridad en la reconstrucción de las raíces y el grado de exhaustividad en las familias de palabras (composición y derivación) favorecen que esta obra sea de obligada presencia en la biblioteca digital de un estudiante de Clásicas. En 2010, Robert Beekes sacaba a la luz un nuevo *Etymological Greek Dictionary* en dos volúmenes. Sin embargo, a pesar de ser el más reciente, en la práctica se le han imputado muchos problemas metodológicos. Estos afectan a ámbitos que se escapan a los conocimientos del principiante y que afectan a su parcial enfoque de los datos del micénico, sus traducciones en ocasiones defectuosas del diccionario alemán de Frisk del que se siente continuador y, sobre todo, su excesivamente idiosincrásica metodología de reconstrucción de los préstamos del siempre arcano sustrato pre-griego. Por estos y otros problemas que no entro a analizar, recomiendo a los alumnos la utilización, antes que del diccionario de Beekes, de cualquiera de los otros dos diccionarios anteriormente consignados para satisfacer su curiosidad etimológica.

La pujante escuela micenológica española sigue recogiendo frutos maduros, especialmente en el ámbito lexicográfico que nos ocupa. El *Diccionario de Micénico* Francisco Aura Jorro (1985-1993) es la obra lexicográfica de referencia de los estudios de micenología, que no tiene parangón en ninguna otra lengua científica. Recientemente, el propio Aura y Juan Piquero se han embarcado en el proyecto de la segunda edición del diccionario incorporando los nuevos descubrimientos textuales que se habían producido durante el tiempo transcurrido. Una pléyade de micenólogos españoles había publicado en un primer momento el *Suplemento al Diccionario Micénico* (2020) que se limitaba a incluir las nuevas palabras. Asimismo, se incorporan los hallazgos del importante libro de Juan Piquero, *El léxico del griego micénico: index graecitatis: étude et mise à jour de la bibliographie* (2019) donde se establece el léxico micénico que permanece en el griego del primer milenio, con el

---

[54] La «Chronique d'étymologie grecque», suplemento de la revista francesa *Revue de Philologie* dirigida por Alain Blanc y Charles de Lamberterie se fundó con el fin de completar y poner al día el diccionario de Chantraine.

fin de que el diccionario siga siendo la herramienta de trabajo indispensable para los estudios de las influencias del griego del primer milenio en la lengua de época clásica.

A pesar de la generalizada rebaja en la exigencia curricular de los grados, la presencia de la poesía homérica todavía sigue siendo indiscutible en los modernos planes de estudio de Estudios Clásicos. Sin embargo, no se puede negar que los conocimientos lingüísticos que tenían los alumnos del pasado no son equiparables en nada a los actuales. Por esa razón, contar con un instrumento como el *Lexikon des frühgriechischen Epos* coordinado por Snell *et al.* (1955-2010) en veinticinco fascículos, un verdadero hito filológico de primer nivel que sirve para el estudio y tratamiento pormenorizado del vocabulario y las variantes de la *Ilíada*, la *Odisea*, los *Himnos Homéricos* y la poesía arcaica fragmentaria. La información que aportan los lemas es de tipo enciclopédico con claves etimológicas, métricas y de todo tipo para la comprensión de las distintas voces. De un rango muy inferior al *Lexikon* y con un enfoque más práctico para el conocimiento de la lengua artificial de la épica es el diccionario dialectal homérico de Cunliffe (1963).

El estudiante de griego cuenta con importantes herramientas para el estudio de los nombres propios. Fraser *et al.* (1987-) mantienen el sitio web *Lexicon of Greek Personal Names*, un inventario en nueve volúmenes clasificados por regiones ahora disponibles digitalmente en una base de datos de libre acceso.[55]

Los papiros y otros tipos de textos documentales del Egipto grecorromano (inscripciones, óstraca, etc.) han incrementado exponencialmente el volumen léxico de la lengua griega a partir de la koiné. Para cubrir este período siguen siendo útiles las referencias al gigantesco *Wörterbuch der griechischen Papyrusurkunden mit Einschluss der griechischen Inschriften, Ausschriften, Ostraka, Mumienschilder usw. aus Ägypten* a cargo de Preisigke y Kiessling (1925-1931). Esta obra aporta el vocabulario documental, inédito en la mayor parte de los diccionarios generales, del Egipto helenístico-romano en tres volúmenes.[56]

Para etapas posteriores a la clásica, que son objeto de los *corpora* que contienen la mayor parte de los diccionarios generales comentados, contamos con algunos léxicos específicos de cada período que merecen ser, al menos, sucintamente mencionados. El carácter sociolingüísticamente peculiar de la koiné neotestamentaria tradicionalmente había sido descuidado por los diccionarios de «autoridades», siendo especialmente notable su ausencia en el *LSJ*. Por destacar uno de entre los muchos léxicos específicamente referidos al corpus bíblico y parabíblico, cabría mencionar, sin duda *A Greek-English lexicon of the New Testament and other early Christian literature* Frederik W. Danker (2000[3]) basado en el clásico diccionario alemán *Griechischen-deutsches Wörterbuch zu den Schriften des Neuen Testaments und der*

---

[55] Disponible en https://www.lgpn.ox.ac.uk/ (fecha de consulta: 30 de marzo de 2025).
[56] Dado que el volumen de documentos procedentes del Egipto grecorromano es ingente, la obra ha recibido diversas revisiones y suplementos que sirvan de actualización progresiva.

frühchristlichen Literatur de Walter Bauer (1910).[57] Además de cubrir todo el canon del Nuevo Testamento, incluye un despojo lexicográfico exhaustivo de los padres apostólicos, de muchos textos apócrifos, y de la literatura judía en lengua griega. Otro de sus puntos fuertes es la inclusión de un volumen amplio de vocabulario procedente de papiros, inscripciones y obras de la literatura postclásica que son decisivas en la composición del Nuevo Testamento. Hallamos un complemento perfecto del griego propio y particular de la literatura patrística en *A Patristic Greek Lexicon* de Geofrrey H. Lampe (1961-1968). Nacido como modesta continuación cronológica del léxico de Lampe a partir del siglo IX d. C., ya ha llegado a fecha de hoy al estimable número de ocho fascículos el *Lexikon zur byzantinischen Gräzität: Besonders des 9.-12. Jahrhunderts* bajo la dirección editorial de Erich Trapp (1994-2018). Resulta especialmente interesante, al acopiar el vocabulario no atestiguado con anterioridad en otras etapas del griego, los préstamos adaptados por el contacto interlingüístico del período y algunas variaciones o cambios semánticos ocasionados en la lengua. Sin embargo, sigue sin recoger el gran volumen de textos demóticos que en buena medida están recogidos en el léxico de Kriaras (1969-1997). El ya antiguo, que no del todo anticuado y reeditado en dos volúmenes en su primera traducción inglesa, *Greek lexicon of the Roman and Byzantine periods (from B. C. 146 to A. D. 1100)* de Evangelinos A. Sophocles (1900 [1807-1893]) pervive como el único léxico que abarca un ámbito cronológico que va desde época helenística, incluyendo un despojo de la *Septuaginta* y Polibio, hasta el griego tardío y patrístico culto de la época de los cruzados (1096).

Somos partidarios de que el estudio del griego moderno ayuda en gran medida a la comprensión de hechos de etapas anteriores en retrospectiva. Para ello, además de animar al alumnado que tenga interés por el estudio del griego moderno a que lo haga sin dilación, sugerimos aquí la consulta accesible además en red del Λεξικό της Κοινής Ελληνικής de Triandafilídis (1998).[58] Resulta muy adecuado para el estudio de la evolución diacrónica de la lengua griega.

BIBLIOGRAFÍA
Recursos impresos

Agazzi, Pierangelo y Massimo Vilardo (2023⁵), *Ἑλληνιστί: corso di lingua e cultura greca*, 2 vols., Roma, Zanichelli.

---

[57] Los responsables de la tercera edición son Viktor y Bárbara Aland y Viktor Reichmann, principales editores y responsables de las ediciones críticas *maiores* (27ª y 28ª) del Nuevo Testamento.
[58] Disponible en https://www.greeklanguage.gr/greekLang/modern_greek/tools/lexica/triantafyllides/ (fecha de consulta: 30 de marzo de 2024).

Aura Jorro, Francisco, (1993). *Diccionario micénico: Diccionario Griego-Español anejos I–II.* 2 vols. Madrid: Consejo Superior de Investigaciones Científicas.

Aura Jorro, Francisco, Alberto Bernabé, Eugenio R. Luján, Juan Piquero y Carlos Varias García (2020), *Diccionario Griego-Español. Suplemento al Diccionario Micénico*: 7 (Anejo Diccionario Griego Español), Madrid, Consejo Superior de Investigaciones Científicas.

Bailly, Anatole (2000[26]), *Dictionnaire grec-français*, Paris, Hachette.

Bakker, Egbert (ed.) (2010), *A Companion to the Ancient Greek Language*, Cambridge, Cambridge University Press. https://doi.org/10.1002/9781444317398.

Barber, Eric A., Paul Maas, Mark Scheller, y Martin L. West (eds.) (1968), *Greek-English lexicon: A supplement*. Oxford, Oxford Clarendon Press.

Bechtel, Friedrich (1921–1924), *Die Griechischen Dialekte. Erster Band: Der lesbische, thessalische, böotische, arkadische und kyprische Dialekt. Zweiter Band: Die Westgriechischen Dialekte. Dritter Band: Der ionische Dialekt*, Berlin, Weidmannsche Buchhandlung.

Beekes, Robert (2010), *Etymological Greek Dictionary*, Leiden – Boston, Brill.

Bernabé, Alberto y Eugenio R. Luján (2006), *Introducción al griego-micénico: gramática, selección de textos y glosario*, Zaragoza, Prensas Universitarias de Zaragoza.

Bertrand, Joëlle (2007), *Vocabulaire grec. Du mot à la pensée,* Paris, Ellipses.

Bertrand, Joëlle (2008), *La grammaire grecque par l'exemple. Nouvelle édition*, Paris, Ellipses.

Bertrand, Joëlle (2010[3]), *Nouvelle Grammaire Grecque*, Paris, Ellipses.

Bornemann, Edouard y Risch, Ernst, *Griechische Grammatik*, (1978), Berlin, Diesterweg.

Buck, Carl D. (1955), *The Greek Dialects*. Chicago: University of Chicago Press (edición anterior: *Introduction to the Study of the Greek Dialects*, (2010), Boston, Ginn & Company).

Cassio, Albio C. (coord.) (2016[2]), *Storia delle lingue letterarie greche,* Roma, Mondadori Education.

Celano, Giuseppe C. A. (2019), «The Dependency Treebanks for Ancient Greek and Latin», en Monica Berti (ed.), *Digital Classical Philology. Ancient Greek and Latin in the Digital Revolution*, Berlin-Boston, De Gruyter, pp. 279–298. https://doi.org/10.1515/9783110599572-016.

Chadwick, John. (1996), *Lexicographica graeca: Contributions to the lexicography of Ancient Greek*. Oxford, Oxford Clarendon Press. https://doi.org/10.1093/oso/9780198149705.001.0001.

Chantarine, Pierre (2005), *Morphologie historique du grec*, Paris, Klincksieck.

Chantraine, Pierre (1958), *Grammaire Homérique. Tome I: Phonétique et Morphologie*, Paris, Klincksieck.

Chantraine, Pierre (1963), *Grammaire Homérique. Tome II: Syntaxe*, Paris, Klincksieck

Chantraine, Pierre (1979), *La Formation des noms en Grec Ancien*, Paris, Klincksieck.

Chantraine, Pierre (ed.) (1999), *Dictionnaire étymologique de la langue grecque. Histoire des mots*, Paris, Kliensieck.

Christidis, Athanasios Ph. (2007), *A History of Ancient Greek. From the Beginnings to Late Antiquity* (traducción revisada de *Ιστορία της ελληνικής γλώσσας: Από τις αρχές έως την ύστερη αρχαιότητα*, Thessaloniki: Centre for the Greek Language and the Institute of Modern Greek Studies, 2001), Cambridge, Cambridge University Press.

Clackson, James (2007), *Indo-European Linguistics: An Introduction*, Cambridge, Cambridge University Press. https://doi.org/10.1017/CBO9780511808616.

Coderch, Juan (1997), *Diccionario español-griego*, Madrid, Ediciones Clásicas.

Colvin, Stephen (2007), *A Historical Greek Reader: Mycenaean to the Koiné*. Oxford, Oxford University Press. https://doi.org/10.1093/oso/9780199226597.001.0001.

Cruse, Alan (1986), *Lexical Semantics*, Cambridge, Cambridge University Press.

Cunliffe, Richard J. (1963[2]), *A lexicon of the Homeric dialect*, University of Oklahoma Press.

Danker, Frederick William (2000[3]), *A Greek-English lexicon of the New Testament and other early Christian literature (BDAG)*, Chicago, University of Chicago Press.

Del Freo, Maurizio y Massimo Perna (eds.) (2016), *Manuale di epigrafia micenea: Introduzione allo studio dei testi in lineare B*, 2 vols., Padova, Libreriauniversitaria.it edizioni.

Dobson, John H. (2012[3]) *Learn New Testament Greek*, London, Piquant Edtions.

Diggle, James (ed.) (2021), *The Cambridge Greek Lexicon*, Cambridge, Cambridge University Press.

Duff, Jeremy y David Wenham (2008[3]), *The Elements of New Testament Greek*, Cambridge, Cambridge University Press.

Duhoux, Yves (1983), *Introduction aux dialectes grecs anciens: Problèmes et méthodes. Recueil de textes traduits,* Louvain-la-neuve, Cabay.

Duhoux, Yves (2000[2]), *Le Verbe Grec Ancien: Elements De Morphologie et De Syntaxe Historiques: Deuxieme Edition, Revue Et Augmentee: Eléments de morphologie et de syntaxe historiques*, Louvain-la-neuve, Peeters.

Duhoux, Yves y Anna Morpurgo Davies (eds.) (2008), *A Companion to Linear B: Mycenaean Greek Texts and their World,* Volume I, Louvain-la-neuve: Peeters.

Duhoux, Yves y Anna Morpurgo Davies (eds.) (2011), *A Companion to Linear B: Mycenaean Greek Texts and their World,* Volume II, Louvain-la-neuve, Peeters.

Duhoux, Yves y Anna Morpurgo Davies (eds.) (2014), *A Companion to Linear B: Mycenaean Greek Texts and their World*, Volume III, Louvain-la neuve: Peeters.

Egea Sánchez, José Mª (1988), *Documenta selecta ad historiam linguae graecae ilustrandam (vol. 1)*, Bilbao, Universidad del País Vasco.

Filkenberg, Margalit (ed.) (2011), *The Homer Encyclopedia*, Oxford, Blackwell Publishing.

Fortson, Benjamin W. (2010), *Indo-European Language and Culture: An Introduction*, Cambridge, Cambridge University Press.

Fraser, Peter M. y Elaine Matthews (eds.) (1987-), *Lexicon of Greek Personal Names,* Oxford, Oxford Clarendon Press.

Frisk, Hjalmar (1960-1972), *Griechisches Etymologisches Wörterbuch*, 3 volúmenes, Heildelberg, Carl Winter.

Garzón Fontalvo, Eveling *et al.* (2023), *Guía de anotación lingüística de textos grecolatinos / Guidelines for linguistic annotation of Graeco-Latin texts*, Madrid, autoedición.

Geraeerts. Dirk (1997), *Diachronic Prototype Semantics : A Contribution to Historial Lexicology*, Oxford, Oxford Clarendon Press. https://doi.org/10.1093/oso/9780198236528.001.0001.

Giannakis, Georgios K. *et al.* (2013), *Enciclopedy of Ancient Greek Language and Linguistics*, Leiden – Boston, Brill.

Gignac, Francis Th. (1975), *A Grammar of the Greek Papyri of the Roman and Byzantine Periods*, Volume I: Phonology, Milano, Istituto Editoriale Cisalpino-La Goliardica.

Givón, Talmy (1995), *Functionalism and Grammar*, Amsterdam-Phidalelphia, John Benjamins. https://doi.org/10.1075/z.74.

Glare, Peter G. W y Anna A. Thompson (eds.) (1996), *Greek-English lexicon : Revised supplement*, Oxford, Oxford Clarendon Press.

Hardcastle, William J. y Laver, John (eds.) (1996), *The Handbook of Phonetic Sciences*, Oxford, Blackwell.

Hiorth, Finngeir (1954–1955), «Arrangement of meanings in lexicography», *Lingua*, 4, pp. 413–424. https://doi.org/10.1016/0024-3841(54)90075-3.

Hippisley, Andrew y Stump, Gregory (2016), *The Cambridge Handbook of Morphology*, Cambridge, Cambridge University Press. https://doi.org/10.1017/9781139814720.

Hock, Hans H. (2021[3]), *Principles of Historical Linguistics*, Berlin-Boston, De Gruyter.

Holton, David, Geoffrey Horrocks, Marjolijne Janssen, Tina Lendari, Io Manolessou y Notis Toufexis (2019), *The Cambridge Grammar of Medieval and Early Modern Greek*, Cambridge, Cambridge University Press. https://doi.org/10.1017/9781316632840.

Horrocks, Geoffrey (2014[3]), *Greek: A History of the Language and its speakers*, Cambridge, Cambridge University Press.

Jiménez Delgado, José Miguel (2016), *Sintaxis del griego micénico*, Sevilla, Editorial Universidad de Sevilla.

Kriaras, Emmanouil (1969-1997), *Lexicon of Medieval Greek Demotic Literature 1100-1669*, 14 volúmenes, Thessaloniki, Greek Language Center.

Kühner, Raphael, Blass, Friedrich y Gerth, Bernhard (1966 [1868-1904]), *Ausfürliche Grammatik der griechischen Sprache, Erster Teil: Elementar-, Formenlehre Erster Band y Zweiter Band; Zweiter Teil: Satzlehre Erster Band, Zwiter Band*, Hannover, Hannsche Buchhandlung.

Kühner, Raphael, Blass, Friedrich y Gerth, Bernhard (1966 [1868-1904]), *Ausfürliche Grammatik der griechischen Sprache, Erster Teil: Elementar-, Formenlehre Erster Band y Zweiter Band; Zweiter Teil: Satzlehre Erster Band, Zwiter Band*, Hannover, Hannsche Buchhandlung.

Lampe, Geofrey W. H. (1961-1968), *A patristic Greek lexicon*. Oxford, Oxford Clarendon Press.

Liddell, Henry G. (1968), *An Intermediate Greek-English Lexicon*. Oxford, Oxford Clarendon Press.

Liddell, Henry George (1889), *An Intermediate Greek-English Lexicon*. Oxford, Oxford Clarendon Press.

Liddell, Henry George y Robert Scott (1925–1940), *A Greek-English Lexicon: A new edition*. Revisada por Henry Stuart Jones, Roderick McKenzie *et al.*, Oxford, Oxford Clarendon Press.

Luraghi, Silvia y Vit Bubenik (2013), *The Continuum Companion to Historical Linguistics*, London, Bloomsbury.

Marinone, Nino (1950), *Tutti i verbi greci*, Milano-Messina, G. Principato.

Meier-Brügger, Michael (1992), *Griechische Sprachwissenschaft*, Berlin-New York, Walter de Gruyter.

Menge, Hermann (2011[12]), *Repetitorium der griechischen Syntax*, Darmdstadt, Wissenschaftliche Buchgesellsaft.

Michelazzo, Francesco (2019[2]), *Nuovi itinerari alla scoperta del greco antico. Le strutture fondamentali della lingua greca: fonetica, morfologia, sintassi, semantica, pragmatica*. Firenze, Firenze University Press.

Montanari, Franco (2013[3]), *Vocabolario della lingua greca*, Torino, Loescher Editore.

Montanari, Franco, Madeleine Goh y Chad Schroeder (2015), *The Brill Dictionary of Ancient Greek,* Leiden – Boston, Brill.

Morpurgo Davies, Anna (2017), «La "lingüística popular" y la palabra griega», *Estudios Clásicos*, 151, pp. 9-50.

Muñoz Delgado, Luis (2001), *Léxico de magia y religión en los papiros mágicos griegos*, Anejo Diccionario Griego-Español, Madrid, Consejo Superior de Investigaciones Científicas.

Narrog, Heiko y Bernd Heine (2021), *Grammaticalization*, Oxford, Oxford University Press.

Palmer, Leonard R. (1983), *The Greek Language*, London, Bloomsbury.

Palmer, Ruth (2008), «How to Begin? An Introduction to Linear B Conventions and Resources», en Yves Duhoux y Anna Morpurgo Davies (eds.), *A Companion to Linear B: Mycenaean Greek Texts and their World*, Volume I, Louvain-la-neuve, Peeters, pp. 25-68.

Parry, Milman (1971), *The Making of Homeric Verse*, Oxford, Oxford Clarendon Press.

Piquero Rodríguez, Juan (2019), *El léxico del griego micénico: Index Graecitatis. Étude et mise à jour de la bibliographie,* Nancy/Paris, A.D.R.A/Éditons de Boccard.

Preisigke, F. y Emil Kiessling (1925–1931), *Wörterbuch der griechischen Papyrusurkunden mit Einschluss der griechischen Inschriften, Ausschriften, Ostraka, Mumienschilder usw. aus Ägypten*, 3 volúmenes, Berlin, Erbe.

Psaltes, Stamatios B. (1974[2]), *Grammatik der byzantinischen Chroniken*, Göttingen, Vendenhoeck y Ruprecht.

Renauld, Émile (1920), *Étude de la langue et du style de Michel Psèlos*, Paris, Picard.

Rijksbaron, Albert (2006^2), *The Syntax and Semantics of the Verb in Classical Greek*, Cambridge, Cambridge University Press.

Rix, Helmut (1992^2), *Historische Grammatik des Griechischen: Laut- und Formenlehre*, Darmstadt, Wissenschaftliche Buchgesellschaft.

Rodríguez Adrados *et al.* (1963), *Introducción a Homero*, Guadarrama, Labor.

Rodríguez Adrados, F. (2004), *Veinte años de Filología Griega (1984-2004)*, Madrid, Consejo Superior de Investigaciones Científicas.

Rodríguez Adrados, Francisco (ed.) (1980–), *Diccionario Griego-Español*, 7 vols., Madrid, Consejo Superior de Investigaciones Científicas.

Rodríguez Adrados, Francisco y Juan Rodríguez Somolinos (eds.) (2005), *La lexicografía griega y el «Diccionario griego-español»,* Madrid, Consejo Superior de Investigaciones Científicas.

Rodríguez Somolinos, Helena. 1998. *El léxico de los poetas lesbios: Diccionario Griego-Español anejo IV*. Madrid: Consejo Superior de Investigaciones Científicas.

Ryan, Cressida. (2024), «Teaching New Testament Greek: What, and How?», en Chiara Monaco, Robert Machado y Eleni Bozia (eds.), *Redefining the Standards in Attic, Koine, and Atticism*, Amsterdam, Brill, pp. 313-334. http://doi.org/10.1163/9789004687318_013

Sánchez Ruipérez, Martín (1963), *Antología de la Ilíada y la Odisea,* Madrid, Sociedad Española de Estudios Clásicos.

Schaps, David M. (2011), «Lexicography», en David M. Schaps (ed.), *Handbook for Classical Research* Abingdon, Routledge, pp. 69-80. https://doi.org/10.4324/9780203844373-14.

Schmitt, Rüdiger (1977), *Einführung in die griechischen Dialekte*, Darmstadt, Wissenschaftliche Buchgesellschaft.

Schwytzer, Eduard (1959), *Griechische Grammatik. Auf der Grundlage von Karl Brugmanns Griechischer Grammatik von Eduard Schwyzer. Vervollständigt und herausgegeben von Albert Debrunner; Register von Demetrius J. Georgacas. - 3 Bände. - Band 1: Allgemeiner Teil. Lautlehre, Wortbildung. Flexion. - Band 2: Syntax und syntaktische Stilistik. - Band 3: Register. (= Handbuch der Altertumswissenschaft, 2. Abteilung, 1. Teil, Band 1 bis 3)*, München, C.H. Beck.

Sihler, Andrew R. (1995), *The New Comparative Grammar of Greek and Latin*, Oxford, Oxford University Press. https://doi.org/10.1093/oso/9780195083453.001.0001.

Smyth, Herbert W. (1956 [1920]), *Greek Grammar*, Harvard, Harvard University Press.

Sophocles, Evangelinos A. (1900), *Greek lexicon of the Roman and Byzantine periods (from b.C. 146 to A.D. 1100),* New York, Charles Scribner's Sons.

Svensen, Bo (2009), *A Handbook of Lexicography*, Cambridge, Cambridge University Press.

Thumb, Albert (1909), *Handbuch der griechischen Dialekte*, Heidelberg, Carl Winter's Universitätsbuchhandlung.

Thumb, Albert y Anton Scherer, (1959), *Handbuch der griechischen Dialekte II*. Heidelberg: Winter Verlag.

Thumb, Albert y Ernst Kieckers (1932), *Handbuch der griechischen Dialekte I*. Heidelberg: Winter Verlag.

Trapp, Erich, (ed.) (1994–2019), *Lexikon zur byzantinischen Gräzität: Besonders des 9.–12. Jahrhunderts*. Vienna, Verlag der Österreichischen Akademie der Wissenschaften.

Triandafyllidi, Manoli (1998), *Λεξικό της Κοινής Ελληνικής,* Athina, Institouto Neoellinikon Spoudon. Idryma Manoli Triantafyllidi.

Van Emde Boas, Evert y Albert Rijksbaron, Luuk Huitink, Matthieu de Bakker (2019), *The Cambridge Grammar of Classical Greek*, Cambridge, Cambridge University Press.

Van Valin, Randy J. y La Polla, Robert (1997), *Syntax: Structure, meaning and function*, Cambridge, Cambridge University Press. https://doi.org/10.1017/CBO9781139166799.

Villa de la, Jesús y Anna Pompei (2018), *Classical Languages and Linguistics / Lenguas clásicas y lingüística*, Madrid, Ediciones de la Universidad Autónoma de Madrid.

Wallace, Daniel B. (1996), *Greek Grammar Beyond the Basics: An Exegetical Syntax of the New Testament with Scripture, Subject, and Greek Word Indexes*, Gran Rapids, Zondervan.

Willi, Andreas, (2018), *Origins of the Greek verb*, Cambridge, Cambridge University Press. https://doi.org/10.1017/9781108164207.

Woodard, Roger D., (2008), «Greek dialects» en: *The Ancient Languages of Europe*, Cambridge. Cambridge University Press. https://doi.org/10.1017/CBO9780511486814.006.

Recursos en línea

Aegean Prehistoric Archaelogy (Universidad de Dartmouth). Disponible en https://sites.dartmouth.edu/aegean-prehistory/lessons/lesson-25-narrative/lesson-25-bibliography/ (fecha de consulta: 27 de marzo de 2025).

Bailly, Anantole (2020 [1901]), *Dictionnaire Grec–Français*. Disponible en https://bailly.app/ (fecha de consulta: 28 de marzo de 2025).

Brisard, Frank, Jana Declercq, Sigurd D'hondt, Mieke Vandenbroucke, Jan-Ola Östman, Jef Verschueren (1995-2022), *Handbook of Pragmatics,* Chicago, John Benjamins. Disponible en https://benjamins.com/online/hop (fecha de consulta: 23 de marzo de 2025).

Buijs, Michel (2016), *A Bibliography of Ancient Greek Linguistics: Leiden University*. Disponible en https://hum2.leidenuniv.nl/bibliography-of-greek-linguistics/bgl.html (fecha de consulta: 25 de marzo de 2025).

Cambridge Ancient Greek-English Lexicon: Disponible en https://www.classics.cam.ac.uk/research/projects/glp/introduction (fecha de consulta: 28 de marzo de 2025).

Chironweb. Disponible en https://sites.google.com/view/chironweb/ (fecha de consulta: 26 de marzo de 2025).

Coderch, Juan (2012), *Classical Greek: A New Grammar. Greek grammar taught and explained, with examples.* Disponible en http://coderch-greek-latin-grammar.weebly.com/ (fecha de consulta: 30 de marzo de 2025).

DiCoGra: Diccionario de Colocaciones del Griego Antiguo. Disponible en https://dicogra.iatext.ulpgc.es/dicogra/ (fecha de consulta: 31 de marzo de 2025).

DiCoLat: Diccionario de Colocaciones Latinas. Disponible en https://dicolat.iatext.ulpgc.es/dicolat/ (fecha de consulta: 31 de marzo de 2025).

EAGLL: Encyclopaedia of Ancient Greek Language and Linguistics. Disponible en https://referenceworks.brillonline.com/browse/encyclopedia-of-ancient-greek-language-and-linguistics (fecha de consulta: 25 de marzo de 2025).

Greek-Language.com. Disponible en https://greek-language.com/#gsc.tab=0 (fecha de consulta: 26 de marzo de 2025).

Grupo de Lingüística del CSIC. Disponible en https://glg.csic.es/ (fecha de consulta: 28 de marzo de 2025).

Hellenistic Greek. Disponible en https://hellenisticgreek.com/index.html (fecha de consulta: 26 de marzo de 2025).

Lexicity. Disponible en https://web.archive.org/web/20221115084724/http://lexicity.com/ (fecha de consulta: 28 de marzo de 2025).

Lexicon of Greek Personal Names. Disponible en https://www.lgpn.ox.ac.uk/ (fecha de consulta: 30 de marzo de 2025).

Logeion. Disponible en https://logeion.uchicago.edu/ (fecha de consulta: 31 de marzo de 2025).

LSJ: Liddell-Scott-Jones. Disponible en https://lsj.gr/wiki/Main_Page (fecha de consulta: 28 de marzo de 2025).

Nash, Theo (2018-2024), *Mycenaean Miscellany.* Disponible en http://mycenaeanmiscellany.wordpress.com (fecha de consulta: 27 de marzo de 2025).

Oxford Bibliograhies: Ancient Greek Lexicography. Disponible en https://www.oxfordbibliographies.com/display/document/obo-9780195389661/obo-9780195389661-0061.xml (fecha de consulta: 28 de marzo de 2025).

Perseids. Disponible en https://www.perseids.org/libraries-tools/ (fecha de consulta: 30 de marzo de 2025).

Perseus. Disponible en https://www.perseus.tufts.edu/hopper/ (fecha de consulta: 23 de marzo de 2025).

REGLA: Rección y Complementación en griego y latín. Disponible en http://www.reglabd.org/ (fecha de consulta: 27 de marzo de 2025).

Rodríguez Adrados, Francisco y Emilia Gangutia (1981–2019), *Diccionario griego–español*, Madrid, Consejo Superior de Investigaciones Científicas. Disponible en http://dge.cchs.csic.es [= *DGE*] (fecha de consulta: 28 de marzo de 2025).

Ruiz Pérez, Ángel (2019), *Resumen de Gramática Griega.* Disponible en https://www.academia.edu/9631965/Apuntes_Gram%C3%A1tica_Griega (fecha de consulta: 25 de marzo de 2025).

Translatum. Disponible en https://www.translatum.gr/forum/index.php?topic=340668.0 (fecha de consulta: 23 de marzo de 2025).

Triandafyllidi, Manoli (1998), *Λεξικό της κοινής νεοελληνικής*. Disponible en https://www.greek-language.gr/greekLang/modern_greek/tools/lexica/triantafyllides/index.html (fecha de consulta: 30 de marzo de 2025).

2. SOBRE LA LENGUA GRIEGA II:
LOS TEXTOS Y SUS TRADUCCIONES

David Pérez Moro[1]

Universidad de Granada

La búsqueda de los textos griegos y de sus correspondientes traducciones a lenguas modernas constituye, en ocasiones, una tarea que excede los conocimientos de la persona que se inicia en el ámbito de la Filología Griega. No obstante, el propósito de este capítulo no es ofrecer un repertorio exhaustivo de ediciones y traducciones, ya que una tarea de tal magnitud desbordaría los límites no solo de un capítulo, sino incluso de un volumen completo. Por ello, en las páginas que siguen se propone una aproximación a las principales casas editoriales y colecciones dedicadas a la publicación de textos griegos. Por razones tanto de espacio como de pertinencia para el lector de este capítulo, se comentarán únicamente aquellas editoriales y colecciones que ofrecen traducciones de obras griegas que abarquen desde época arcaica y clásica hasta el periodo bizantino, siempre que dichas publicaciones estén disponibles en castellano o en alguna de las principales lenguas modernas, especialmente inglés, francés e italiano.

A lo largo del tiempo, han sido numerosas las colecciones y editoriales que han prestado atención a los textos griegos; sin embargo, en esta ocasión se abordarán aquellas que, a nuestro juicio, resultan más accesibles para estudiantes de Grado y Máster, así como para investigadores noveles. Asimismo, con el objetivo de adaptar este contenido a los desarrollos tecnológicos más recientes, se incluirá un apartado dedicado a las principales bases de datos de textos griegos y a las herramientas complementarias que estas ofrecen.

El capítulo se estructura en torno a cuatro grandes tipos de recursos. En primer lugar, se presentarán las ediciones de textos griego sin traducción, es decir, aquellas que ofrecen el texto original acompañado de su aparato crítico. En segundo lugar, se examinarán los volúmenes que contienen exclusivamente la traducción de obras

---

[1] Correo electrónico: david.perezmoro@ugr.es.

griegas al castellano. En tercer lugar, se comentarán las colecciones bilingües, es decir, aquellas que incluyen tanto el texto griego como su correspondiente traducción. Finalmente, el capítulo concluirá con un apartado dedicado a los recursos digitales disponibles para la consulta de textos griegos, así como a las herramientas complementarias que estos ofrecen.

1. EDICIONES DE TEXTOS GRIEGOS SIN TRADUCCIÓN

Las ediciones de los textos constituyen un instrumento indispensable para el filólogo griego, ya que, sin ellas, cualquier intento de aproximación rigurosa a una obra antigua exigiría el trabajo directo con uno o, más propiamente, varios manuscritos, una tarea especialmente ardua, en particular para quienes se inician en este ámbito. En este primer apartado se analizarán las principales editoriales que publican ediciones de textos griegos: *Oxford University Press* y *(Walter) De Gruyter*. Conviene advertir, no obstante, que este análisis se limita exclusivamente a colecciones publicadas en el extranjero, dado que, en el caso particular del griego antiguo, no existen alternativas comparables en lengua española.

La primera editorial que publica ediciones de textos griegos es *Oxford University Press*, la más antigua aún en activo, con derecho legal de impresión desde 1586. Esta editorial también fue conocida como *Clarendon Press*, puesto que durante los siglos XVIII y XIX su imprenta se trasladó al *Clarendon Building* en Oxford. Aunque en el siglo XIX sus oficinas se desplazaron a su actual localización, también en Oxford, la editorial continuó utilizando durante el siglo XX la etiqueta *Clarendon Press* para distinguir las dos oficinas que poseían (Londres y Oxford). Por ello, aquellos volúmenes impresos en Londres llevaban la etiqueta *Oxford University Press*, mientras que en aquellos publicados en Oxford figuraba la etiqueta *Clarendon Press*. En la actualidad, esta distinción no se continúa utilizando, ya que en los años 70 del pasado siglo la oficina de Londres cerró y se generalizó el uso de la etiqueta *Oxford University Press*.

En cuanto al número de colecciones, esta editorial contiene una gran cantidad de ellas de temática relacionada con el mundo clásico –aunque no solo– y, en algunos casos, cuenta con colecciones especializadas en un tema en concreto, como Platón, el derecho romano, la tragedia o la mujer en Grecia y Roma.[2] A pesar de que son tantas las colecciones, en los próximos párrafos nos centraremos en aquella que sigue publicando números en la actualidad: *Oxford Classical Texts*.

---

[2] Un listado detallado de todas ellas se puede encontrar su web, destacando, aunque no las tratemos, *Society for Classical Studies Textbooks*, *Society for Classical Studies Texts & Commentaries* y *Oxford Early Christian Texts*. *Cf.* https://global.oup.com/academic/series/arts-and-humanities/classical-studies/?lang=en&cc=fr (fecha de consulta: 15 de febrero de 2025).

La colección *Oxford Classical Texts*, aunque también denominada *Scriptorum Classicorum Bibliotheca Oxoniensis*, fue fundada en 1894 con el propósito de editar las obras de los autores griegos y latinos más representativos de la Antigüedad. En la actualidad, esta colección ofrece ediciones críticas de la práctica totalidad de los autores de las épocas arcaica y clásica que integran el canon fundamental habitualmente estudiado en los Grados. En los últimos años, han comenzado a publicarse también textos de otras épocas, como *Noches Áticas* (bajo el título en inglés, *Attic Nights*) de Aulo Gelio (s. II d. C.), editada por Leofranc Holford-Strevens (2019a y 2019b), o *Comentario sobre el Timeo* (*Commentary on Timaeus*) de Proclo (s. V d. C.), en edición de Gerd Van Riel (2022a-e). No obstante, este tipo de obras postclásicas siguen representando, por el momento, una excepción dentro del catálogo general de la colección.

El catálogo de la colección *Oxford Classical Texts* no resulta especialmente extenso –cuenta con aproximadamente 144 volúmenes– ni presenta un ritmo de publicación particularmente ágil, pues se incrementa a razón de una media de dos volúmenes por año.[3] Estas ediciones se distinguen por ofrecer amplias introducciones iniciales, en las que se analiza tanto la figura del autor como la obra editada y su tradición manuscrita. Asimismo, las ediciones destacan por su formato manejable, concebido específicamente para estudiantes de Filología Clásica. No obstante, en comparación con otras colecciones, los aparatos textuales que acompañan a estas ediciones suelen ser más concisos. Además, tanto las introducciones como las notas de las obras fueron tradicionalmente redactadas en latín. Esta práctica comenzó a modificarse a principios de la década de 1990, cuando algunos editores optaron por redactar las introducciones en inglés, aunque mantuvieron el aparato crítico en latín.[4] En la actualidad conviven ambos modelos: algunos volúmenes conservan la introducción en latín, mientras que otros adoptan el inglés como lengua de presentación.

La segunda casa editorial de la que hablaremos en este apartado es *(Walter) De Gruyter*. Esta editorial tiene sus orígenes en 1749, año en el que el rey Federico II el Grande le otorgó el privilegio real a la librería *Königliche Realschule* de Berlín, aunque no pasó a denominarse *(Walter) De Gruyter* hasta casi dos siglos después, en el año 1919. La editorial cuenta con numerosas colecciones, aunque en este caso nos centraremos únicamente en la *Bibliotheca Scriptorum Graecorum et Romanorum Teubneriana* o, también denominada, *Teubner*. Esta colección se crea en el año 1849 de la mano de Benedictus Gotthelf Teubner con la intención de editar las obras de los autores grecolatinos. La colección *Teubner* no se limita a autores de época arcaica y

---

[3] Catálogo completo de *Oxford Classical Texts* o *Scriptorum Classicorum Bibliotheca Oxoniensis* disponible en https://global.oup.com/academic/content/series/o/oxford-classical-texts-oct/?cc=es&lang=en& (fecha de consulta: 15 de febrero de 2025).

[4] La primera obra que contiene la introducción en inglés es *Sophocles Fabulae*, editada por Lloyd–Jones Hugh y Nigel G. Wilson (1990).

clásica, sino que también publica ediciones de textos de época helenística, imperial, tardoantigua y bizantina.

Desde su fundación, la colección *Teubner* ha publicado más de 350 obras de autores griegos y latinos, cifra que se incrementa anualmente en torno a cuatro o cinco títulos.[5] Entre las ediciones más recientes cabe mencionar el anónimo *De medicina*, editado por Daniela Manetti (2022); la *Vita Apollonii Tyanei* de Flavio Filóstrato (siglo II–III d. C.), en edición de Gerard Boter (2022); o la correspondencia epistolar (*Epistulae*) de Miguel Pselo (siglo XI), a cargo de Stratis Papaioannou (2019). Las ediciones de esta colección se caracterizan por ofrecer una extensa introducción, centrada tanto en la obra como en los criterios editoriales adoptados; el texto griego acompañado de un aparato crítico exhaustivo; y, por último, una serie de índices (*nominum, verborum memorabilium* y/o *locorum*), así como anexos específicos que varían en función de cada obra. Del mismo modo que ocurre en la colección *Oxford Classical Texts*, tanto las introducciones como las notas se redactan, salvo contadas excepciones en inglés, en lengua latina. En cuanto a su público objetivo, los volúmenes de la colección *Teubneriana* están dirigidos principalmente a lectores especializados; no obstante, constituyen una herramienta de gran utilidad para quienes poseen los conocimientos filológicos necesarios

2. TRADUCCIONES DE TEXTOS GRIEGOS

Otro de los instrumentos de especial relevancia para el filólogo griego son las traducciones, que facilitan tanto el acceso a la literatura griega por parte del lector no especializado como su difusión en ámbitos académicos y entre el público general. Las traducciones constituyen, en este sentido, una vía de entrada privilegiada al universo cultural griego, independientemente del periodo histórico al que pertenezcan los textos. En este apartado, dado que existe una excelente oferta en lengua española, el análisis se centrará exclusivamente a dicha tradición, con especial atención a los catálogos de *RBA Libros* –en particular, a su sello editorial *Gredos*– y de *Akal* –con su colección *Clásica*–.

Gredos nació como editorial independiente en 1944, con el propósito de publicar volúmenes especializados en distintas disciplinas de las humanidades, en particular Filosofía, Lexicografía, Filología Hispánica y Filología Clásica. Tras más de sesenta años de trayectoria como editorial privada, fue adquirida en el 2006 por el grupo *RBA*, convirtiéndose en uno de los sellos de la editorial *RBA Libros*. El sello *Gredos* cuenta con diversas colecciones de interés para el ámbito clásico, tanto desde una perspectiva filológica como lexicográfica o cultural, si bien en este estudio nos

---

[5] Catálogo completo de *Bibliotheca Scriptorum Graecorum et Romanorum Teubneriana* disponible en https://www.degruyterbrill.com/serial/bt-b/html#volumes (fecha de consulta: 15 de febrero de 2025).

centraremos exclusivamente en tres de ellas: *Biblioteca Clásica Gredos*, *Nueva Biblioteca Clásica Gredos* y *Textos Clásicos*.[6]

Las primeras dos colecciones, *Biblioteca Clásica Gredos* y *Nueva Biblioteca Clásica Gredos*, las abordaremos conjuntamente por la interrelación existente entre ellas. En 1977 la editorial *Gredos* crea la colección *Biblioteca Clásica Gredos* con la publicación de sus primeros cinco volúmenes.[7] Desde su creación, esta colección buscaba la traducción y difusión de los clásicos griegos y latinos entre un público general, aunque con conocimiento sobre el mundo grecorromano y, para ello, publicó 415 volúmenes que abarcan desde época arcaica y clásica hasta el final del periodo tardoantiguo.[8]

Con la adquisición de la editorial *Gredos* por parte del grupo *RBA* se produce el cierre de la colección *Biblioteca Clásica Gredos* y, unos años después de la publicación de su último volumen, *RBA* inauguró la *Nueva Biblioteca Clásica Gredos*, una colección que busca la revisión y reedición de las obras más importantes de la colección *Biblioteca Clásica Gredos*. En su primer año, esta colección publicó 16 volúmenes y actualmente la colección cuenta con más de 40 ejemplares.[9] Esta colección incluye, por el momento, traducciones de obras compuestas en época arcaica y clásica y están destinadas a estudiantes, académicos y, en general, al público interesado en la cultura clásica.[10]

---

[6] Un listado detallado de todas las colecciones se puede encontrar su web, destacando, aunque no las tratemos, *Biografías de Grecia y Roma*, *Biblioteca de Estudios Clásicos*, *Clásicos de la Filosofía* o algunos volúmenes de la colección *Introducción a la Filosofía*. *Cf.* https://www.rbalibros.com/gredos (fecha de consulta: 16 de febrero de 2025).

[7] Las primeras cinco obras traducidas por la editorial *Gredos* fueron: *Vida y hazañas de Alejandro de Macedonia* de pseudo-Calístenes, traducido por Carlos García Gual; *Helénicas* de Jenofonte, traducido por Orlando Guntiñas Tuñón; los libros I y II de la *Historia* de Heródoto, con una introducción de Francisco Rodríguez Adrados y la traducción de Carlos Schrader; *Tragedias I* (*El cíclope, Alcestis, Medea, Los Heraclidas, Hipólito, Andrómaca* y *Hécuba*) de Eurípides, traducido por Alberto Medina González y Juan Antonio López Pérez; y *Meditaciones* de Marco Aurelio, con una introducción de Carlos García Gual y la traducción de Ramón Bach Pellicer.

[8] Catálogo *online*, aunque no completo (cuenta con 364 volúmenes), de *Biblioteca Clásica Gredos* disponible en https://www.rbalibros.com/gredos/buscador?coleccionID=4492 (fecha de consulta: 16 de febrero de 2025). Para un catálogo más completo (con 411 volúmenes), *cf.* Editorial Gredos (2014) al que hay que añadir para concluir la colección: Pérez Asensio, Sanchis Llopis y Montañés Gómez (2016); Rodríguez-Noriega Guillén (2016); García Pinilla (2016); García-Alonso, Hoz García-Bellido y Torallas Tovar (2016)

[9] De los 16 volúmenes publicados en el año 2019, podemos destacar los libros I y II de la *Historia de la guerra del Peloponeso* de Tucídides, traducido por Juan José Torres Esbarranch; la *Ilíada* y la *Odisea* de Homero, traducido el primer poema por Emilio Crespo Güemes y el segundo por José Manuel Pabón y Suárez de Urbina; o la *Ética a Nicómaco* y la *Ética a Eudemo* de Aristóteles, con una introducción de Emilio Lledó Íñigo y la traducción de Julio Pallí Bonet.

[10] El catálogo completo de la colección *Nueva Biblioteca Clásica Gredos* se encuentra disponible en https://www.rbalibros.com/gredos/buscador?coleccionID=3644# (fecha de consulta: 16 de febrero de 2025).

Los volúmenes de estas dos colecciones se estructuran, en primer lugar, en torno a una amplia introducción que aborda tanto la figura del autor como el contenido de la obra y su transmisión textual. Dichas introducciones constituyen una herramienta útil para estudiantes de nivel avanzado y jóvenes investigadores. Ahora bien, es aconsejable verificar si, en caso de reedición, la introducción ha sido actualizada, pues de no ser así, la información contenida podría haber quedado obsoleta frente a los avances recientes de la investigación. Tras la introducción, los volúmenes presentan la traducción del texto, acompañada de un número muy limitado de notas. Cuando resulta pertinente, se añade al final un índice de nombres propios. Asimismo, en aquellos volúmenes que reúnen varias obras de un mismo autor –como en el caso de las tragedias, comedias o diálogos–, se incorpora, además de la introducción general, una presentación específica para cada obra traducida.

Por último, la colección *Textos Clásicos*, creada en 2014 por el grupo editorial *RBA*, tiene como objetivo primordial acercar algunas de las grandes obras de la literatura grecolatina a un público lector más amplio. Con tal fin, esta colección introduce una serie de modificaciones tanto materiales como de contenido con respecto a las colecciones *Biblioteca Clásica Gredos* y *Nueva Biblioteca Clásica Gredos*. En el primer caso, se observa un intento de hacer más atractiva la presentación formal de los volúmenes mediante el diseño de cubiertas menos sobrias que las habituales en las colecciones precedentes, así como una ligera reducción del precio de venta. En el segundo, se constatan diversas adaptaciones de contenidos ya publicados en otras colecciones del mismo sello. Estas adaptaciones pueden consistir en la reestructuración de volúmenes colectivos en ediciones individualizadas –como ocurre con el *Gorgias* de Platón, que en *Textos Clásicos* se presenta como obra independiente, mientras que en la *Biblioteca Clásica Gredos* aparecía acompañado del *Menéxeno*, *Eutidemo*, *Menón* y *Crátilo*–, o bien en la reutilización de traducciones previas con la incorporación de prólogos nuevos o revisados. Esta relación intertextual con colecciones anteriores del sello *Gredos* se circunscribe, no obstante, a las traducciones de textos clásicos. Esta colección incluye también estudios monográficos dedicados a figuras, temas o hitos fundamentales de la cultura grecorromana, que pueden resultar especialmente útiles para estudiantes o investigadores que se inician en el campo de la filología griega.[11]

Desde su creación, *Textos Clásicos* ha publicado más de treinta volúmenes correspondientes a autores de las épocas arcaica, clásica y helenística, entre los que destacan *El canto lesbio*, un conjunto de poemas de la poetisa Safo, con una introducción de Marta González González y traducción de Francisco Rodríguez Adrados (2021); *Historias Verdaderas* de Luciano, con una introducción de Helena

---

[11] Descartamos analizar los monográficos de esta colección, ya que el eje central del apartado son las traducciones. Para consultar el catálogo completo de la colección *Textos Clásicos*, se recomienda consultar https://www.rbalibros.com/gredos/buscador?coleccionID=3171 (fecha de consulta: 16 de febrero de 2025).

González Vaquerizo y traducción de Andrés Espinosa Alarcón (2022); o *El asno de oro* de Apuleyo, con una introducción de Juan José Martos Fernández y traducido por Lisardo Rubio Fernández (2023). Aunque el ritmo de publicación de esta colección es sensiblemente menor en comparación con la *Nueva Biblioteca Clásica Gredos*, establecida en 2019, se advierte un incremento sostenido en los últimos años –con ocho títulos publicados solo en 2022–, lo que sugiere una consolidación progresiva del proyecto editorial.

Las traducciones incluidas en *Textos Clásicos* mantienen, en líneas generales, la misma estructura interna que caracteriza a las otras dos colecciones mencionadas, *Biblioteca Clásica Gredos* y *Nueva Biblioteca Clásica Gredos*. Esta estructura incluye una completa introducción al autor y la obra redactada en castellano, la traducción íntegra del texto u textos seleccionados y, cuando resulta pertinente, un índice de nombres propios.

En segundo lugar, *Akal* es una editorial española fundada en Madrid en 1972 por Ramón Akal González. Esta casa editorial se ha centrado desde sus orígenes en diversos campos siempre relacionados con las Humanidades. A finales de los años 80 del siglo pasado, la editorial creó *Clásica*, una colección con la que buscaba recuperar a los autores griegos y latinos.[12] La colección *Clásica* está dirigida por Enrique Montero Cartelle (subserie latina) y Manuel García Teijeiro (subserie griega), profesores jubilados de la Universidad de Valladolid. En la actualidad, la colección cuenta con 100 traducciones al castellano con un aumento paulatino de dos o tres volúmenes al año.[13]

Las traducciones de la colección *Clásica* incluyen una introducción detallada que ofrece información sobre el autor, la obra y su tradición textual, con referencias a manuscritos, ediciones críticas, comentarios y traducciones precedentes. Estas introducciones resultan especialmente recomendables para estudiantes o investigadores en formación, ya que proporciona una sólida base teórica y contextual. No obstante, al igual que sucede en el caso del sello *Gredos*, conviene consultar esta información con cautela, puesto que pueden existir estudios más recientes que ofrezcan perspectivas actualizadas sobre el autor o la obra. A diferencia de otras colecciones ya cerradas, *Clásica*, dc la cditorial *Akal*, continúa ampliando su catálogo con nuevos volúmenes de obras aún inéditas en esta serie, lo que constituye un valor añadido. Además de la introducción genérica, los volúmenes que recogen varias obras de un mismo autor incorporan una introducción específica para cada una de ellas. La traducción, elaborada por el responsable del volumen, va acompañada de un número reducido de notas, centradas principalmente en ofrecer claves contextuales –espaciales, temporales o culturales– así como referencias

---

[12] La primera traducción de la que se tiene constancia es la *Selección de Historias* de Polibio, traducida por Cristóbal Rodríguez Alonso (1986).
[13] El catálogo completo de la colección *Clásica* se encuentra disponible en https://www.akal.com/coleccion/clasica/ (fecha de consulta: 16 de febrero de 2025).

bibliográficas. La sección final de cada volumen no es uniforme, e incluye, según el caso, índices onomásticos, mapas, cronologías o esquemas que facilitan la comprensión global del texto traducido.

3. COLECCIONES BILINGÜES

Una vez que hemos abordado las colecciones que han publicado, por un lado, las ediciones de los textos griegos y, por el otro, las traducciones a las lenguas modernas de las obras de la literatura griega, presentaremos las principales colecciones a las que el alumno o investigador puede recurrir para consultar las obras bilingües, es decir, un texto en lengua griega junto a su correspondiente traducción, en las principales lenguas modernas (español, inglés, francés o italiano). En las próximas páginas analizaremos estas colecciones según la lengua en la que se encuentre la traducción, el contenido que ofrezcan y, por último, el público al que estén dirigidas.

En primer lugar, abordaremos aquellas colecciones que cuentan con traducciones al castellano. Comenzaremos con la colección más importante de textos bilingües en nuestra lengua, *Alma Mater de Autores Griegos y Latinos*, perteneciente al *Consejo Superior de Investigaciones Científicas* (CSIC) y dirigida por Luis Alberto de Cuenca y Prado. Fundada a principios de los años 50 del siglo XX por Mariano Bassols de Climent bajo el nombre de *Colección Hispánica de Autores Griegos y Latinos*, esta colección cuenta en la actualidad con unos 120 volúmenes publicados de autores griegos y latinos, número que va aumentando entre tres y cuatro volúmenes al año no solo con textos de autores clásicos, sino también postclásicos, concretamente de las épocas helenística, imperial, tardoantigua y bizantina.[14] Por citar algunos ejemplos, entre los últimos números publicados (a fecha de 2024) se encuentran la *Física* de Aristóteles de José Luis Calvo Martínez y José Manuel García Valverde (2022), los *Líricos griegos: elegíacos y yambógrafos arcaicos (siglos VII-V a.C.). Vol. I* y *Vol. II* tercera edición y cuarta respectivamente de la obra de Francisco Rodríguez Adrados (2022a y 2022b) o los cantos I-IV de la *Odisea* de Homero elaborada por Mariano Valverde Sánchez y José García López (2022). En cuanto al contenido de los volúmenes publicados por esta colección, estos contienen, por un lado, una edición crítica del texto griego junto al correspondiente aparato crítico con las diferentes lecturas de los manuscritos y, por el otro, una traducción al castellano con notas relativas a la traducción. Destinada a un público más conocedor de la literatura y de la lengua griega, las notas que incluyen los traductores en sus respectivos volúmenes buscan explicar ciertos pasajes ambiguos,

---

[14] Catálogo completo de *Alma Mater* disponible en http://editorial.csic.es/publicaciones/coleccion/212/alma-mater (fecha de consulta: 17 de febrero de 2025).

desconocidos o complejos bien desde un punto de vista cultural o bien lingüísticamente hablando, pero en ningún momento ayudan a resolver dudas relativas a la traducción de un pasaje desde un punto de vista didáctico.

En segundo lugar, la *Bibliotheca Scriptorum Graecorum et Romanorum Mexicana* es una colección de textos bilingües (griego/latín-castellano), fundada por la Universidad Nacional Autónoma de México (UNAM) en el año 1944 y actualmente dirigida por Aurelia Vargas Valencia, investigadora del Centro de Estudios Clásicos del Instituto de Investigaciones Filológicas de la UNAM y presidenta de la Asociación Mexicana de Estudios Clásicos del 2015 al 2019. El catálogo cuenta, hasta la fecha, con un total de 176 volúmenes de autores latinos y griegos, en el caso de estos últimos principalmente de época arcaica y clásica.[15] El ritmo de publicación en los últimos años ha sido un tanto irregular, puesto que ha habido años, como 2018 y 2019, en los que la editorial ha publicado seis y cinco volúmenes respectivamente, pero otros, como 2017, 2020 y 2021, en los que únicamente ha visto la luz una por año. Son numerosas las obras de gran relevancia publicadas por esta colección, entre las que podemos destacar la *Ilíada* y la *Odisea* de Homero, traducidas respectivamente por Rubén Bonifaz Nuño (1996) y Pedro C. Tapia Zúñiga (2020), o la *Ética eudemia*, la *Ética nicomáquea* y la *Política* de Aristóteles, traducidas todas ellas por Antonio Gómez Robledo (1994, 2012 y 2018), entre otras muchas. De acuerdo con lo que indica la propia colección en su web, los destinatarios de sus obras son especialistas en los estudios clásicos, así como los estudiantes de esta área o, incluso, aquellos lectores de otras disciplinas interesados en la materia.[16]

Cada volumen presenta una estructura interna homogénea, articulada en varias secciones que responden a un esquema editorial ya consolidado. En primer lugar, se ofrece una introducción o estudio preliminar que proporciona la información necesaria tanto para contextualizar al autor como para facilitar la comprensión general de la obra. Le sigue el texto –en nuestro caso, en lengua griega–, habitualmente basado en una edición crítica previamente publicada, si bien no es infrecuente que se introduzcan leves modificaciones respecto a dicha fuente. Acompaña al original la correspondiente traducción al castellano, que suele situarse en un término medio entre la literalidad extrema y la libertad estilística, con el objetivo de mantener un equilibrio entre fidelidad al texto y claridad expresiva. En algunos casos, el volumen incluye un comentario crítico posterior al texto y su traducción en el que se abordan cuestiones relevantes desde distintos puntos de vista

---

[15] Catálogo completo de *Bibliotheca Scriptorum Graecorum et Romanorum Mexicana* disponible en http://scriptorum.humanidades.unam.mx/SitiosInteres/Catalogo (fecha de consulta: 17 de febrero de 2025).

[16] *Cf. Lineamientos generales (II. Destinatarios)* de la colección *Bibliotheca Scriptorum Graecorum et Romanorum Mexicana*. Disponible en http://scriptorum.humanidades.unam.mx/General/Lineamientos (fecha de consulta: 17 de febrero de 2025).

–lingüístico, literario, histórico o filosófico, entre otros–. Asimismo, ciertos autores incorporan un aparato de notas breves al texto griego con una clara finalidad didáctica, orientado a resolver dificultades concretas de interpretación. De forma más sistemática, se encuentra un aparato de notas a la traducción, concebido para esclarecer elementos que puedan generar dudas desde el punto de vista lingüístico o cultural.[17] Finalmente, los volúmenes se completan con los índices correspondientes –general, *locorum*, *nominum* y, en algunos casos, *rerum*, según el criterio adoptado por el traductor–, además de una bibliografía actualizada que reúne los principales estudios y ediciones de referencia relacionados con la obra.

La siguiente editorial de la que hablaremos es *Rhemata*, creada en torno al año 2016. Esta joven editorial busca difundir los estudios sobre el mundo clásico entre un público general, aunque prestando mayor atención a profesores y estudiantes universitarios de Filología Clásica o carreras afines en el ámbito hispanoparlante. Además de su público, esta editorial difiere de la colección *Alma Mater de Autores Griegos y Latinos* en cuanto al contenido. Por un lado, el texto griego no viene editado por los autores de cada volumen, sino que se toma de las principales ediciones ya existentes. Por el otro, la introducción y las notas explicativas buscan acercar a un público hispanoparlante a testimonios literarios muy valiosos de diferentes periodos de la historia de Grecia. La editorial *Rhemata* hasta el año 2024 ha creado un total de cinco colecciones, aunque únicamente nos centraremos en dos de ellas por la relación presente con las obras bilingües griega: *Rhemata Textos Griegos* y *Rhemata Bucoleón*.[18]

La primera de estas, *Rhemata Textos Griegos*, es una colección de textos bilingües griego-castellano dirigida por el profesor de la Universitat de València Ángel Narro Sánchez. Esta colección cuenta, hasta la fecha, con un total de doce volúmenes, aunque paulatinamente la colección se va ampliando.[19] Entre las obras

---

[17] Un rechazo radical al uso de las notas al texto griego en esta colección se puede leer al final de la *Ética eudemia*, traducida por Antonio Gómez Robledo (1994: XXXVIII): «Al igual que en otras versiones mías que han aparecido en nuestra biblioteca clásica bilingüe, me abstengo en la presente de estampar notas al texto griego, por entender que esto no debe hacerse sino cuando es posible intervenir en el aparato crítico, lo cual supone a su vez el acceso, siquiera en microfilme, a los diversos códices en que se conserva el texto original. Como estamos muy lejos aún de esta posibilidad, […] lo que hacen mis colegas, bajo el epígrafe de notas al texto original, no son en realidad sino comentarios escolares para uso de estudiantes *de infima graecitate* o *de infima latinitate*, lo cual no es, hasta donde yo entiendo, el propósito de esta colectánea. […] Con lo cual no hacemos sino quedar en ridículo ante los centros humanistas europeos, como lo testimonia el siguiente *compterendu* de una revista filológica salmantina (del Tormes y no del Bajío) con referencia a una obra de nuestra biblioteca bilingüe: "Y quedan las notas. Baste decir que el 90% son perfectamente inútiles y parecen dirigidas a lectores sin preparación alguna. […]" (*Helmántica* 1981, Set. – Nov.) ¿No es mejor, en verdad, abstenernos de anotar el texto original que incidir en estas simplezas?».

[18] Las restantes colecciones son: *Rhemata Textos Latinos, Rhemata Monografías* y *Rhemata Antigüedad*.

[19] Catálogo completo de *Rhemata Textos Griegos* disponible en https://rhemata.es/rhemata-textos-griegos/ (fecha de consulta: 18 de febrero de 2025).

que se incluyen están *El Banquete* y *La República* de Platón, traducidas por Ángel Narro Sánchez (2018) y Carlos Monzó Gallo (2020 y 2021) respectivamente; la *Trilogía Tebana* de Sófocles, traducida por Fernando Pérez Lambás (2022); y obras anónimas, como *Las vicisitudes de Timarión* de Juan Merino Castrillo (2019) o *Hechos de Jantipa y Polixena* de Carlos Julio Martínez Arias (2020).

La segunda colección de esta editorial que trataremos es *Rhemata Bucoleón*, dirigida por Ernest Emili Marcos Hierro (desde su fundación hasta el 2023) y por Sergi Grau Guijarro (desde el 2023), profesores de la Universitat de Barcelona, y amparada por la Sociedad Española de Bizantinística (SEB). El primer aspecto que hay que señalar sobre esta nueva colección es que el lector ya sale del periodo clásico para adentrarse completamente al mundo bizantino, ya que su catálogo, aún en proceso de desarrollo, abordará obras de este periodo.[20] Según la información relativa a la propia colección, el catálogo que se irá creando contará con obras de todo tipo de géneros (retórica, historiografía, poesía, derecho, teología, etc.) y registros lingüísticos (desde el más arcaizante hasta la llamada lengua popular). En la actualidad, la colección cuenta con dos volúmenes, *Elogio de las dos Romas* de Manuel Crisoloras (siglos XIV-XV), traducido por Inmaculada Pérez Martín (2022), y *El viaje de Mázaris al Hades*, obra anónima traducida por Juan Merino Castrillo (2022).

La última colección de textos bilingües griego-castellano que abordaremos es *Clásicos Lince*o, una iniciativa editorial de Cátedra que vio la luz en 2009 y concluyó su andadura en 2014. Aunque se trata de una colección ya cerrada, su legado comprende más de una decena de volúmenes dedicados a obras de época clásica que conservan un notable valor formativo para el estudiante de Filología Clásica.[21] Como se ha señalado, estos volúmenes están dirigidos fundamentalmente a un público académico, especialmente estudiantes y docentes del ámbito clásico. Cada entrega se estructura en torno a una introducción extensa y cuidadosamente elaborada, que proporciona al lector las herramientas necesarias para contextualizar al autor y la obra antes de adentrarse en el texto. Las notas que acompañan la edición –sobre todo aquellas orientadas a un lector en formación– suelen presentar un claro carácter didáctico, abordando pasajes cuya interpretación requiere una mediación tanto

---

[20] Catálogo completo de *Rhemata Bucoleón* disponible en https://rhemata.es/rhemata-bucoleon/ (fecha de consulta: 18 de febrero de 2025).

[21] Catálogo *online* de *Clásicos Lince*o disponible en https://www.catedra.com/subcoleccion/clasicos-linceo/ (fecha de consulta: 20 de febrero de 2025). Este catálogo recoge actualmente ocho volúmenes, aunque no ofrece una relación exhaustiva de todos los títulos publicados. A estos ocho ejemplares debe añadirse una serie de obras adicionales que también forman parte de la colección y que, sin embargo, no figuran en dicho repertorio. Entre ellas se encuentran el volumen que reúne *El pleito entre las consonantes* y *Pseudosofista*, ambos textos de Luciano de Samosata, editados y traducidos por María Teresa Amado Rodríguez (2009); las *Anacreónticas* de Anacreonte, en edición y traducción de Luis Arturo Guichard Romero (2012); el *Reso*, atribuido tradicionalmente a Eurípides, a cargo de Luis Macía Aparicio (2013); y la *Carta VII* de Platón, editada y traducida por Jorge Cano Cuenca (2014).

lingüística como cultural. Por su parte, las traducciones muestran un esfuerzo deliberado por mantener el equilibrio entre fidelidad filológica y claridad expositiva, permitiendo así una lectura comprensible y, al mismo tiempo, una comparación precisa entre el original griego y su versión castellana.

Después de analizar las más importantes colecciones bilingües de griego-castellano, conviene también presentar aquellas que publican en formato bilingüe, aunque en lengua extranjera. Sin embargo, un apartado que trate de forma exhaustiva las diferentes colecciones en las numerosas lenguas extranjeras sería inabarcable, por lo que en este caso nos centraremos únicamente en aquellas que publican sus volúmenes en las principales lenguas de difusión científica (inglés, francés e italiano).

La primera colección que analizaremos será *Loeb Classical Library*, perteneciente a *Harvard University Press* y actualmente dirigida por Jeffrey Henderson. Fundada en 1911 por James Loeb, esta colección cuenta en la actualidad con más de 550 volúmenes bilingües con el texto griego o latino y su traducción al inglés, aunque su catálogo continúa creciendo a una media de tres volúmenes al año.[22] Las obras publicadas en esta colección no se circunscriben únicamente a los periodos arcaico y clásico, sino que se extiende también por las épocas helenística, imperial, tardoantigua y bizantina con obras de Flavio Aecio (siglos IV-V d. C.) traducida por Jaap Mansfeld y David Runia (2023), Nono de Panópolis (siglo V) traducida por William Henry Denham Rouse (1940a-c) o Procopio de Cesarea (siglo VI) traducida por Henry Bronson Dewing (1914, 1916a, 1916b, 1924, 1928, 1935 y 1940). En cuanto al contenido, estos volúmenes comprenden, en primer lugar, una breve introducción de la obra u obras incluidas en cada volumen; ediciones del texto griego (en algunos casos ya existentes, generalmente de *Teubner*, colección de la que ya hablamos en el apartado segundo del actual capítulo, y en otros casos con ediciones propias) acompañadas de algunas notas, aunque de forma puntual, de lecturas que proponen otros editores y manuscritos, y de forma paralela, la traducción del texto al inglés con, del mismo modo, notas puntuales sobre aspectos culturales. Los volúmenes publicados en la colección de *Loeb Classical Library* están dirigidos a un público conocedor de la literatura y lengua griega, por lo que en ellos no se encontrarán traducciones literales ni notas relativas a la morfosintaxis de un pasaje específico.

En segundo lugar, al tratar los textos bilingües en el ámbito francófono, resulta imprescindible mencionar la editorial *Les Belles Lettres*. Fundada al término de la Primera Guerra Mundial por la *Association Guillaume Budé*, esta casa editorial nació con el propósito de ampliar progresivamente el acceso del público francés a los clásicos griegos y latinos, cuya disponibilidad, en aquel momento, dependía casi exclusivamente de ediciones alemanas. En la actualidad, *Les Belles Lettres* ha diversificado considerablemente su catálogo, que ya no se limita al legado

---

[22] Catálogo completo de *Loeb Classical Library* disponible en https://www.loebclassics.com/volumes (fecha de consulta: 20 de febrero de 2025).

grecolatino, sino que abarca también otras tradiciones culturales –como la francesa, la italiana, la india, la alemana o la china–, así como distintos periodos históricos que van desde la Antigüedad hasta la Edad Contemporánea, pasando por la Edad Media, el Renacimiento y la Edad Moderna.[23] No obstante, dado lo amplio de su producción, nos limitaremos en las próximas líneas al análisis de cuatro colecciones particularmente relevantes dentro del corpus clásico: *Collection des Universités de France* (más conocida como colección *Budé*), *Classiques en Poche*, *Commentario* y *Fragments*.

La primera colección de textos bilingües griego-francés que analizaremos es *Collection des Universités de France* o *Budé*, dirigida por el profesor Jacques Jouanna, emérito de la Universidad de la Sorbona de París y miembro de la *Academia de Inscripciones y Bellas Letras* de Francia. Desde 1920, año de publicación de su primer volumen, hasta la actualidad, esta colección ha sacado a la luz más de 560 ejemplares de autores griegos desde época arcaica y clásica hasta comienzos de época bizantina, concretamente el siglo VI.[24] No obstante, todos estos volúmenes han de tomarse como una mera referencia, puesto que el ritmo de publicación de nuevos volúmenes es muy elevado, incrementando anualmente su número entre ocho y diez nuevas unidades al año. En cuanto al contenido, cada volumen contiene una extensa introducción inicial, que recoge un detallado estudio no solo del autor, sino también de la obra (contenido y tradición textual) y del contexto en el que esta se compuso; el texto griego junto a un detallado aparato crítico y su correspondiente traducción al francés en paralelo, la cual trata de ser precisa, pero al mismo tiempo literaria; y, por último, notas y comentarios al texto de cuestiones históricas o culturales. Algunos de estos volúmenes, además, incluyen un comentario más o menos desarrollado, aunque la inclusión o no de dicho comentario depende de la naturaleza de la obra.

Una variante de *Collection des Universités de France* es la colección *Classiques en Poche*, dirigida por Hélène Monsacré, destacada helenista francesa. Esta serie tiene como objetivo hacer más accesibles al gran público las obras publicadas originalmente en la colección *Budé*. Para ello, mantiene el formato bilingüe –griego-francés en este caso–, pero introduce una presentación más concisa y adaptada a un lector no necesariamente especializado. Las introducciones de estos volúmenes están concebidas para un público más amplio y las notas a pie de página ya no se centran en cuestiones técnicas o referencias eruditas puntuales, sino que adoptan un enfoque más pedagógico, destinado a facilitar la comprensión general del texto. Además, cada volumen incluye un breve apartado final con el estado de la cuestión relativo a la obra

---

[23] Un listado detallado de todas ellas se puede encontrar en: https://www.lesbelleslettres.com/collections (fecha de consulta: 20 de febrero de 2025).

[24] Catálogo completo de *Collection Budé* disponible en https://www.lesbelleslettres.com/collections/6-collection-des-universites-de-france-serie-grecque. También se encuentra disponible, junto a la serie latina, en PDF en: https://biblia.lesbelleslettres.com/data/collections/6/catalog.pdf (fecha de consulta: 20 de febrero de 2025).

o autor tratado. Actualmente, la colección *Classiques en Poche* cuenta con un total de 126 volúmenes, que abarcan textos de autores de época clásica, helenística e imperial.[25] Sin embargo, el ritmo de publicación ha disminuido notablemente en los últimos años –el último volumen apareció en 2019– y no resulta posible prever con certeza si la colección seguirá ampliándose ni en qué medida. En síntesis, la diferencia fundamental entre *Classiques en Poche* y la colección *Budé* radica en su orientación. Mientras que esta última se dirige a un lector especializado e incluye apartados de mayor densidad filológica, *Classiques en Poche* apuesta por una divulgación rigurosa pero más accesible, prescindiendo de los elementos más técnicos e incorporando contenidos de carácter más introductorio.

La tercera colección de interés para el estudio de los autores clásicos es *Commentario*, dirigida por Hélène Casanova-Robin, profesora de la Universidad de la Sorbona y miembro del *Institut Universitaire de France*. A diferencia de otras series de la editorial, el propósito de esta colección no se limita a ofrecer el texto griego acompañado de su correspondiente traducción al francés, sino que incorpora un comentario orientado a la exploración de aspectos estéticos, literarios, filosóficos e ideológicos de cada obra. Cada volumen se completa con una bibliografía seleccionada cuidadosamente por el editor responsable, concebida como herramienta de profundización, así como con un apéndice cronológico que facilita el seguimiento contextual de los textos. Según la descripción proporcionada por el propio consejo editorial, esta colección se sitúa en un punto intermedio entre las obras de carácter didáctico universitario y los estudios especializados de corte académico, lo que la convierte en un valioso instrumento de consulta tanto para estudiantes como para docentes en el ámbito de la lengua y la literatura griegas. No obstante, se trata de una colección de aparición relativamente reciente –el primer volumen, *Olympiques* de Píndaro, traducido por Michel Briand, se publicó en 2014– y su ritmo de publicación es moderado, con apenas catorce volúmenes editados hasta la fecha, entre los que figuran textos de autores como Sófocles, Eurípides, Isócrates, Platón, Demóstenes o Lisias.[26]

La cuarta y última colección bilingüe de *Les Belles Lettres* que aquí consideraremos es *Fragments*, dirigida por Michel Casevitz y Aude Cohen-Skalli, reconocidos especialistas en estudios helénicos. Esta colección tiene como objetivo fundamental la edición y traducción de obras conservadas únicamente de forma fragmentaria, cuyo influjo en la tradición intelectual posterior ha sido, no obstante, considerable. Iniciada en 2001, *Fragments* se encuentra entre las colecciones más recientes del sello editorial y cuenta actualmente con más de una veintena de

---

[25] Catálogo completo de *Classiques en Poche* disponible en https://www.lesbelleslettres.com/collections/54-classiques-en-poche (fecha de consulta: 21 de febrero de 2025).

[26] Catálogo completo de *Commentario* disponible en https://www.lesbelleslettres.com/collections/38-commentario (fecha de consulta: 24 de febrero de 2025).

volúmenes publicados, a razón de uno o dos ejemplares anuales.[27] Entre los títulos más destacados se encuentran *Inscription sacrée de Évhémère de Messène* (siglos IV–III a. C.), editado por Sébastien Montanari y Bernard Pouderon (2022); *Alexandros de Cotiaeon. Fragments* (siglo II d. C.), de Jean-Luc Vix (2018); *Poème judéo-hellénistique attribué à Orphée* (a partir del siglo III d. C.), de Fabienne Jourdan (2010); y *Correspondance de Nicolas Cabasilas* (siglo XIV), de Marie-Hélène Congourdeau (2010). Los volúmenes no solo ofrecen el texto griego y su traducción francesa, sino también un aparato crítico que procura esclarecer, en la medida de lo posible, los pasajes fragmentarios y el contexto temático de cada obra. Cabe señalar, además, que el alcance de la colección no se restringe a la Antigüedad clásica, sino que se extiende a épocas posteriores, como el período helenístico, la Antigüedad tardía, el mundo bizantino e incluso la época medieval. Asimismo, los contenidos abarcan un amplio abanico temático, que incluye textos de carácter religioso (tanto pagano como cristiano), filosófico, histórico, poético, lexicográfico o epistolar, entre otros.

En el ámbito italiano, son numerosas las colecciones de textos bilingües griego-italiano, aunque en las próximas líneas abordaremos únicamente las dos más importantes. La primera colección, *Scrittori Greci e Latini*, depende de la *Fondazione Valla* y de la editorial Arnoldo Mondadori y está actualmente dirigida por Piero Boitani, destacado filólogo, crítico literario y traductor italiano. Esta colección nace en el año 1974 con la publicación de tres importantes volúmenes: *Dell'arte poética* de Aristóteles a cargo de Carlo Gallavotti (1974), *La storia Lausiaca* de Paladio (ss. IV–V d. C.), traducido por Marino Barchiesi (1974) y la *Vita di Antonio* a cargo de Gerhardus Johannes Marinus Bartelink (1974). Desde ese momento y hasta la actualidad, *Scrittori Greci e Latini* ha publicado más de 175 obras de autores (número que aumentará en los próximos años) no solo de época arcaica y clásica, sino también helenística, imperial, tardoantigua y bizantina.[28] Dentro de esta colección, además, se incluyen volúmenes temáticos, como pueden ser los dos volúmenes de *La caduta di Costantinopoli* a cargo de Agostino Pertusi (2001 y 2007) o *Testi gnostici greci e latini* elaborado por Manlio Simonetti (1993). Esta colección se caracteriza por incorporar extensos estudios introductorios y comentarios, un rico aparato crítico y una abundante bibliografía. Además de esto, también introduce numerosas notas tanto al texto griego como a su traducción al italiano. Mediante esta estructura y sus traducciones, *Scrittori Greci e Latini* busca difundir sus obras no solo entre los estudiosos de la materia, sino también entre un público más generalizado.

---

[27] Catálogo completo de *Fragments* disponible en https://www.lesbelleslettres.com/collections/21-fragments (fecha de consulta: 24 de febrero de 2025).

[28] Catálogo completo de *Scrittori Greci e Latini* se encuentra disponible en versión *online* o en formato PDF, tanto en inglés como en italiano. *Cf.* https://www.fondazionevalla.it/volumi/ (fecha de consulta: 24 de febrero de 2025).

La segunda colección que abordaremos es *Classici Greci e Latini della BUR* (en algunas ocasiones etiquetada como *Biblioteca Universale Rizzoli*), que pertenece a la editorial Rizzoli. Aunque esta colección nace, al igual que la anterior, en el año 1974, no encontramos una primera obra de un autor griego hasta dos años después, momento en el que se publicó *Dell'interpretazione de' sogni* de Artemidoro de Daldis, a cargo de Pietro Lauro (1976). Es complejo saber el número exacto actual de volúmenes publicados por la colección, puesto que no hay un inventario oficial por parte de la colección, pero hemos podido estimar, de acuerdo con las páginas webs de diferentes librerías, que el actual catálogo cuenta con más de 300 obras bilingües de autores latinos y griegos y su correspondiente traducción italiana.[29] En lo relativo a los autores griegos, esta colección se extiende desde la época arcaica hasta la época imperial, con dos excepciones bizantinas: *Poeti bizantini* de Raffaele Cantarella y Fabrizio Conca (1992) y *Antologia palatina: epigrammi erotici* de Guido Paduano (1989). Estas obras contienen el texto griego, que no siempre es una edición hecha *ad hoc*, sin aparato crítico y su correspondiente traducción al italiano con breves notas. Por otro lado, estos volúmenes están dirigidos al público en general, motivo por el que son tan económicas.

4. TEXTOS DIGITALES

Por último, una vez analizados los recursos físicos disponibles, conviene comentar también las principales bases de datos de textos griegos antiguos, así como las herramientas complementarias que estas ofrecen. En la actualidad existen diversas plataformas digitales que albergan obras de la literatura griega, aunque en este apartado nos centraremos únicamente en las dos más relevantes por su alcance, prestigio y utilidad: *Perseus Digital Library* y *Thesaurus Linguae Graecae (TLG)*.

La primera de ellas, *Perseus Digital Library*, comenzó a desarrollarse en torno a 1985 con el propósito de digitalizar y poner a disposición del público, a través de la red, los textos clásicos griegos y latinos.[30] Desde entonces, la colección se ha ampliado considerablemente y hoy en día incluye no solo textos de la Grecia y Roma antiguas, sino también materiales árabes, germánicos, italianos, estadounidenses, así como obras vinculadas al Renacimiento y al Humanismo. A esta oferta textual se suman recursos relacionados con el arte y la arqueología del mundo antiguo. Uno de

---

[29] Como indicamos, lamentablemente el catálogo completo de *Classici Greci e Latini della BUR* no se encuentra disponible en su web, aunque se puede consultar en los catálogos de algunas librerías, como la de la *Università Cattolica del Sacro Cuore* (https://librerie.unicatt.it/bur-biblioteca-univ-rizzoli/libri-collana-classici-greci-e-latini-40289.html) o de la librería universitaria Unilibro (https://www.unilibro.it/libri/f/collana/bur_classici_greci_e_latini). (fecha de consulta: 26 de febrero de 2025).

[30] El sitio web de *Perseus Digital Library* se encuentra disponible en http://www.perseus.tufts.edu/hopper/ (fecha de consulta: 26 de febrero de 2025).

los aspectos más destacados del proyecto es su carácter de acceso abierto (*Open Access*), ya que no requiere ningún tipo de suscripción ni registro para acceder a sus contenidos.

Los materiales lingüísticos y literarios se agrupan en el apartado *Collections/texts* y, a continuación, dentro de la sección *Greek and Roman Materials*, donde se encuentra una amplia selección de textos griegos correspondientes a las épocas arcaica, clásica, helenística e imperial.[31] Sin embargo, es necesario tener en cuenta que muchas de las ediciones incluidas datan de finales del siglo XIX y comienzos del XX, lo que implica que deben ser empleadas con precaución y, cuando sea posible, contrastadas con ediciones críticas más recientes. Lo mismo ocurre con las traducciones al inglés disponibles en la plataforma, así como con las notas y comentarios que las acompañan, de corte generalmente decimonónico, por lo que también en este caso resulta recomendable consultar versiones más actuales cuando se requiera mayor fiabilidad filológica.

Uno de los principales valores añadidos de *Perseus* radica en su capacidad para proporcionar análisis morfológicos automatizados de los términos griegos seleccionados. Este análisis, basado en métodos estadísticos, indica con un símbolo (†) la opción morfológica más probable y se encuentra además vinculado a diversas herramientas lexicográficas integradas en la propia base de datos. Entre estas destacan el célebre *A Greek-English Lexicon* de Henry George Liddell, Robert Scott y Henry Stuart Jones (conocido como *LSJ*, 1940), su versión abreviada *An Intermediate Greek-English Lexicon* (*Middle LSJ*, 1889) y otros diccionarios especializados en determinados autores o géneros.[32] Cabe señalar, no obstante, que los textos ofrecidos por *Perseus* no constituyen ediciones críticas en sentido estricto, ya que carecen de aparato crítico, fuentes textuales explícitas o índices analíticos, lo cual limita su utilidad en contextos de investigación avanzada. Asimismo, presentan algunas particularidades gráficas que pueden dificultar la lectura para el estudiante inicial, como la sustitución del punto alto (·) por los dos puntos (:), una convención que puede generar confusión durante las primeras fases del aprendizaje. Por último, la plataforma opera bajo una licencia *Creative Commons Attribution–ShareAlike 3.0*, lo que permite la libre copia, redistribución y adaptación de sus contenidos, siempre que se respeten los términos establecidos por dicha licencia. Esta política abierta refuerza la vocación didáctica y colaborativa del proyecto, haciéndolo especialmente útil como herramienta de iniciación al estudio del griego antiguo y sus textos.

---

[31] Catálogo completo de los textos grecolatinos, sus traducciones, comentarios y obras lexicográficas de *Perseus Digital Library* disponible en http://www.perseus.tufts.edu/hopper/collection?collection=Perseus:collection:Greco-Roman (fecha de consulta: 26 de febrero de 2025).

[32] Sobre un análisis más detallado de los diferentes diccionarios, véase el capítulo primero de este volumen, *Sobre la Lengua griega I: diccionarios y gramáticas*, a cargo de Alfonso Vives Cuesta.

La segunda base de datos de relevancia en el ámbito de los estudios clásicos es *Thesaurus Linguae Graecae* (*TLG*), un ambicioso proyecto iniciado en el año 1972 a raíz de una reunión en la que se discutieron cuestiones fundamentales relativas a su planificación y desarrollo. Entre los principales aspectos tratados figuraban la delimitación cronológica del corpus, los criterios de selección de las ediciones textuales, así como las políticas a seguir respecto a la digitalización y sistematización de los textos.[33] Tras cuatro años de trabajo intensivo, en 1976 se distribuyeron las primeras versiones digitalizadas de los textos a la comunidad académica mediante cintas magnéticas. Con el tiempo, el proyecto fue adaptándose a los avances tecnológicos. En el año 2000 se lanzó una versión en formato CD-ROM y, tan solo un año después, en 2001, *TLG* pasó a estar disponible en línea. Esta nueva versión incorporó un motor de búsqueda avanzado y diversas herramientas complementarias de gran utilidad para la investigación filológica, tales como diccionarios, estadísticas textuales, instrumentos lexicográficos, funciones de comparación de vocabulario entre autores o textos, así como filtros para búsquedas morfológicas y sintácticas.

A diferencia de otras plataformas como *Perseus Digital Library*, *TLG* no ofrece traducciones de los textos, ya que su objetivo es proporcionar un corpus exclusivamente en lengua griega. Esta característica lo convierte en una herramienta especialmente orientada a investigadores y estudiantes con formación filológica suficiente para trabajar directamente con los textos originales, sin recurrir a versiones en lenguas modernas.

En lo que respecta a su contenido y posibilidades de uso, *TLG* abarca textos griegos desde la época arcaica hasta el siglo XX.[34] Aunque su cobertura no es exhaustiva, el corpus se encuentra en constante ampliación y actualización, lo que le permite ofrecer una cantidad significativamente mayor de obras que la disponible en *Perseus Digital Library*. Esta condición de crecimiento continuo lo convierte en una herramienta de referencia esencial para la investigación filológica, especialmente en lo que respecta a textos de difícil acceso en otras plataformas digitales.

No obstante, a diferencia de *Perseus*, el acceso a *TLG* requiere un registro previo y, para la consulta del corpus completo, una suscripción de pago. Los usuarios sin suscripción únicamente pueden acceder a una versión reducida de la base de datos (pestaña *Abridged TLG*) y a los recursos lexicográficos disponibles en la sección *Lexica*.[35] Cabe destacar que el corpus proporcionado por *TLG* consiste exclusiva-

---

[33] El sitio web de *Thesaurus Linguae Graecae (TLG)* se encuentra disponible en http://stephanus.tlg.uci.edu/index.php (fecha de consulta: 27 de febrero de 2025) o a través de un acceso interno que pueda tener su propia Universidad.

[34] La referencia completa de cada edición puede consultarse en el propio *TLG*, concretamente en la pestaña *(TLG) Canon*.

[35] Conviene indicar, como aspecto inicial, que la suscripción personal no es asequible para usuarios estándar debido a su alto precio, sino que está pensada para usuarios profesionales o instituciones. Por ello, algunos Departamentos o Universidades disponen de una suscripción a la base de datos disponible

mente en el texto griego, sin incluir aparato crítico, referencias de fuentes ni comentarios filológicos o literarios, como los que pueden hallarse en ediciones impresas. Pese a ello, el entorno digital permite realizar análisis morfológicos detallados de los términos seleccionados y ofrece acceso a una amplia gama de diccionarios de griego antiguo y moderno. Entre estos cabe mencionar el *Greek-English Lexicon* (*LSJ*) y su versión intermedia (*Middle LSJ*), el *Diccionario Griego-Español* (*DGE*) de Francisco Rodríguez Adrados y Elvira Gangutia (1981–2019), el *Patristic Greek Lexicon* de Geoffrey W. H. Lampe (1961), el *Lexikon zur byzantinischen Gräzität* (*LBG*) de Erich Trapp (2001–2005) o el *Λεξικό της κοινής νεοελληνικής* de Manolis Triandafyllidis (1998), entre otros.[36]

Además de la posibilidad de consultar textos o términos individuales, *TLG* permite la creación de *corpora* personalizados, es decir, la selección de un conjunto definido de autores u obras en los que realizar búsquedas internas. Esta funcionalidad resulta especialmente útil, ya que facilita una investigación más focalizada al excluir textos que no son pertinentes en un momento dado, evitando así búsquedas repetitivas obra por obra.[37] Por último, es importante destacar las restricciones legales y de uso que rigen el acceso a *TLG*. A diferencia de *seus Digital Library*, cuyo contenido está amparado por una licencia *Creative Commons Attribution-ShareAlike 3.0*, *TLG* está protegido por derechos de autor (*copyright*), lo que implica que su uso debe limitarse estrictamente a fines académicos y no comerciales y siempre bajo la correspondiente citación. En este sentido, la plataforma impone limitaciones técnicas al copiado de texto, puesto que una actividad intensiva de copia puede activar un sistema de verificación (*captcha*) y, si esta actividad persiste, la cuenta del usuario puede ser temporalmente bloqueada.

BIBLIOGRAFÍA
Recursos impresos

Amado Rodríguez, M. T. (2009), *Luciano. Pleito entre las consonantes la Sigma contra la Tau ante las siete vocales; Pseudosofista o Solecista*, Madrid, Cátedra.

Bach Pellicer, R. (1977), *Marco Aurelio. Meditaciones. Introducción de C. García Gual*, Madrid, Gredos.

---

no solo para el profesorado, sino también para el alumnado. Por ello, te recomendamos que te pongas en contacto con un miembro de tu Departamento para conocer si esta opción está disponible en tu Universidad.

[36] Véase nuevamente el capítulo primero de este volumen, *Sobre la Lengua griega I: diccionarios y gramáticas*, a cargo de Alfonso Vives Cuesta.

[37] Consideramos que es importante indicar que el *TLG* permite la búsqueda de términos y/o expresiones individualmente (*Text search > Simple*), pero también por proximidad (*Text search > Proximity*) o una búsqueda por proximidad avanzada (*Text search > Advanced proximity*).

Barchiesi, M. (1974), *Palladio. La storia Lausiaca*, Milán, Mondadori.

Bartelink, G. J. M. (1974), *Vita di Antonio*, Milán, Mondadori.

Bonifaz Nuño, R. (1996), *Homero. Ilíada*, México, Universidad Nacional Autónoma de México.

Boter, G. (2022), *Flavius Philostratus. Vita Apollonii Tyanei*, Berlín-Boston, De Gruyter. https://doi.org/10.1515/9783110262131

Briand, M. (2021), *Pindare. Olympiques*, París, Les Belles Letres.

Calvo Martínez, J. L. y J. M García Valverde (2022), *Aristóteles. Física*, Madrid, CSIC.

Cano Cuenca, J. (2014), *Platón. Carta VII*, Madrid, Cátedra.

Cantarella, R. y F. Conca (1992), *Poeti bizantini*, Milán, Biblioteca Universale Rizzoli.

Catálogo completo de *Biblioteca Clásica Gredos* (2014), *Biblioteca Clásica Gredos: Catálogo general comentado*, Madrid, Gredos.

Congourdeau, M.-H. (2010), *Correspondance de Nicolas Cabasilas*, París, Les Belles Letres.

Crespo Güemes, E. (2019), *Homero. Ilíada*, Madrid, Gredos.

Dewing H. B. (1914), *Procopius. History of the Wars. Volume I: Books 1-2*, Cambridge (MA), Harvard University Press. https://doi.org/10.4159/DLCL.procopius-history_wars.1914

Dewing H. B. (1916a), *Procopius. History of the Wars. Volume II: Books 3-4*, Cambridge (MA), Harvard University Press.

Dewing H. B. (1916b), *Procopius. History of the Wars. Volume III: Books 5-6.15*, Cambridge (MA), Harvard University Press.

Dewing H. B. (1924), *Procopius. History of the Wars. Volume IV: Books 6.16-7.35*, Cambridge (MA), Harvard University Press.

Dewing H. B. (1928), *Procopius. History of the Wars. Volume V: Books 7.36-8*, Cambridge (MA), Harvard University Press.

Dewing H. B. (1935), *Procopius. The Anecdota or Secret History*. Cambridge (MA), Harvard University Press. https://doi.org/10.4159/DLCL.procopius-anecdota_secret_history.1935

Dewing H. B. (1940), *Procopius. On Buildings. General Index*, Cambridge (MA), Harvard University Press. https://doi.org/10.4159/DLCL.procopius-buildings.1940

Espinosa Alarcón, A. (2022), *Luciano. Historias Verdaderas. Prólogo de H. González Vaquerizo,* Barcelona, Gredos.

Gallavotti, C. (1974), *Aristotele. Dell'arte poética*, Milán, Mondadori.

García Gual, C. (1977), *Pseudo-Calístenes. Vida y hazanas de Alejandro de Macedonia*, Madrid, Gredos.

García Pinilla, I.J. (2016), *Cicerón. Los deberes*, Madrid, Gredos.

García-Alonso, J. L., M. P. de Hoz García-Bellido y S. Torallas Tovar (2016), *Estrabón. Geografía. Libros XV-XVII*, Madrid, Gredos.

Gómez Robledo, A (1994), *Aristóteles. Ética eudemia*, México, Universidad Nacional Autónoma de México.

Gómez Robledo, A (2012), *Aristóteles. Ética nicomaquea*, México, Universidad Nacional Autónoma de México.

Gómez Robledo, A (2018), *Aristóteles. Política*, México, Universidad Nacional Autónoma de México.

Guichard Romero, L. A. (2012), *Anacreónticas*, Madrid, Cátedra.

Guntiñas Tuñón, O. (1977), *Jenofonte. Helénicas*, Madrid, Gredos.

Holford-Strevens, L. (2019a), *Aulus Gellius: Attic Nights, Preface and Books 1-10*, Oxford, Oxford University Press.

Holford-Strevens, L. (2019b), *Aulus Gellius: Attic Nights, Books 11-20*, Oxford: Oxford University Press.

Jourdan, F. (2010), *Poème judéo-hellénistique attribué à Orphée*, París, Les Belles Letres.

Lampe, G. W. H. (1961), *A Patristic Greek Lexicon*, Oxford, Oxford University Press.

Lauro, P. (1976), *Artemidoro. Dell'interpretazione de' sogni*, Milán, Biblioteca Universale Rizzoli.

Liddell, H. G. y R. Scott (1889), *An Intermediate Greek-English Lexicon*, Oxford, Clarendon Press.

Liddell, H. G., R. Scott y H. S. Jones (1940), *A Greek-English Lexicon*, Oxford, Clarendon Press. [= *LSJ*]

Lloyd-Jones H. y N. G. Wilson (1990), *Sophoclis fabulae*, E typographeo Clarendoniano, Oxford University Press.

Macía Aparicio, L. (2013), *Atribuido a Eurípides. Reso*, Madrid, Cátedra

Manetti, D. (2022), *Anonymys Londiniensis. De medicina*, Berlin-Boston, De Gruyter. https://doi.org/10.1515/9783110785432

Mansfeld J. y D. T. Runia (2023), *Aetius. Placita*, Cambridge (MA), Harvard University Press.

Martínez Arias, C. J. (2020), *Anónimo. Hechos de Jantipa y Polixena*, Tarragona: Rhemata.

Medina González, A. y J. A. López Pérez (1977), *Eurípides. Tragedias I (El cíclope, Alcestis, Medea, Los Heraclidas, Hipólito, Andrómaca y Hécuba)*, Madrid, Gredos.

Merino Castrillo, J. (2019), *Anónimo. Las vicisitudes de Timarión*, Tarragona, Rhemata.

Merino Castrillo, J. (2022), *Anónimo. El viaje de Mázaris al Hades*, Tarragona, Rhemata.

Montanari, S. y B. Pouderon (2022), *Inscription sacrée de Évhémère de Messène*, París, Les Belles Letres.

Monzó Gallo, C. (2020), *Platón. La República. Libro I*, Tarragona, Rhemata

Monzó Gallo, C. (2021), *Platón. La República. Libros II-IV*, Tarragona, Rhemata.

Narro Sánchez, Á. (2018), *Platón. El Banquete*, Tarragona, Rhemata.

Pabón y Suárez de Urbina, J. M. (2019), *Homero. Odisea. Introducción de B. Ortega Villaro*, Madrid, Gredos.

Paduano, G. (1989), *Antologia palatina: epigrammi erotici. Libro V e libro XII*, Milán: Biblioteca universale Rizzoli.

Pallí Bonet, J. (2019), *Aristóteles. Ética a Nicómaco y Ética a Eudemo. Introducción de E. Lledó Íñigo*, Madrid, Gredos.

Papaioannou, S. (2019), *Michael Psellus. Epistulae*, Berlin-Boston, De Gruyter. https://doi.org/10.1515/9783110625011

Pérez Asensio, J., R. Sanches Llopis y J. Montañés Gómez (2016), *Apolinario. Fragmentos de la comedia nueva*, Madrid, Gredos.

Pérez Lambás, F. (2022), *Sófocles. Trilogía Tebana*, Tarragona, Rhemata.

Pérez Martín, I. (2022), *Manuel Crisoloras. Elogio de las dos Romas*, Tarragona, Rhemata.

Pertusi, A. (2001), *La caduta di Costantinopoli. Vol. I. Le testimonianze dei contemporanei*, Milán: Mondadori.

Pertusi, A. (2007), *La caduta di Costantinopoli. Vol. II. L'eco nel mondo*, Milán, Mondadori.

Rodríguez Adrados, F. (2022a), *Líricos griegos elegíacos y yambógrafos arcaicos: siglos VII-V a.C.*, vol. I, (3ª ed.), Madrid, CSIC.

Rodríguez Adrados, F. (2022b), *Líricos griegos elegíacos y yambógrafos arcaicos: siglos VII-V a.C.*, vol. II, (4ª ed.), Madrid, CSIC.

Rodríguez Adrados, F. (2021), *Safo. El canto lesbio. Prólogo de M. González González*, Barcelona, Gredos.

Rodríguez Adrados, F. y E. Gangutia (1981–2019), *Diccionario griego-español*, Madrid, Consejo Superior de Investigaciones Científicas. Disponible en http://dge.cchs.csic.es [= *DGE*]

Rodríguez Alonso, C. (1986), *Polibio. Selección de Historias*, Madrid, Akal.

Rodríguez-Noriega Guillén, L. (2016), *Ateneo. Banquete de los eruditos. Libros XI-XIII*, Madrid, Gredos.

Rouse, W. H. D. (1940a), *Nonnos. Dionysiaca. Volume I: Books 1-15*, Cambridge (MA), Harvard University Press.

Rouse, W. H. D. (1940b), *Nonnos. Dionysiaca. Volume II: Books 16-35*, Cambridge (MA), Harvard University Press.

Rouse, W. H. D. (1940c), *Nonnos. Dionysiaca. Volume III: Books 36-48*, Cambridge (MA), Harvard University Press.

Rubio Fernández, L. (2023), *Apuleyo. El asno de oro. Prólogo de J.J. Martos Fernández*, Barcelona, Gredos.

Schrader, C. (1977a), *Heródoto. Historia: libro I. Introducción de F. Rodríguez Adrados*, Madrid, Gredos.

Schrader, C. (1977b), *Heródoto. Historia: libro II. Introducción de F. Rodríguez Adrados*, Madrid, Gredos.

Simonetti, M. (1993), *Testi gnostici greci e latini*, Milán, Mondadori.

Tapia Zuñiga, P. C. (2020), *Homero. Odisea*, México, Universidad Nacional Autónoma de México.

Torres Esbarranch, J. J. (2019), *Tucídides. Historia de la guerra del Peloponeso: libros I y II*, Madrid, Gredos.

Trapp, E. (2001–2005), *Lexikon zur byzantinischen Gräzität*, Viena, Verlag der Österreichischen Akademie der Wissenschaften. [= *LBG*]

Triandafyllidis, M. (1998), *Λεξικό της κοινής νεοελληνικής*, Tesalónica, Universidad Aristóteles de Salónica. [=Triandafyllidis]

Valverde Sánchez M. y J. García López (2022), *Homero. Odisea. Volumen I Cantos I-IV*, Madrid: CSIC.

Van Riel, G. (2022a), *Proclus: Commentary on Timaeus, Book 1*, Oxford, Oxford University Press.

Van Riel, G. (2022b), *Proclus: Commentary on Timaeus, Book 2*, Oxford, Oxford University Press.

Van Riel, G. (2022c), *Proclus: Commentary on Timaeus, Book 3*, Oxford, Oxford University Press.

Van Riel, G. (2022d), *Proclus: Commentary on Timaeus, Book 4*, Oxford, Oxford University Press.

Van Riel, G. (2022e), *Proclus: Commentary on Timaeus, Book 5*, Oxford, Oxford University Press.

Vix, J.-L. (2018), *Alexandros de Cotiaeon. Fragments*, París, Les Belles Letres.

Recursos en línea

Catálogo completo de *Alma Mater de Autores Griegos y Latinos*. Disponible en http://editorial.csic.es/publicaciones/coleccion/212/alma-mater (fecha de consulta: 17 de febrero de 2025).

Catálogo completo de *Biblioteca Clásica Gredos*. Disponible en https://www.rbalibros.com/gredos/buscador?coleccionID=4492 (fecha de consulta: 16 de febrero de 2025).

Catálogo completo de *Bibliotheca Scriptorum Graecorum et Romanorum Teubneriana*. Disponible en https://www.degruyterbrill.com/serial/bt-b/html#volumes (fecha de consulta: 15 de febrero de 2025).

Catálogo completo de *Bibliotheca Scriptorum Graecorum et Romanorum Mexicana*. Disponible en http://scriptorum.humanidades.unam.mx/SitiosInteres/Catalogo (fecha de consulta: 17 de febrero de 2025).

Catálogo completo de *Clásica*. Disponible en https://www.akal.com/coleccion/clasica/ (fecha de consulta: 16 de febrero de 2025).

Catálogo completo de *Clásicos Linceo*. Disponible en https://www.catedra.com/subcoleccion/clasicos-linceo/ (fecha de consulta: 20 de febrero de 2025).

Catálogo completo de *Classiques en Poche*. Disponible en https://www.lesbelleslettres.com/collections/54-classiques-en-poche (fecha de consulta: 21 de febrero de 2025).

Catálogo completo de *Collection Budé (serie griega y latina)*. Disponible en https://biblia.lesbelleslettres.com/data/collections/6/catalog.pdf (fecha de consulta: 20 de febrero de 2025).

Catálogo completo de la colección *Budé (serie griega)*. Disponible en https://www.lesbelleslettres.com/collections/6-collection-des-universites-de-france-serie-grecque (fecha de consulta: 20 de febrero de 2025).

Catálogo completo de *Commentario*. Disponible en https://www.lesbelleslettres.com/collections/38-commentario (fecha de consulta: 24 de febrero de 2025).

Catálogo completo de *Fragments*. Disponible en https://www.lesbelleslettres.com/collections/21-fragments (fecha de consulta: 24 de febrero de 2025).

Catálogo completo de *Loeb Classical Library*. Disponible en https://www.loebclassics.com/volumes (fecha de consulta: 20 de febrero de 2025).

Catálogo completo de los textos grecolatinos, sus traducciones, comentarios y obras lexicográficas de *Perseus Digital Library*. Disponible en http://www.perseus.tufts.edu/hopper/collection?collection=Perseus:collection:Greco-Roman (fecha de consulta: 26 de febrero de 2025).

Catálogo completo de *Nueva Biblioteca Clásica Gredos*. Disponible en https://www.rbalibros.com/gredos/buscador?coleccionID=3644 (fecha de consulta: 16 de febrero de 2025).

Catálogo completo de *Oxford University Press*. Disponible en https://global.oup.com/academic/content/series/o/oxford-classical-texts-oct/?cc=es&lang=en& (fecha de consulta: 15 de febrero de 2025).

Catálogo completo de *Rhemata Bucoleón*. Disponible en https://rhemata.es/rhemata-bucoleon/ (fecha de consulta: 18 de febrero de 2025).

Catálogo completo de *Rhemata Textos Griegos*. Disponible en https://rhemata.es/rhemata-textos-griegos/ (fecha de consulta: 18 de febrero de 2025).

Catálogo completo de *Scrittori Greci e Latini*. Disponible en https://www.fondazionevalla.it/volumi/ (fecha de consulta: 24 de febrero de 2025).

Catálogo de la librería universitaria *Unilibro*. Disponible en https://www.unilibro.it/libri/f/collana/bur_classici_greci_e_latini. (fecha de consulta: 26 de febrero de 2025).

Catálogo de la *Università Cattolica del Sacro Cuore*. Disponible en https://librerie.unicatt.it/bur-biblioteca-univ-rizzoli/libri-collana-classici-greci-e-latini-40289.html (fecha de consulta: 26 de febrero de 2025).

Lineamientos generales de la colección *Bibliotheca Scriptorum Graecorum et Romanorum Mexicana*. Disponible en http://scriptorum.humanidades.unam.mx/General/Lineamientos (fecha de consulta: 17 de febrero de 2025).

Listado de las colecciones de la editorial *Les Belles Lettres*. Disponible en https://www.lesbelleslettres.com/collections (fecha de consulta: 20 de febrero de 2025).

Listado de las colecciones de la editorial *Oxford University Press*. Disponible en https://global.oup.com/academic/series/arts-and-humanities/classical-studies/?lang=en&cc=fr (fecha de consulta: 15 de febrero de 2025).

Listado de las colecciones de la editorial *RBA Libros* (sello *Gredos*). Disponible en https://www.rbalibros.com/gredos (fecha de consulta: 16 de febrero de 2025).

Perseus Digital Library. Disponible en http://www.perseus.tufts.edu/hopper/ (fecha de consulta: 26 de febrero de 2025).

Thesaurus Linguae Graecae (TLG). Disponible en http://stephanus.tlg.uci.edu/index.php (fecha de consulta: 27 de febrero de 2025).

3. SOBRE LA LITERATURA GRIEGA

Isabel Varillas Sánchez[1]
Universidad de Valladolid

Hasta no hace mucho, el primer impulso de cualquier interesado en la Literatura Griega que se acercaba a ella como un profano, ya fuera alumno de Filología Clásica, profesor de otra especialidad que debía preparar una clase de secundaria o bachillerato, investigador novel o de otra área con intereses transversales, o simple curioso, habría sido consultar una obra que llevara el sujeto de su interés en el título. Si, además, dicha obra estaba en español y compuesta por un único volumen, seguramente resultaría la candidata más atractiva, aunque no siempre la mejor opción. Utilizo tiempos pretéritos porque, con el nacimiento de internet, nuestra manera de buscar y consumir información ha cambiado mucho. Hoy por hoy, ese primer instinto será escribir el nombre del autor, obra o campo de interés en el buscador de internet, consultar la primera entrada, que seguramente sea la página de *Wikipedia* y, según cuán grande sean las ganas de saber, quizá la bibliografía recomendada al final. A algunos les bastará con los primeros párrafos mientras, para otros, esta bibliografía final será el punto de partida de la investigación en muchos casos, pero no en todos. Otros le pedirán a *ChatGPT* u otra *IA* un resumen del tema o la sugerencia de algún título que consultar, y se conformarán con ello. Las tecnologías han cambiado nuestra manera de relacionarnos con la información, desplazando a las formas tradicionales, pero, y esto es importante, sin anularlas. También han posibilitado el aumento de la investigación y la publicación (digital o física) de estudios sobre aspectos que antes eran difíciles de comparar. Han provocado que muchos materiales, que hasta el siglo pasado se consideraban imprescindibles para cualquier filólogo, como los diccionarios o las enciclopedias, dejen ahora paso en las estanterías a nuevos *Companions* y recopilaciones de estudios, posibles gracias también a esa cercanía y rapidez que conlleva internet. En

---

[1] Correo electrónico: isabelvarillassanchez@gmail.com.

este capítulo[2] me propongo hacer un repaso hasta cierto punto personal[3] de los materiales aparecidos aproximadamente en los últimos treinta años,[4] explicando sus principales características para que, quienes no se conformen con la entrada de *Wikipedia*, sepan dónde buscar.[5]

El primer apartado va dedicado a monografías generales sobre la historia de la Literatura griega, muy habituales en el s. XX (de hecho, la mayoría de los que cito con fechas del año 2000 en adelante son reediciones y traducciones de ese siglo), mientras que el segundo se centra en presentar colecciones de compendios de estudios sobre algún autor, género o aspecto específico. A continuación, el apartado 3, «Libros y recursos para cada momento» está subdividido en las cinco etapas en que se divide la literatura griega no moderna, a saber 3.1. «Época arcaica», 3.2. «Época clásica», 3.3. «Época helenística», 3.4. «Época imperial» y 3.5. «Época bizantina». En cada uno de estos apartados el esquema organizativo intentará ser el mismo: una pequeñísima introducción contextual del periodo, seguida de monografías generales o compendios sobre el mismo; a continuación, obras dedicadas a los autores y/o géneros más destacados, y por último, un párrafo sobre algún aspecto particular de ese periodo que, sin ser propiamente «literatura» al no tratar autores u obras concretas, me parece muy pertinente, como la historia de la Biblioteca de Alejandría, en época helenística, o las obras prosopográficas para época imperial. Por último, en algunas obras puntuales, que considere especialmente útiles o atractivas, indicaré los títulos de todos los capítulos para mostrar su organización.

1. EL SIGLO XX Y LAS HISTORIAS DE LA LITERATURA GRIEGA

A lo largo del siglo XX, en especial en la segunda mitad, las editoriales especializadas en bibliografía vinculada a los Estudios Clásicos de toda Europa publicaron en las principales lenguas modernas distintos manuales de Historia de la literatura griega (unas veces con el adjetivo «clásica» o «antigua» y otras sin él). Estas

---

[2] Este capítulo no es nuevo en su especie, sino que es deudor, en gran medida, de aquellos dedicados a Literatura dentro de la obra colaborativa *Veinte años de filología griega* (1984-2004) editada por Francisco Rodríguez Adrados y escritos por Helena Rodríguez Somolinos (Lit. Arcaica), José García López (Lit. de Época Clásica), Emilio Fernández-Galiano (Lit. Helenística), Rosa M. Aguilar (Lit. Época Imperial) y Mercedes López Salvá (Lit. Cristiana), así como del capítulo final de Juan Signes Codoñer en su *Breve guía de la literatura griega, de Hesíodo a Pletón* (2019) de la que hablaré más adelante.
[3] Sería imposible hablar de todas las obras relacionadas con algún aspecto de la literatura griega que se han publicado en los últimos diez años. Por ese motivo abordaré aquellos recursos que considero útiles por haberlos utilizado yo misma.
[4] Citaremos también algunas obras de referencia del s. XX que no han sido superadas en su campo.
[5] Otro recurso muy útil para un primer contacto, del que no daremos cuenta en este capítulo, son las introducciones de los textos clásicos en sus ediciones o traducciones modernas. Véase el capítulo segundo *Sobre la Lengua griega II: los textos y sus traducciones*, escrito por David Pérez Moro, para conocer las principales.

obras contenían (y contienen) antes que nada una gran cantidad de datos biográficos de autores, generalmente ordenados cronológicamente y por géneros, así como de sus obras, principalmente título y argumento, y algunas características estilísticas. Eran obras fundamentales para cualquier filólogo en la era pre-internet, que sólo podían encontrar esos datos ahí. Sin embargo, ahora, esos datos están al alcance de la mano de cualquiera (de una manera literal gracias a los teléfonos móviles) en segundos. Baste teclear el nombre del sujeto de nuestro interés en el buscador y entrar en cualquiera de las páginas recomendadas que, en muchos casos (*Wikipedia*), nos ofrecerán además algo de bibliografía básica. Al estudiante que quiera hacerse una idea del argumento de la obra que tiene que traducir le valdrá. Al que quiera preparar su Trabajo Fin de Grado, o cualquier investigación mínimamente superior, no. No todas las entradas de *Wikipedia*, o de otras webs o páginas no especializadas, nos introducen en el aspecto o figura de la literatura de la manera en que nosotros queremos y necesitamos conocerlo.[6] Por ese motivo, se siguen reeditando las clásicas Historias de la literatura griega del siglo pasado, en las que encontraremos noticias y bibliografía sobre mayor cantidad de aspectos.[7] Veamos cómo están organizadas algunas de las principales y qué ofrecen.

Hay distintas maneras de ordenar el contenido de estas obras, incluso cuando el criterio cronológico más básico, desde el inicio de la escritura hacia la actualidad, se sobreentiende de antemano. A partir de él, podemos encontrar el material dividido en grandes periodos (literatura arcaica, clásica, helenística, imperial y, en algunos casos, bizantina, como haremos en el apartado 3 de este capítulo), géneros (épica, lírica, generalmente distinguiendo coral y monódica, drama, subdividido este sí siempre, al menos, tragedia y comedia, historiografía, retórica, novela, etc.) o por autores (decidiendo si incluimos a Homero al principio de ellos o no y cómo de detallado haremos el canon). Algunas obras incluyen todas estas subcategorías sin poder decantarse por una u otra, ya que la literatura es un *continuum* difícil de subdividir.

Una obra clásica y de referencia en España aún en este sentido es el manual de *Historia de la Literatura Griega* editado por Juan A. López Férez en Cátedra en 1988. En su día fue un hito con el que la filología griega española mostraba estar a la altura de otras potencias europeas en el sector, como Reino Unido, Alemania o Italia,[8] que

---

[6] Tampoco, dicho sea de paso, obtendremos la misma información de internet poniendo los términos de búsqueda en español que en otras lenguas modernas. Ni siquiera *Wikipedia* ofrece para muchos autores clásicos la misma información y referencias bibliográficas si la consultamos en español, inglés o italiano. De igual modo, a la hora de buscar imágenes de temas concretos, suelen obtenerse mejores resultados con los términos en inglés que en otras lenguas. Animo a los lectores más jóvenes a no cerrarse puertas desechando bibliografía escrita en lenguas romances e inglés, así como a aprender alemán y otros idiomas que puedan resultar importantes para sus campos de interés.

[7] En muchos casos el referente para nuestra investigación será alguno de los numerosos compendios colectivos, principalmente en lengua inglesa, que abordaremos en los siguientes apartados.

[8] *Histoire de la littérature grecque* (Suzanne Saïd, Monique Trédé y Alain Le Boulluec, 1990), *Storia della letteratura greca* (Franco Montanari, 1998; con una revisión en dos volúmenes en 2017, y Luciano

también publicaron en sus lenguas en fechas cercanas obras colaborativas similares en las que participaban los principales referentes de cada país escribiendo sobre la especialidad a la que habían consagrado su vida. La obra española, de casi 1300 páginas, se encuentra dividida en veintiún capítulos, algunos de ellos con bastantes subdivisiones que facilitan su consulta, firmados casi todos por catedráticos de distintas universidades españolas, como Antonio López Eire, Francisco Rodríguez Adrados, Alberto Bernabé Pajares o Manuel Fernández Galiano entre muchos otros, además del propio Juan A. López Férez, en ese momento profesor Titular de la Universidad Complutense de Madrid. Tras un capítulo introductorio a cargo de Carles Miralles sobre los modos de composición, dividido en épocas y géneros, encontramos ocho capítulos dedicados a la Época Arcaica (*2. Homero, 3. Hesíodo, 4. La épica posterior, 5. Lírica griega, 6. Lírica arcaica coral, 7. Monodia, 8. Lírica coral* y *9. Orígenes de la prosa*), otros ocho a la Época Clásica (*10. Tragedia*, uno de los capítulos más extensos del libro con unas 150 páginas, *11. Comedia, 12. Historiografía, 13. Los sofistas, 14. Las ciencias*, la colección hipocrática, *15. Platón, 16. Aristóteles* y *17. Oratoria*), un único capítulo de 200 páginas sobre la Época Helenística (18), dividido en lírica y prosa, y a su vez con múltiples subdivisiones por género (por ejemplo, en *Poesía* (*18.2*) encontramos *18.2.1 Calímaco, 18.2.2 Apolonio de Rodas, 18.2.3. los poetas bucólicos* y *18.2.4 la poesía helenística menor*), otro capítulo (19) sobre *Literatura imperial*, con apenas diez páginas de poesía y 175 de prosa subdividida en géneros, y un apartado final titulado *Transmisión e influencia* compuesto por dos capítulos (*20. Transmisión de la Literatura griega* y *21. La literatura griega en las Literaturas hispánicas*). Los capítulos son extensos, detallados y muy bien documentados en relación con los principales géneros y autores desde lo que podemos considerar el inicio de la literatura griega hasta su etapa imperial (exactamente hasta el 529 d. C., pero prescindiendo, como el propio editor reconoce, de la literatura cristiana). Prácticamente la misma distribución, profundidad y extensión tiene otra obra publicada originalmente en inglés en 1989 pero traducida y publicada en español en 1991 en Gredos, la *Historia de la Literatura Clásica, Volumen I: Literatura Griega* de Cambridge, editado por Patricia E. Easterling y Bernard M. W. Knox. Encontramos en ella nuevamente veintiún epígrafes con títulos y subdivisiones similares, pero también con algunas novedades, como un capítulo inicial dedicado a *Libros y lectores del mundo griego*, otro independiente sobre la *obra satírica* (*11*) o a la *Filosofía postaristotélica* (*19*) y ausencias, como el resto de géneros de la prosa helenística, que no encuentran cabida aquí. El capítulo correspondiente de cualquiera de las dos obras resulta un buen punto de inicio para quienes necesiten una visión de conjunto completa del tema antes de realizar una investigación o un trabajo de nivel universitario sobre él. También lo considero apropiado para quienes quieran preparar

_____

Canfora 1986) y *Lo spazio letterario della Grecia antica*, (Giuseppe Cambiano, Luciano Canfora y Diego Lanza, 1992-1996) con un planteamiento diferente.

el temario de las oposiciones de secundaria, más que para preparar las clases de Bachillerato en sí. La división en epígrafes bien delimitados, así como las notas a pie y la bibliografía que, en el caso de la obra española se encuentran al final de cada capítulo, en el de la inglesa en un apéndice final, hacen a ambas obras claras y fáciles de manejar.

Por último, recientemente (2019) se han publicado en nuestro país unas obras más breves que minimizan o prescinden de esos datos biográficos y bibliográficos de rápido acceso gracias a internet, y se centran así en otros aspectos. Se trata, por un lado, de la *Introducción a la literatura griega antigua*, de José B. Torres Guerra, que presenta la misma estructura que la *Historia de la literatura griega* de Antonio López Férez, y apartados biográficos de cada autor, aunque mucho más breve (300 páginas frente a casi 1300). La obra de José B. Torres Guerra está dividida en cuatro partes (arcaica, clásica, helenística e imperial, donde se incluye un capítulo para la literatura cristiana). Por otro lado, tenemos la *Breve guía de la literatura griega desde Hesíodo hasta Pletón*, de Juan Signes Codoñer (casi 500 páginas, incluidos índices y bibliografía), un repaso ordenado y ameno de los hitos y autores principales de la literatura griega, omitiendo todos los datos de fácil consulta hoy día. Mientras la primera obra resulta muy útil para esos no iniciados, esta segunda lo será también o incluso más para quienes tengan una buena base y/o busquen un enfoque diferente a la hora de abordar esta disciplina, como ponen de manifiesto los títulos de sus nueve apartados: *1. De Hesíodo a Pletón: ¿dos milenios de literatura griega?*, *2. Lengua y gramática. El griego de la literatura griega*, *3. Identidad. El helenismo de la literatura griega: entre etnia y cultura*, *4. Oralidad. La literatura griega sin letras: aladas palabras y divinal canto*, *5. Poética y Retórica. La teoría literaria de los griegos*, *6. Géneros literarios. La clasificación de la literatura*, *7. Transmisión. Entre el accidente y la selección*, *8. Tradición clásica. La historia interminable*, *9. Bibliografía. Un recorrido por manuales de literatura griega de los últimos 40 años.*[9]

2. EL SIGLO XXI, LA ERA DE LOS COMPENDIOS

Como adelantábamos en la introducción, el acceso rápido y *quasi* universal a una ingente cantidad de información (no sólo datos, sino libros, artículos e incluso manuscritos de distintas épocas gracias a la cada vez más extendida digitalización) ha propiciado el desarrollo de la investigación de múltiples aspectos y enfoques por investigadores de cualquier edad y punto del planeta, algo antes prácticamente restringido a investigadores *seniors* (que hubieran leído mucho) con acceso a grandes bibliotecas físicas de títulos clásicos. Esto ha posibilitado a su vez la creación de compendios colaborativos (*Companions* y *Handbook* son sus nombres más recurrentes en inglés, tan recurrentes que a veces los hispanohablantes los utilizamos

_____

[9] Este es el capítulo al que me referí en la nota 2.

en lugar de «compendio») sobre distintos autores, géneros y aspectos. Algunas de las principales colecciones o editoriales son: Blackwell (o Wiley-Blackwell, con las colecciones *A Companion to* o *A Blackwell Companion to*), Brill (*Brill's Companion to*), Routledge, Oxford (The *Oxford Handbook of*), etc.[10] Desde las páginas web de estas editoriales es posible acceder en abierto a los índices de cada una de estas obras, así como a buscadores que recomiendan títulos dentro de la editorial de temática similar. Todos ellos van dirigidos a un público iniciado, con conocimientos medios o más bien altos del tema (último año de un grado universitario de Filología Clásica, Filosofía, Historia, másteres de investigación relacionados con estas u otras carreras), que quieran profundizar en cuestiones muy concretas. Aquí no sólo no se encontrarán datos bibliográficos ni introducciones genéricas, sino que es posible que el aspecto que llevó a consultar dicha obra no sea siquiera mencionado, aún a pesar de tratar del mismo autor. Por eso, es imprescindible consultar primero el índice de cada uno de ellos. Así descubriremos que *A Companion to Tragedy* (Rebecca Bushnell, 2005) recoge artículos sobre la tragedia en sentido amplio y no exclusivamente sobre la tragedia griega antigua. En él encontramos un primer apartado más «esperable» titulado *Greek Tragedy and Ritual*, compuesto a su vez por dos ensayos: *Greek Tragedy and Ritual*, firmado por Christiane Souvinou-Inwood, y *Tragedy and Dionsysus*, de Richard Seaford. Tras este, se encuentra un segundo apartado mucho menos «esperable» para los estudiosos de la filología clásicas titulado *Tragedy, Philosophy, and Psychoanalysis*. En este apartado se incluyen trabajos como *Nietzsche and Tragedy* (James I. Porter) o *Tragedy and Psychoanalysis: Freud and Lacan* (Julia Reinbard Lupton). Sin embargo, en *A Companion to Greek Tragedy*, (Justina Gregory, 2005; este sí específico de nuestro ámbito) también encontramos un capítulo centrado en Nietzsche y su relación con la tragedia (*Nietzsche on Greek Tragey and the Tragic*, de Albert Henrichs).

Así, en otros compendios como *The Cambridge Companion to Greek Lyric*, (Felix Budelmann, 2009) o *A Companion to Greek Mythology* (Ken Dowden y Niall Livingstone DPhil, 2011), será imprescindible echar un vistazo al índice antes siquiera de plantearnos buscarlo en nuestra biblioteca académica o en internet.

Para cerrar este apartado, y a pesar de que no sean compendios *sensu stricto* me parece importante mencionar dos recursos donde se puede encontrar bibliografía y materiales interesantes en relación con el campo de los estudios clásicos. El primero es *L'Année philologique*, una base de datos bibliográficos actualizada anualmente

---

[10] También estarían dentro de este género de obras colectivas otros dos tipos en los que no nos podremos detener dada su amplitud y disparidad: las actas de congresos y los homenajes a distintos profesores e investigadores. En ambos casos puede ocurrir que los organizadores y editores den un tema muy concreto, en cuyo caso el volumen resultante será muy específico, o que prioricen la participación de especialistas de distintos campos, dando lugar a un volumen con entradas muy dispares. Tampoco hablaremos de las *quasi* infinitas revistas con publicaciones de alguno de los campos que trataremos en este capítulo.

por la *Société Internationale de Bibliographie Classique* con los recientes trabajos académicos publicados en relación con Grecia y Roma (incluyendo la patrística y el paleocristianismo), tanto en papel como digital. Se puede acceder a ella online desde la página de Brepols, que ha renovado su interfaz en febrero 2024.[11] En la página web de algunas bibliotecas universitarias, como la de la Universidad Complutense, existe una breve guía descriptiva y de uso que sin duda será de ayuda para las primeras consultas.[12] El otro recurso es el portal Liceus, plataforma digital especializada en Humanidades que contiene muchos temas detallados de literatura griega hechos por especialistas españoles, accesibles a través de un cómodo buscador.[13]

3. LIBROS Y RECURSOS PARA CADA MOMENTO

3. 1. Época Arcaica

La época arcaica es la primera de la historia de Grecia en la que tenemos a ciencia cierta vestigios de un(os) alfabeto(s) heleno(s) y un uso regular, aunque todavía minoritario, de la escritura. Nos encontramos en una sociedad a camino entre la oralidad y la escritura en la que la épica es el género por antonomasia y Homero y su obra los temas en torno a los que giran la mayor parte de estudios (incluso aunque dudemos o descartemos la existencia del legendario rapsodo). Hablar de los poemas homéricos es hacerlo del origen de la literatura, la escritura, el papel de los rapsodos, los ciclos épicos, la cuestión homérica, etc.

Además de la obra póstuma de Javier de Hoz, *Introducción a la literatura griega: épocas arcaica y clásica* (2024), sin duda un buen punto de partida para todo aquel que quiera adentrarse en estas cuestiones es *The Homer Enciclopedia,* editada por Margaret Finkelberg en 2011.[14] En ella, a lo largo de tres tomos en su edición en papel, encontramos 1360 entradas concisas, cortas (la mayoría de menos de diez líneas y las más largas de unas dos páginas) y claras de todas las cuestiones relativas a estas obras, desde la propia figura de Homero, la *Ilíada*, la *Odisea*, sus personajes, a la cuestión de los analistas, unitarios, las recensiones atribuidas a Pisístrato, Aristóteles, y otros personajes, pasando por problemas de transmisión y corrientes filológicas en torno a estos. Todas las entradas están firmadas por importantes especialistas en Homero, como Martin L. West (*Analystic, Indo-European*

_____

[11] Disponible en https://about.brepolis.net/lannee-philologique-aph/ (fecha de consulta: 19 de mayo de 2025).
[12] Disponible en https://biblioguias.ucm.es/anneephilologique (fecha de consulta: 19 de mayo de 2025).
[13] Disponible en https://www.liceus.com/ (fecha de consulta: 19 de mayo de 2025).
[14] Para un comentario de este volumen desde el punto de vista lingüístico, véase el capítulo primero *Sobre la Lengua griega I: diccionarios y gramáticas*, elaborado por Alfonso Vives Cuesta.

Background, *Unitarians*, entre otras), Robert Lamberton (*Reception Imperial*, *Stesimbrotus of Thasos*), o la propia Margaret Finkelberg, cuyo número de entradas es superior al de los demás especialistas. Cada entrada, organizada alfabéticamente como en cualquier enciclopedia, cuenta con referencias a otras entradas de la obra o, en muchos casos un pequeño apartado de bibliografía final, lo que la convierte en una herramienta sumamente útil para todo tipo de lector.

Sobre la figura de Homero, además, de cuya existencia no tenemos ninguna prueba ni dato unánime en las fuentes, se ha escrito sin duda mucho más que sobre ningún otro autor europeo. Imposible sería citar una mínima parte de los estudios y monografías publicados durante el año pasado. Por ello, solo pretendo dar unas pinceladas de investigadores y obras relativamente actuales. Sobre su concepción como fenómeno cultural recomiendo consultar los trabajos de Barbara Graziosi (2002; 2016) y Gregory Nagy (1996; 2003; 2008 y 2009, por ejemplo). Todos los trabajos de Gregory Nagy, así como los de muchos otros investigadores de los estudios homéricos y otras ramas de la filología griega están disponibles en abierto en la web del *Center for Hellenic Studies* de la universidad de Harvard[15], donde también se pueden leer estudios fundamentales y más antiguos para este campo, como por ejemplo *Les formules et la métrique d'Homère* de Milman Parry (1928). La página permite buscar libros y artículos tanto por título como por autores, mantiene a la izquierda un índice desplegable del libro mientras lo estás leyendo, por lo que es intuitiva y práctica. Ofrece también un apartado de traducciones al inglés de los textos clásicos («primary sources»). De todos los estudios accesibles en esta página me parece particularmente recomendable el trabajo de José M. González, *The Epic Rhapsode and his Craft: Homeric Performance in a Diachronic Perspective*, donde, tras un primer apartado titulado *The Homeric Question*, con capítulos tan sugerentes como *Dictation Theories and Pre-Hellenic Literacy* (1), *The Technology of Writing* (3) y *Early Homeric Scholarship and Editions* (6), encontramos otros cuatro apartados en los que analiza la *rhapsodic performance* desde la época arcaica (*Homer the Rhapsode* (7) y *Hesiod the Rhapsode* (8) hasta Aristóteles y la *Aristotelian tekhnē of hypokrisis*. En esta línea de la relación entre Homero, sus poemas y la profesión de los rapsodas u oradores itinerantes recientemente han salido otros interesantes trabajos como *Homer in Performance: Rhapsodes, Narrators and Characters* (Jonathan L. Ready y Christos C. Tsagalis, 2018).

En cuanto a los ciclos épicos, cuyos fragmentos han sido editados y traducidos al castellano por Alberto Bernabé Pajares (1979), cuentan, por un lado, con una introducción bastante clara realizada por Malcom Davies (2001) y, por el otro, con su propio *Companion*, editado en 2015 por Marco Fantuzzi y Christos Tsagalis. Este último a su vez editó junto a Franco Montanari y Antonios Rengakos el *Brill's Companion to Hesiod* (2009), autor importante de este periodo, igual que Safo, que

---

[15] Disponible en https://chs.harvard.edu (fecha de consulta: 19 de mayo de 2025).

cuenta también con un reciente compendio (Patrick J. Finglass, Patrick J. y Adrian Kelly, 2021). Aunque no sea exclusivo de este periodo, recomiendo a los interesados en la lírica arcaica consultar los contenidos de los compendios sobre este género (Laura Swift, 2022; y el ya mencionado de Felix Budelmann, 2009).

Una panorámica de cómo la escritura se fue asentando en la Hélade y del nacimiento y evolución del sistema librario y la literatura escrita tal y como la pensamos lo encontramos en los trabajos de Juan Signes Codoñer *Escritura y literatura en la Grecia arcaica* (2004) divido en los siguientes apartados: *1. Consideraciones generales, 2. El alfabeto griego, 3. Usos y difusión de la escritura en los siglos VII-VI, 4. Homero y la escritura, 5. La lírica arcaica, 6. Orígenes de la prosa y 7. Sumario*, en el que encontramos resumidas las principales ideas defendidas por el autor a lo largo del libro. Sobre este mismo tema, aunque más breve está también *Writing and the Origins of Greek Literature* (Barry B. Powell, 2002) con un planteamiento distinto y más conservador. Por último, más recientes y centrados en el libro como objeto de lujo a lo largo de su historia son *Il libro nel mondo antico. Archeologia e storia (secoli VII a.C.-IV d.C.)*, de Lucio Del Corso, y *Aux racines du livre. Métamorphoses d'un objet de l'Antiquité au Moyen Âge*, de Filippo Ronconi, ambos publicados en 2022.

Para cerrar este apartado, y a pesar de que no sea exclusiva para este periodo, sino que abarque toda la Antigüedad, me parece necesario hablar de la enciclopedia alemana *Der Neue Pauly: Enzyklopädie der Antike* (Hubert Cancik, Helmuth Schneider y Manfred Landfester, 1996-2003), el mayor compendio de información sobre el mundo antiguo con más de 20.000 entradas. Desde 2004 cuenta también con versión en inglés (*Brill's New Pauly*) y es accesible por internet en ambas lenguas desde la página de la editorial, aunque con un acceso restringido que sólo permite leer sin registro el inicio de las entradas.

3. 2. Época Clásica

La época Clásica de la literatura helena gira en gran medida alrededor de Atenas, la *polis* en la que no sólo se crearon y florecieron muchos de los principales géneros literarios, sino que allí también nacieron y/o vivieron parte de su vida los principales exponentes del drama (Esquilo, Sófocles, Eurípides, Aristófanes), la filosofía tal y como la entendemos hoy día (Sócrates, Platón, Aristóteles), la historiografía (Heródoto, Tucídides, Jenofonte) o la oratoria (Isócrates, Demóstenes). El auge de estos géneros y el interés que durante siglos han suscitado sus autores a amantes de la literatura de toda época hace que sea este el periodo sobre el que encontramos más escrito en cualquier historia de la literatura[16], y también mayor número de compendios Por citar alguno, mencionamos *The Cambridge Companion to Early Greek Philosophy* (Anthony A. Long, 1999), *The Cambridge Companion to Greek Comedy* (Martin Reverman, 2014), o, centrado en la figura de Demóstenes, *The Oxford Handbook of Demosthenes* (Gunther Martin, 2018). Sin embargo, recomendamos al interesado o interesada en algún autor, obra o estilo de este periodo que pruebe a consultar en las páginas de las editoriales o en el propio buscador de internet si recientemente se ha publicado algún compendio de estudios sobre él. Como estudios «tradicionales» sobre tragedia sugiero Vincenzo Di Benedetto y Enrico Medda (1997) y Massimo Di Marco (2000) y sobre comedia David Harvey & John Wilkins (2000), Andreas Willi, (2002) y Luis Gil (2009).

Enfocados en la historiografía, además de los capítulos correspondientes en las historias generales, destacamos la monografía en español *Nacimiento y consolidación de la historiografía griega* (Miguel Á. Rodríguez Horrillo 2012), *Inicios y desarrollo de la historiografía griega* (José A. Caballero López 2006), con un índice y planteamiento muy didáctico, igual que las muchas introducciones y manuales universitarios publicados por investigadores italianos en los últimos años (Luciano Canfora, 1999; Delfino Ambaglio, 2009; Marco Betalli, 2021 o Cinzia Bearzot, 2022). Por último, para la retórica y el contexto social ateniense en el que nace, pueden ser interesantes introducciones las obras de Antonio López Eire (2002), Jon Hesk (2000) o Michael Gagarin y David Cohen (2005).

La época clásica es también la época del nacimiento de la filología (*scholarship* para los angloparlantes) como disciplina auxiliar en la comprensión de los textos homéricos, que contenían vocabulario arcaico y formas dialectales que los volvía difíciles para los griegos del Ática y otras zonas. Por eso en estos momentos parece que nacieron los primeros léxicos, comentarios y distintas recensiones de los poemas, aunque las que conocemos son las helenísticas, realizadas en la Biblioteca de Alejandría. Por ese motivo comentaré la bibliografía relativa a este tema en el próximo apartado.

Sin embargo, sí me parece importante mencionar una pequeña selección de trabajos claros, breves y muy interesantes que permiten entender el contexto literario de la *polis* ática. Me refiero a las obras de sir Arthur W. Pickard (1969), Rosalind Thomas (1989), Antonio Guzmán Guerra (2005).

---

[16] Para cualquier autor de este periodo sin duda recomiendo consultar en primer lugar los capítulos o epígrafes correspondientes de las historias de la literatura mencionadas en el apartado 1.

3. 3. Época Helenística

Comienza con la muerte de Alejandro Magno en el 323 a. C. y, si la época anterior giraba en torno a Atenas, esta lo hace en gran medida alrededor de Alejandría y el florecimiento cultural y filológico que se desarrolló en el entorno de su biblioteca, fundada aproximadamente en 320 a. C. por Ptolomeo I. Fue precisamente en el ambiente de la biblioteca donde trabajaron y se formaron algunos de los autores más importantes de este periodo, pioneros de lo que hoy entendemos como filología. Zenódoto de Éfeso, Aristarco de Samotracia y otros importantes gramáticos y bibliotecarios de la institución realizaron no sólo las primeras ediciones críticas de obras como la *Ilíada*, la *Odisea* y otros títulos atribuidos a Homero o a otros autores del canon, sino también comentarios de diversos tipos (filológicos, métricos, de *realia*) que las acompañaban, glosarios de términos y otros materiales que han llegado, en el mejor de los casos, como escolios marginales en copias medievales.

Es difícil encontrar obras generales de este periodo más allá de algún compendio, como *Hellenistic Literature* (James J. Clauss y Martine Cuypers, 2010), *Hellenistic Epigram* (Peter Bing y Jon S. Bruss, 2007) o *Mitos en la literatura griega helenística e imperial* (Juan A. López Férez, 2004).

Más abundantes, sin embargo, son aquellas dedicadas a los primeros años de la disciplina filológica y los procesos de transmisión de los textos clásicos. No pasan de moda y desde luego son muy recomendables los clásicos de 1968 *History of Classical Scholarship. From the Beginnings to the End of the Hellenistic Age* (Rudolph Pfeiffer) y *Scribes and Scholars: a Guide to Transmission of Greek and Latin Literature* (Leighton D. Reynolds y Nigel G. Wilson), editado este último por Oxford y traducido al español con el título *Copistas y filólogos: las vías de transmisión de las literaturas griegas y latinas* (1995). Sobre el proceso de creación y destrucción de los comentarios y las otras herramientas filológicas recomiendo al interesado de cualquier índole la guía de Eleanor Dickey titulada *Ancient Greek Scholarship. A Guide to Finding, Reading, and Understanding Scholia, Commentaries, Lexica, and Gramatical Treatises, from their Beginnings to the Byzantine Period* (2007). Dicha obra está compuesta por una introducción breve pero muy concisa (apenas quince páginas) sobre la historia de la filología clásica y las distintas herramientas que confeccionó, para después continuar con dos apartados (*2. Scholia, Commentaries, and Lexica on Specific Literary Works* y *3. Other Scholarl Works*) divididos cada uno en epígrafes dedicados a los principales autores desde Homero hasta Focio y su biblioteca, ordenados cronológicamente. Después, la obra continúa unas cien páginas más con *4. Introduction to Scholarly Greek, 5. Reader, 6. Glossary of Grammatical Terms* y dos interesantes apéndices, *Hints for Finding Works on Ancient Scholarship in Library Catalogs* y *Hints for Using Facsimiles*. Otro estudio sobre escolios y epigramas, más breve y conciso, aunque con un carácter mucho menos introductorio (recomendable sólo para iniciados) es *Tradizione antologica dell'epigramma greco: Le sillogi minori di età bizantina e umanistica* (Francesca Maltomini 2008).

No obstante, no todas las empresas filológicas que otorgaron prestigio internacional a la institución alejandrina, y que aún hoy se vincula a ella, se ciñeron al canon de autores griegos: también se llevó a cabo la traducción de la *Torá* o *Ley* judía al griego, que se convirtió en el texto base para la importante comunidad de judíos helenísticos y, pocos años después, para los primeros cristianos. A dicha traducción se incorporarán después más libros traducidos y/o escritos en griego a lo largo de la época helenística y primeros años de la imperial, conformando el canon de la *Septuaginta*, la traducción de los setenta. Para la *Septuaginta* y su historia recomiendo cualquier estudio del especialista Natalio Fernández Marcos (2008, por ejemplo), así como la traducción que tiene en la editorial *Sígueme* junto a Mª Victoria Spottorno y José M. Cañas (2008-2020). Un estudio que explica las relaciones filológicas de esta obra con los poemas homéricos es *The Septuagint and Homeric Scholarship in Alexandria*, (Sylvie Honigman, 2003).

En cuanto a autores u otros géneros concretos de este periodo sobre los que se hayan realizado publicaciones recientes destaco, como ejemplo, el *Brill's Companion to Theocritus* (Poulheria Kyriakou, Evina Sistakou y Antonios Regnakos, 2021), *Brill's Companion to Apollonius Rhodius* (Theodore D. Papanghelis y Antonios Rengakos, 2001) o *Hellenistic tragedy. Texts, Translations and a Critical Survey* (Agnieszka Kotlisnka-Toma, 2015).

Para cerrar este apartado, me parece oportuno señalar algunas obras sobre la propia biblioteca ya que, a pesar de su prestigio, las fuentes sobre esta institución son escasas, y por ello también lo son los estudios sobre la misma. Un acercamiento al tema, introductorio, breve y en castellano, es la obra de Juan J. Riaño Alonso *Poetas, filósofos, gramáticos y bibliotecarios. Origen y naturaleza de la antigua Biblioteca de Alejandría* (2005) mientras que, con carácter más erudito, abundantes referencias bibliográficas, pero prácticamente igual de breve están las obras colectivas *The Library of Alexandria* (Roy Macleod 2002) con dos apartados (*I. Alexandria in History and Myth* y *II. Scholarship in the Alexandrian Manner*) y *What happened to the ancient library of Alexandria?* (Mostafa El-Abbadi y Omnia Mounir Fathallah 2008).

3. 4. Época imperial

Es difícil acotar aquello que llamamos *época imperial*. Su inicio se suele fijar tras la victoria de Octavio Augusto sobre Cleopatra y Marco Antonio en Accio en el 31 a. C., pero su final es más problemático: en Europa occidental se marca con la caída del Imperio romano de occidente en el 476 mientras que, en la zona oriental, que derivó en el Imperio bizantino, se suele tomar como fecha el 330 o 395. Por ese motivo, los autores de los silos IV y V pueden aparecer adscritos a la literatura imperial o bizantina. En cualquier caso, la bibliografía específica sobre la literatura griega (o en griego, ya que autores como Plutarco eran, como tal, ciudadanos romanos ya) es escasa. Obras introductorias clásicas son Maximo Brioso y Francisco J. González Ponce (1996), y Tim Whitmarsh (2001), mientras que para contextualizar distintos géneros, autores y campos de estudio tenemos *The Cambridge Companion to Plutarch* (Frances B. Titchener y Alexei V. Zadorojnyi, 2023), *The Oxford handbook of the Second Sophistic* (Daniel S. Richter y William A. Johnson, 2017), *Geografía y etnografía en la Grecia antigua*, (Christian Jacob, 2008) o *Los orígenes de la novela*, (Carlos García Gual, 1988) o *Brill's Companion to Prequels, Sequels, and Retellings of Classical Epic* (Robert C. Simms, 2018) entre otros.

Un apartado importante lo merece la literatura cristiana, que cuenta con una recientísima *Historia de la literatura cristiana en la antigüedad* (Jesús M. Nieto Ibáñez y Juana M. Torres Prieto, 2024), primer manual escrito por autores españoles y dedicado a esta literatura. Además de esta, contamos con la *Storia della letteratura cristiana antica greca e latina* (Claudio Moreschini y Enrico Norelli, 1999, también traducida al español, 2006), otra en inglés, *The Cambridge History of Early Christian Literature* (Frances Young, Lewis Ayres y Andrew Louth, 2008) y las obras de Antonio Piñero (1995 y 2007).

Por último, no puedo dejar de mencionar una obra de gran utilidad para la situación correcta de los abundantísimos nombres propios que podemos encontrar en textos de este periodo. Para ello, la obra de referencia es la *Prosopography of the Later Roman Empire*, en cuatro volúmenes, por Arnold H. M. Jones, John R. Martindale y John Morris (1971-1992), que permite situar a casi cualquier personaje del imperio romano que viviera entre los años 260 y 642, muerte del emperador Heraclio. A raíz del éxito de esta obra se planteó una continuación en el mundo bizantino, el *Prosopography of the Byzantine World* (*PBW*)[17], proyecto dirigido por Michael Jeffreys. En esta misma línea ya existe para ese periodo el *Prosopographie der mitterlbyzantinischen Zeit* (*PMBZ*)[18], en alemán y en inglés, con entradas sobre más de 21.000 individuos que vivieron o estuvieron vinculados al Imperio Bizantino entre el 641 y el 1025.

3. 5. ÉPOCA BIZANTINA

A pesar de ser la época más extensa de lo que entendemos por literatura griega antigua (siglo IV/V, según qué acontecimiento utilicemos para delimitar su origen, hasta el año 1453 en que Constantinopla cae en poder de los otomanos), y también la

---

[17] Disponible en https://pbw2016.kdl.kcl.ac.uk/ (fecha de consulta: 19 de mayo de 2025).
[18] Disponible en https://www.degruyter.com/database/pmbz/html (fecha de consulta: 19 de mayo de 2025).

más cercana a nuestra época, o quizá precisamente por esto (por estar a caballo entre «lo clásico» y «lo moderno»), el imperio bizantino en general y la literatura de este periodo en particular han sido escasamente tratados por los investigadores y no es hasta décadas muy recientes que encontramos obras sobre ella. Hay pocos estudios sobre el periodo en general siendo uno la obra de Andreas Rhoby (2022) *La letteratura bizantina. Un profilo storico*. También debemos mencionar el volumen *Lo spazio letterario del Medioevo. La cultura bizantina* y *Leggere a Bisanzio* (Guglielmo Cavallo, 2004 y 2007 respectivamente, el último también en español). A parte de esto, los compendios del siglo XXI son prácticamente el único tipo de bibliografía para iniciarnos en esta época, uno de los más novedosos es *The Oxford Handbook of Byzantine Literature* (Stratis Papaioannou, 2021). En este volumen, tras una introducción a cargo del editor, *What is Byzantine Literature? An Introduction*, encontramos cinco apartados con una clasificación propia, diferente a la de las historias de la literatura tradicional, que busca dar cabida a las particularidades de la literatura bizantina: *Materials, Norms, Codes* (I, cap. 2-8), *Forms* (II, 9-19), *Agents* (III, 20-21), *Translation, Transmission Edition* (IV, 22-24) y *Postscript* (25), todo ello completado con un glosario de figuras retóricas y un índice de nombres propios y títulos de textos anónimos. Entre los capítulos de estos apartados –y para dar una idea de los estudiosos que participan en este volumen– encontramos: *Language* (Martin Hinterberger), *Book Culture* (Filippo Ronconoi y Stratis Papaioannou), *Biblical Hermeneutics* (Fr. Maximos Constas), *Translations I: From Other Languages into Greek* –subdividido en cinco apartados en función de la lengua de partida (*Latin, Syriac, Arabic, Georgian, Neo-Latin Languages*)– o *Translation II: Greek Texts into Other Languages (4th - 15th c.)* –dividido esta vez en siete apartados (*Latin, Coptic, Syriac, Armenian, Georgian, Arabic, Slavic*)–, en el caso de estos dos últimos, cada subdivisión firmada por un especialista distinto. En esta colección de compendios oxonienses tenemos otra muy buena introducción al mundo bizantino en *The Oxford Handbook of Byzantine Studies* (Elizabeth Jeffreys, Robin Cormack y John F. Haldon, 2008). Dicha obra, de casi 1000 páginas, busca ser una primera guía de referencia para los estudios del mundo bizantino, tanto de literatura como de historia, arquitectura, historia del arte y otras disciplinas, con capítulos muy breves (unas diez páginas con abundantes referencias bibliográficas incluidas) divididos en cuatro apartados*: 1. The discipline* –con una introducción de los editores titulada *Byzantine Studies as an academic discipline*–, *2. The physical world: landscape, land use, and the environment, 3. Institutions and relationships* y *4. The world around Byzantium* –significativamente más breve, solo dos capítulos.

Unidos a estos compendios considero importante referirme también a las, afortunadamente, cada vez más recientes traducciones modernas de obras y autores de estos periodos, cuyas introducciones en ocasiones son prácticamente los únicos estudios publicados sobre ellos. Por poner algunos ejemplos, en 2019 veía la luz la primera traducción al inglés de los dos primeros libros *del Comentario a la Odisea de Homero* de Eustacio de Tesalónica (Eric Cullhed, 2019), quien, junto a Juan

Tzetzes, fue uno de los mayores filólogos bizantinos del s. XII. Otros trabajos recientes sobre algún aspecto o autor bizantino son aquellos de Christian Høgel (2002), Stephanos Efthymiadis (2002 y 2020), Wolfram Hörandner, Andreas Rhoby y Nikolaos Zagklas (2019), Marc D. Lauxtermann, (2003-2019), Óscar Pietro Domínguez (2021) o Przemylaslw Marciniak e Ingela Nilsson (2021). En 2023 la revista de la *Sociedad Española de Estudios Clásicos* (SEEC) publicó un artículo de Juan Signes Codoñer con la relación de traducciones de textos bizantinos al castellano y catalán.[19]

Además, el investigador o amante de Bizancio hispanohablante está de suerte, pues en la página web de la *Sociedad Española de Bizantinística* (SEB)[20] existen, dentro del apartado «Publicaciones», distintas selecciones bibliográficas alojadas en *Zotero* y clasificadas por «Bibliografía hispana» (con publicaciones en cualquiera de las lenguas oficiales de la península ibérica, también aquellas editadas en España, Portugal o en Iberoamérica, y las escritas por investigadores españoles o hispanoamericanos independientemente de la lengua empleada), «Historia bizantina», «Literatura bizantina», «Novedades bibliográficas», «Revistas» y «Tesis y tesinas». Es precisamente en el apartado de «Literatura bizantina» donde aparecen todos los volúmenes que comentaré a continuación. Otro lugar para consultar las últimas publicaciones sobre temas bizantinos, que nos dará una idea de las líneas de investigación más actuales es *Byzantios. Studies in Byzantine History and Civilization*, en Brepols.[21]

BIBLIOGRAFÍA
Recursos impresos

Ambaglio, Delfino (2008), *Storia della storiografia greca*, Milano, Monduzzi Editoriale.

Bearzot, Cinzia (2022), *Storiografia greca. Un'introduzione*, Bologna, Il Mulino.

Bernabé Pajares, Alberto (1979), *Fragmentos de la épica arcaica*, Madrid, Gredos.

Betalli, Marco (2021), *Introduzione alla storiografia greca*, Roma, Carocci editore.

Bing, Peter y Jon S. Bruss (2007), *Brill's Companion to Hellenistic Epigram*, Leiden – Boston, Brill. https://doi.org/10.1163/9789047419402.

Brioso Sánchez, Máximo y Francisco Javier González Ponce (eds.) (1996), *Las letras griegas bajo el Imperio*, Zaragoza, Pórtico.

---

[19] Se puede consultar dicho artículo directamente a través del siguiente enlace https://www.estudiosclasicos.org/articulo/traducciones-castellanas-y-catalanas-de-textos-bizantinos/ (fecha de consulta: 19 de mayo de 2025).

[20] Disponible en https://bizantinistica.es (fecha de consulta: 19 de mayo de 2025).

[21] Disponible en https://www.brepols.net/series/sbhc#publications (fecha de consulta: 19 de mayo de 2025).

Budelmann, Felix (ed.) (2009), *The Cambridge Companion to Greek Lyric*, Cambridge, Cambridge University Press. https://doi.org/10.1017/CCOL9780521849449.

Bushnell, Rebecca (2005), *A Companion to Tragedy*, New Jersey, Wiley-Blackwell. https://doi.org/10.1111/b.9781405107358.2005.00001.x.

Caballero López, José A. (2006), *Inicios y desarrollo de la historiografía griega*, Madrid, Síntesis.

Cambiano, Giuseppe, Canfora, Luciano y Lanza, Diego (1992-1996), *Lo spazio letterario della Grecia antica*, Roma, Salerno.

Cancik, Hubert, Helmuth Schneider y Manfred Landfester (eds.) (1996 - 2003), *Der Neue Pauly: Enzyklopädie der Antike*, Stuttgart, J. B. Metzler.

Canfora, Luciano (1986), *Storia della letteratura greca*, Roma, Laterza.

Canfora, Luciano (1999), *La storiografia greca*, Milano, Bruno Mondadori.

Cavallo, Guglielmo (2004), *Lo spazio letteratio del Medioevo. La cultura bizantina*, Roma, Salerno Editrice.

Cavallo, Guglielmo (2007), *Leggere a Bisanzio*, Milano, Edizione Sylvestre Bonnard.

Cavallo, Guglielmo (2019), *Leer en Bizancio*, Buenos Aires y Madrid, Ampersand.

Clauss, James J. y Martine Cuypers (eds.) (2010), *A companion to Hellenistic literature*, Chichester, Wiley-Blcakwell. https://doi.org/10.1002/9781118970577.

Cullhed, Eric (2019), *Eustathios of Thessalonike: Parekbolai of Homer's Odyssey 1-2: Proekdosis*, Uppsala, Uppsala Universitet.

Davies, Malcolm (2001), *The Greek Epic Cycle*, Bristol, Bristol Classical Press.

Del Corso, Lucio (2022), *Il libro nel mondo antico. Archeologia e storia (secoli VII a.C.-IV d.C.)*, Roma, Carocci editore.

Di Benedetto, Vincenzo y Enrico Medda (1996), *La tragedia sulla scena. La tragedia greca in quanto spettacolo teatrale*, Torino, Giulio Einaudi.

Di Marco, Massimo (2000), *La tragedia greca. Forma, gioco scenico, techniche dramatiche*, Roma, Carocci.

Dickey, Eleanor (2007), *Ancient Greek Scholarship. A Guide to Finding, Reading, and Understanding Scholia, Commentaries, Lexica, and Grammatical Treatises, from their Beginnings to the Byzantine Period*, Oxford, Oxford University Press. https://doi.org/10.1093/oso/9780195312928.001.0001.

Dowden, Ken y Niall Livingstone DPhil (eds.) (2011), *A Companion to Greek Mythology*, Chichester, Blackwell Publishing. https://doi.org/10.1002/9781444396942.

Easterling, Patricia E. (ed.) (1997), *The Cambridge Companion to Greek Tragedy*, Cambridge, Cambridge University Press. https://doi.org/10.1017/CCOL0521412455.

Easterling, Patricia E. y Bernard M. W. Knox (1989), *The Cambridge History of Classical Literature: Volume 1, Greek Literature*, Cambridge, Cambridge University Press.

Easterling, Patricia E. y Bernard M. W. Knox (1991), *Historia de la Literatura Clásica, Volumen I: Literatura Griega*, Madrid, Gredos.

Efthymiadis, Stephanos (ed.) (2002 y 2020), *The Ashgate Research Companion to Byzantine Hagiography*, Volumen I: *Periods and Places* (2002 en Ashgate, 2011 en Routledge) y

Volumen II: *Genres and contexts* (2020), London y New York, Routledge. https://doi.org/10.4324/9781315141909.

El-Abbadi, Mostafa y Omnia M. Fathallah (2008), *What happened to the ancient library of Alexandria?* Leiden – Boston, Brill. https://doi.org/10.1163/ej.9789004165458.i-259.

Fantuzzi, Marco y Christos Tsagalis (eds.) (2015), *The Greek Epic Cycle and its Ancient Reception*, Cambridge, Cambridge University Press. https://doi.org/10.1017/CBO9780511998409.

Fernández Marcos, Natalio (2008) *Septuaginta, la Biblia griega de judíos y cristianos*, Salamanca, Sígueme.

Fernández Marcos, Natalio, Mª Victoria Spottorno y José M. Cañas (2008-2020) *La Biblia griega Septuaginta*, Salamanca, Sígueme.

Finglass, Patrick J. y Adrian Kelly (2021), *The Cambridge Companion to Sappho*, Cambridge, Cambridge University Press. https://doi.org/10.1017/9781316986974.

Finkelberg, Margaret (ed.) (2011), *The Homer Enciclopedia*, New York, John Wiley. https://doi.org/10.1002/9781444350302.

Gagarin, Michael y David Cohen (2005), *The Cambridge Companion to Ancient Greek Law,* Cambridge, Cambridge University Press. https://doi.org/10.1017/CCOL0521818400.

García Gual, Carlos (1988), *Los orígenes de la novela*, Madrid, Istmo.

Gil, Luis (2009) *De Aristófanes a Menandro*, Madrid, Ed. Clásicas.

Graziosi, Barbara (2002), *Inventing Homer*, Cambridge, Cambridge University Press.

Graziosi, Barbara (2016), *Homer*, Oxford, Oxford University Press.

Greensmith, Emma (2024), *The Cambridge Companion to Ancient Greek Epic*, Oxford, Oxford University Press.

Gregory, Justina (ed.) (2005), *A Companion to Tragedy*, New Jersey, Wiley-Blackwell. https://doi.org/10.1002/9780470996676.

Guzmán Guerra, Antonio (2009), *Introducción al teatro griego*, Madrid, Alianza.

Harvey, David y John Wilkins (eds.) (2000), *The Rivals of Aristophanes. Studies in Athenian Old Comedy*, London, Duckworth and Classical Press of Wales.

Hesk, Jon (2000), *Deception and Democracy in Classical Athens,* Cambridge University Press. https://doi.org/10.1017/CBO9780511483028.

Høgel, Christian (2002), *Symeon Metaphrastes: Rewriting and Canonization*, Copenhagen: Museum Tusculanum Press.

Honigman, Sylvie (2003), *The Septuagint and Homeric Scholarship in Alexandria*, London y New York, Routledge. https://doi.org/10.4324/9780203498774.

Hörandner, Wolfram, Andreas, Rhoby y Nikos Zagklas (eds.) (2019), *A Companion to Byzantine Poetry*, Leiden, Brill. https://doi.org/10.1163/9789004392885.

Hoz, Javier de (2024), *Introducción a la literatura griega: épocas arcaica y clásica*, Madrid, Alianza editorial.

Irby-Massie, Georgia Lynette (ed.) (2016), *A Companion to Science, Technology, and Medicine in Ancient Greece and Rome*, vol. 1, Chichester, Wiley-Blackwell. https://doi.org/10.1002/9781118373057.ch0.

Jacob, Christian (2008), *Geografía y etnografía en la Grecia antigua*, Barcelona, Bellaterra arqueología.

Jeffreys, Elizabeth, John F. Haldon y Robin Cormack (eds) (2008), *The Oxford Handbook of Byzantine Studies*, Oxford, Oxford University Press.

Jones, Arnold H. M. y John R. Martindale y John Morris (1971-1992), *Prosopography of the Later Roman Empire,* Cambridge, Cambridge University Press.

Kiapidou, Eirene-Sophia (2025), *Byzantine Historiographical Prefaces (4th-15th Centuries),* Turnhout, Brepols.

Kotlinska-Toma, Agnieszka (2015), *Hellenistic Tragedy. Texts, Translations and a Critical Survey*, London, Bloomsbury Academic.

Kyriakou, Poulheria, Evina Sistakou, y Antonios Regnakos (eds.) (2021), *Brill's Companion to Theocritus*, Leiden, Brill. https://doi.org/10.1163/9789004466715.

Lauxtermann, Marc D. (2003-2019), *Byzantine Poetry from Pisides to Geometres. Texts and Contexts*, Viena, Verlag der Österreichischen Akademie der Wissenschaften. https://doi.org/10.2307/j.ctvckq2cc.

Long, Anthony A. (ed.) (1999), *The Cambridge Companion to Early Greek Philosophy,* Cambridge, Cambridge University Press. https://doi.org/10.1017/CCOL0521441226.

López Eire, Antonio (2002), *Poéticas y retóricas griegas*, Madrid, Síntesis.

López Férez, Juan A. (1988), *Historia de la Literatura Griega,* Madrid, Cátedra.

López Férez, Juan A. (coord.) (2004), *Mitos en la literature griega helenística e imperial*, Madrid, Ediciones Clásicas.

MacLeod, Roy (ed.) (1999), *The Library of Alexandria*, London, I. B. Tauris.

Maltomini, Francesca (2008), *Tradizione antologica dell´ epigramma greco: Le sillogi minori di età bizantina e umanistica*, Roma, Edizioni di storia e letteratura.

Marciniak, Przemyslaw y Ingela Nilsson (eds.) (2021), *Satire in the Middle Byzantine Period,* Leiden, Brill. https://doi.org/10.1163/9789004442566.

Martin, Gunther (2019), *The Oxford Handbook of Demosthenes*, Oxford, Oxford University Press. https://doi.org/10.1093/oxfordhb/9780198713852.001.0001.

Montanari, Franco (1998), *Storia della letteratura greca* (con una revisión en dos volúmenes en 2017), Roma, Laterza.

Montanari, Franco, Christos Tsagalis, y Antonios Rengakos (eds.) (2009) *Brill´s Companion to Hesiod*, Leiden – Boston, Brill. https://doi.org/10.1163/9789047440758.

Moreschini, Claudio y Enrico Norelli (1999), *Storia della letteratura cristiana antica greca e latina,* Brescia, Morcelliana.

Moreschini, Claudio y Enrico Norelli (2006), *Historia de la literatura cristiana antigua griega y latina*, Madrid, Biblioteca de Autores Cristianos (BAC).

Niehoff, Maren R. (2011), *Jewish Exegesis and Homeric Scholarship in Alexandria*, Cambridge, Cambridge University Press. https://doi.org/10.1017/CBO9780511732324.

Nieto Ibáñez, Jesús M. y Juana M. Torres Prieto (eds.) (2024), *Historia de la Literatura Cristiana en la Antigüedad,* Madrid, Ciudad Nueva.

Papaioannou, Stratis (ed.) (2021), *The Oxford Handbook of Byzantine Literature*, New York, Oxford University Press. https://doi.org/10.1093/oxfordhb/9780199351763.001.0001.

Papanghelis, Theodore D. y Antonios Rengakos (eds.) (2001), *A companion to Apollonius Rhodius*, Leiden – Boston, Brill.

Pfeiffer, Rudolf (1968), *History of Classical Scholarship. From the Beginnings to the End of the Hellenistic Age*, Oxford, Clarendon Press.

Pickard-Cambridge, Arthur Wallace (1969), *The Dramatic Festivals of Athens*, Oxford, Oxford University Press.

Piñero, Antonio (ed.) (2007), *Biblia y helenismo, el pensamiento griego y la formación del cristianismo*, Córdoba, El Almendro.

Piñero, Antonio y Jesús Peláez (1995), *El Nuevo Testamento. Introducción al estudio de los primeros escritos cristianos*, Córdoba, El Almendro.

Powell, Barry B. (2002), *Writing and the Origins of Greek Literature*, Cambridge, Cambridge University Press.

Prieto Domínguez, Óscar (2021), *Literary Circles in Byzantine Iconoclasm,* Cambridge, Cambridge University Press. https://doi.org/10.1017/9781108868129.

Ready, Jonathan L. y Christos Tsagalis (2018), *Homer in Performance: Rhapsodes, Narrators and Characters,* Austin, University of Texas Press.

Reverman, Martin (ed.) (2014), *The Cambridge Companion to Greek Comedy,* Cambridge, Cambridge University Press. https://doi.org/10.1017/CCO9781139015356.

Reynolds, Leighton D. y Nigel G. Wilson (1975), *Scribes and Scholars: a Guide to Transmission of Greek and Latin Literature*, Oxford, Clarendon Press.

Reynolds, Leighton D. y Nigel G. Wilson (1995), Copistas y filólogos, Madrid, Gredos.

Rhoby, Andreas (2022), *La letteratura bizantina. Un profilo storico*, Roma, Carocci Editore.

Riaño Alonso, Juan J. (2005), *Poetas, filósofos, gramáticos y bibliotecarios. Origen y naturaleza de la antigua Biblioteca de Alejandría*, Gijón, Trea Ediciones.

Richter, Daniel S. y William A. Johnson (eds.) (2017), *The Oxford Handbook of the Second Sophistic*, Oxford, Oxford University Press. https://doi.org/10.1093/oxfordhb/9780199837472.001.0001.

Rodríguez Adrados, Francisco (ed.) (2008), *Veinte años de filología griega (1984-2004),* Madrid, Consejo Superior de Investigaciones Científicas.

Rodríguez Horrillo, Miguel Ángel (2012), *Nacimiento y consolidación de la historiografía griega,* Zaragoza, Publicaciones Universidad de Zaragoza. https://doi.org/10.26754/uz.978-84-15770-11-4.

Ronconi, Filippo (2022), *Aux racines du livre. Métamorphoses d'un objet de l'Antiquité au Moyen Âge*, Paris, Editions de l'École des Hautes Études en Sciences Sociales.

Saïd, Suzanne, Tréde, Monique y Alain Le Boulluec (1990), *Histoire de la littérature grecque*, París, Presses Universitaires de France.

Signes Codoñer, Juan (2004), *Escritura y literatura en la Grecia arcaica,* Madrid, Akal.

Signes Codoñer, Juan (2019), *Breve guía de la literatura griega de Hesíodo a Pletón*, Madrid, Cátedra.

Signes Codoñer, Juan (2023), «Traducciones castellanas y catalanas de textos bizantinos», *Estudios Clásicos*, 163, pp. 69-111. https://doi.org/10.48232/eclas.163.05.

Simms, Robert C. (2018), *Brill's Companion to Prequels, Sequels, and Retellings of Classical Epic*, Leiden – Boston, Brill.

Swift, Laura (2022), *A Companion to Greek Lyric*, Oxford, Wiley Blackwell. https://doi.org/10.1002/9781119122661.

Thomas, Rosalind (1989), *Oral Tradition and Written Record in Classical Athens*, Cambridge, Cambridge University Press. https://doi.org/10.1017/CBO9780511597404.

Titchener, Frances B. y Zadorojnyi, Alexei V. (eds.) (2023), *The Cambridge Companion to Plutarch*, Cambridge, Cambridge University Press. https://doi.org/10.1017/9780511986451

Torres Guerra, José B. (2019), *Introducción a la Literatura Griega antigua*, Madrid, Síntesis.

Whitmarsh, Tim (2004), *Greek Literature and the Roman Empire*, Oxford, Oxford University Press.

Willi, Andreas (2002), *The Language of Greek Comedy*, Oxford, Oxford University Press. https://doi.org/10.1093/acprof:oso/9780199245475.001.0001.

Young, Frances, Lewis Ayres y Andrew Louth (eds.) (2008), *The Cambridge History of Early Christian Literature*, Cambridge, Cambridge University Press.

Recursos en línea

Altripp, Michael, Lars Hoffmann y Christos Stavrakos, *Byzantioς. Studies in Byzantine History and Civilization* (eds.). Disponible en https://www.brepols.net/series/sbhc#publications (fecha de consulta: 19 de mayo de 2025).

González, José M. (2013), *The Epic Rhapsode and his Craft: Homeric Performance in a Diachronic Perspective*, Washington D.C., Center for Hellenic Studies - Harvard Univeristy Press. Disponible en http://nrs.harvard.edu/urn-3:hul.ebook:CHS_GonzalezJ.The_Epic_Rhapsode_and_his_Craft.2013, (fecha de consulta: 19 de mayo de 2025).

Jeffreys, Michael, *Prosopography of the Byzantine World (PBW)*, disponible en https://pbw2016.kdl.kcl.ac.uk/, (fecha de consulta: 19 de mayo de 2025).

Liceus, *Cursos de Humanidades Online, Master, Posgrados - LICEUS Formación*. Disponible en https://www.liceus.com (fecha de consulta: 19 de mayo de 2025).

Lilie, Ralph-Johannes, Claudia Ludwig, Beate Zielke y Thomas Pratsch (2013), *Prosopographie der mittelbyzantinischen Zeit Online*. Disponible en Prosopographie der mittelbyzantinischen Zeit Online (degruyter.com), (fecha de consulta: 19 de mayo de 2025).

Nagy, Gregory (1996), *Homeric Questions*, Austin, University of Texas. Disponible en http://nrs.harvard.edu/urn-3:hul.ebook:CHS_Nagy.Homeric_Questions.1996, (fecha de consulta: 19 de mayo de 2025).

Nagy, Gregory (2003), *Homeric Response*, Austin, University of Texas. Disponible en http://nrs.harvard.edu/urn-3:hul.ebook:CHS_Nagy.Homeric_Responses.2003,   (fecha de consulta: 19 de mayo de 2025).

Nagy, Gregory (2008), *Homer the Classic*, Washington D.C., Center for Hellenic Studies - Harvard   Univeristy   Press.   Disponible   en   http://nrs.harvard.edu/urn-3:hul.ebook:CHS_Nagy.Homer_the_Classic.2008, (fecha de consulta: 19 de mayo de 2025).

Nagy, Gregory (2009), *Homer the Preclassic*, Washington D.C., Center for Hellenic Studies - Harvard   Univeristy   Press.   Disponible   en   http://nrs.harvard.edu/urn-3:hul.ebook:CHS_Nagy.Homer_the_Preclassic.2009, (fecha de consulta: 19 de mayo de 2025).

Parry, Milman (1928), *Les formules et la métrique d'Homère*, Paris, Les Belles Lettres. Disponible   en   http://nrs.harvard.edu/urn-3:hul.ebook:CHS_ParryM.Les_Formules_et_la_Metrique_d_Homere.1928, (fecha de consulta: 19 de mayo de 2025).

Sociedad   Española   de   Bizantinística   (SEB),   *Publicaciones*.   Disponible   en https://bizantinistica.es/novedades-bibliograficas/, (fecha de consulta: 19 de mayo de 2025).

Société Internationale de Bibliographie Classique, *L'Année philologique*. Disponible en https://about.brepolis.net/lannee-philologique-aph/, (fecha de consulta: 19 de mayo de 2025).

4. Sobre la Historia, Historia del Arte, Arqueología y Geografía

Alfredo Calahorra Bartolomé[1]

Instituto de Lenguas y Culturas del Mediterráneo y Oriente Próximo

1. Introducción

Existen varias introducciones a la filología griega con objetivos semejantes a los del presente volumen, y todas ellas contienen apartados destinados a la historia de Grecia, ya sea desde un punto de vista histórico o historiográfico-bibliográfico, como las editadas por Martínez Díez (1984), Nesselrath (1997), Rodríguez Adrados, Berenguer Sánchez, Luján Martínez y Rodríguez Somolinos (2008) o Schaps (2010). Igual que en estos casos, se pretenderá ofrecer una perspectiva global, por fuerza incompleta, con una intención orientadora, que bascule esencialmente entre las grandes obras de referencia y las aportaciones recientes. Me centraré, fundamentalmente, en libros de consulta, manuales y monografías, que permitan establecer un punto de partida para el estudio de las cuestiones abordadas en este capítulo: Historia, Historia del Arte, Arqueología y Geografía.

2. Sobre la Historia

2. 1. Obras generales

Para comenzar cualquier aproximación contamos con obras enciclopédicas de referencia como la *Realencyclopädie der classischen Altertumswissenschaft* (*RE*) y *Der neue Pauly*, editada por Hubert Cancik y Helmuth Schneider (1996-2003), que puede consultarse también *online*.[2] No deben obviarse otros compendios inconclusos

---

[1] Correo electrónico: alfredo.calahorra@cchs.csic.es.

[2] Disponible en https://referenceworks.brillonline.com/browse/der-neue-pauly (fecha de consulta: 4 de abril de 2025).

o de menor alcance, como el *Dictionnaire des Antiquités Grecques et Romaines* editado por Charles Victor Daremberg y Edmond Saglio (1877-1919) (disponible *online*)[3] o las enciclopedias del mundo clásico de William Smith. El manual de historia por excelencia es la *Cambridge Ancient History* (*CAH*) en su segunda edición, que abarca desde la Prehistoria hasta la Antigüedad Tardía, centrándose particularmente en el mundo grecorromano. Aunque tiene un enfoque predominantemente político, incluye capítulos dedicados a la economía, la sociedad y la cultura. Específicamente dedicada al mundo griego contamos con la colección *I Greci*, dirigida por Settis (1996-2002). Su segundo volumen, dividido a su vez en tres tomos, aborda la historia de Grecia desde sus orígenes hasta el siglo II d. C. Como obras de síntesis pueden citarse Bengtson (2009), Hammond (1986) o Musti (2006), que se basan fundamentalmente en las fuentes literarias. Las aportaciones que forman parte de la *Routledge History of the Ancient World* para los Periodos Arcaico, Clásico y Helenístico (Osborne, 1996; Hornblower, 2011; Shipley, 2000) reflejan la evolución de las tendencias para aproximarse a la disciplina, partiendo desde un desarrollo casi exclusivamente político-militar, en el volumen más temprano, hasta un enfoque temático, ahora predominante, en el que los hechos históricos sirven como marco para aproximarse a la sociedad, la cultura, el desarrollo intelectual y científico, las identidades o la recepción del mundo clásico. Esta es la perspectiva que encontraremos en otras obras colectivas de referencia como Boardman, Griffin y Murray (2001), Cartledge (2002) o Bispham, Harrison y Sparkes (2010). Por ejemplo, el primero se ocupa de cada periodo de la historia de Grecia y lo acompaña de apartados que abordan algunas de sus características más importantes: para el Periodo Arcaico, las figuras de Homero, Hesíodo, los poetas líricos y los primeros filósofos; para el Clásico, la tragedia, la historia y la filosofía; para el Helenístico, la cultura y la ciencia. Acompañan a estos otros capítulos más generales sobre la sociedad, la religión y el arte. En español destaca Hidalgo de la Vega, Sayas Abengochea y Roldán Hervás (2013). Presenta el esquema de un manual universitario, con una estructura clara y bien organizada que abarca la historia de Grecia desde la Edad del Bronce hasta la conquista romana. Aunque el eje vertebrador de la obra consiste en un desarrollo cronológico de la historia política, no faltan secciones dedicadas a la cultura, el pensamiento, la sociedad, la economía y la producción artística de cada uno de los periodos que se tienen en consideración.

2. 2. La Edad del Bronce

Lo dicho para estos volúmenes puede aplicarse igualmente a otros textos que abordan periodos o problemáticas históricas específicas. Dickinson (2006) ofrece una visión general de la Edad del Bronce en Grecia, desde el final del Neolítico hasta la

---

[3] Disponible en https://dagr.univ-tlse2.fr/ (fecha de consulta: 4 de abril de 2025).

crisis del mundo micénico. Shelmerdine (2010) abarca una cronología semejante. Estos libros desarrollan la cultura cicládica, el auge de los palacios en Creta, la llegada de los indoeuropeos y el predominio de los micénicos, atendiendo a la administración, la economía, el comercio, la producción artesanal y las prácticas religiosas y funerarias. Chadwick (1976) puede considerarse una recreación de la cultura micénica, con especial atención a la administración y la economía, aunque se centra casi exclusivamente en las tablillas. Esto puede subsanarse con Hooker (2015), que otorga más valor a las fuentes literarias. En nuestra lengua puede consultarse el libro publicado con motivo de la exposición dedicada al mundo micénico que acogió en 1991 el Museo Arqueológico Nacional (Melena Jiménez, 1991). Al tratarse de un catálogo predomina un enfoque arqueológico, con particular interés en las tablillas, por un lado, y en la producción material, por otro (desde la arquitectura a la cerámica, la metalistería o la glíptica). Si bien desde esta perspectiva, no descuida aspectos más concretos como la religión o la expansión de los aqueos por el Mediterráneo.

2. 3. Periodos Postmicénico y Arcaico

Para los Periodos Postmicénico y Arcaico destacamos Murray (1993) y Baurain (1997), que combinan un interés particular por aspectos socioeconómicos con la historia del desarrollo cultural, prestando especial atención al auge de los relatos mitológicos, la literatura y la adopción del alfabeto. Se destaca también la influencia de las culturas orientales, sobre todo de los fenicios, en la configuración de la civilización griega que desembocará, más tarde, en el Periodo Arcaico. Para esta cuestión de los influjos exteriores puede recurrirse a Burkert (1998), que no sólo apunta a la influencia levantina, sino también a la mesopotámica. Un enfoque del tema anterior, pero desde el prisma literario, es West (1997). Hall (2007) propone una visión global de la época, aunque cuestiona el valor de las fuentes escritas. Esto lo subsana con una aproximación no lineal, sino de bloques temáticos, en los que insiste en la diversidad regional que caracteriza al mundo arcaico. Entre estos bloques aborda cuestiones cardinales para la época como la aparición de la *polis* o la fundación de colonias. También se examinan con atención aspectos políticos y sociales, como la aparición de la aristocracia o la conceptualización del *demos*, o económicos, como la aparente contradicción entre un mundo esencialmente agrario y la vocación comercial de los griegos. Shapiro (2009) también presenta una organización temática, pero sirve de complemento al abordar temas descuidados en el anterior, como la literatura, la filosofía y la cultura material. También temática es la aproximación de Raaflaub y van Wees (2013), con un bloque para la historia, otro específico para cada región de Grecia y finalmente otro heterogéneo donde se desarrollan cuestiones como el liderazgo, la religión, la economía o el florecimiento de las ciudades. El surgimiento de la *polis* es una cuestión relevante que atañe a este periodo. Aunque se aborda en todas las obras de referencia, podemos mencionar a Polignac (1984), que destacó el papel de los santuarios como elemento aglutinador de las comunidades. Hansen (2006) recuerda la condición polisémica del término *polis*, que abarca desde la geografía hasta lo institucional, e incide en la necesidad de interpretarlo en los mismos términos que los autores antiguos, evitando definiciones demasiado restrictivas. Otro fenómeno característico de la etapa arcaica es la colonización. Además de los respectivos apartados en las obras generales citadas, hay que mencionar la aportación clásica de Boardman (1999), que revisa los distintos focos de la actividad colonial de los griegos en el Mediterráneo y el Mar Negro. Esta puede complementarse con los dos volúmenes de Tsetskhladze (2008) y los estudios de la colección *Greeks Overseas*, particularmente Malkin (2011), que actualiza la cuestión y la contempla desde la perspectiva de la teoría de redes. En español, Domínguez Monedero (1996) nos ofrece un panorama de la fundación de las colonias griegas en la Península Ibérica y su influencia en los pueblos autóctonos. Del mismo autor (1991) contamos con una síntesis del Periodo Arcaico estructurada, precisamente, en torno a estos dos ejes, el de la formación de la *polis* y la colonización.

2. 4. Periodo Clásico

El Imperio Persa alcanzó en el ámbito de influencia helena sus límites más occidentales, al mismo tiempo que se considera que comienza la fase clásica de la civilización griega. Para abordar el conflicto entre griegos y medos puede consultarse Lazenby (1993), que se encarga del desarrollo estrictamente político y militar, y Milles (1997), que se centra en la influencia cultural mutua que se estableció entre persas y atenienses, tanto antes como después del estallido del conflicto. Para el Periodo Clásico propiamente dicho Powell (2016) o Rhodes (2006) presentan el desarrollo político y militar, con breves capítulos dedicados a la cultura o el arte. Con un enfoque similar, la aportación más completa son quizá los dos volúmenes dedicados a los siglos V y IV a. C. de Briant *et al.* (1995) y Brulé *et al.* (2004), respectivamente. Se centran esencialmente en la historia política, y lo hacen desde la perspectiva de Atenas, aunque también se estudian algunos aspectos concretos como la economía y la religión. Pueden encontrarse aproximaciones más holísticas en Osborne (2000) y Kinzl (2006), con capítulos o apartados dedicados a la vida cotidiana, los cambios sociales, la guerra, la religión o las instituciones. En mayor o menor medida estos títulos se centran en Atenas y Esparta. Para asomarnos al resto de territorios griegos podemos recurrir al ya citado trabajo de Hornblower (2011). En lo que respecta al imperio ateniense, Meiggs (1972) basa su trabajo fundamentalmente en los textos y la epigrafía. Más recientemente, Low (2008) ha coordinado una obra colectiva en la que, además de los hechos históricos, se analizan otras cuestiones como el discurso que sustentó la expansión de Atenas, su legitimación a través del arte o su registro arqueológico. Al tratar un arco temporal relativamente acotado, Samons (2010) presenta una revisión muy completa del apogeo de Atenas. Se abordan la economía, la religión, la guerra, el esplendor artístico y otros temas específicos, como la democracia y sus instituciones o la relación entre este sistema político y el teatro. Para la guerra del Peloponeso puede consultarse la síntesis de Kagan (2003), que resume su obra clásica en cuatro volúmenes acerca del mismo tema. Una visión global de la época en la que se desarrolló el conflicto, en español, es Plácido Suárez (1997). La primera parte de este libro aborda desde un punto de vista político el desarrollo del conflicto entre Atenas y Esparta, con un apartado concreto para la figura de Pericles. La segunda parte, en cambio, ofrece una perspectiva general de la sociedad ateniense: se estudian aspectos económicos, como la producción agrícola, el comercio y la artesanía, otros políticos, como los órganos de gobierno, para terminar con aspectos culturales como la religión, el teatro y el esplendor artístico que caracterizó a este periodo.

Aunque existieron otras formas de organización política, como la monarquía (Carlier, 1984) o las tiranías (Andrewes, 1963), uno de los aspectos más estudiados en relación con el Periodo Clásico es la democracia ateniense (para el pensamiento político griego pueden consultarse Salveker, 2009 o Beck, 2013). Stockton (1990) puede utilizarse como introducción a este sistema político. Atiende a su historia, sus instituciones, así como a sus principales figuras y opositores. Se destaca como idea general la implicación de la ciudadanía en el devenir político de la *polis*. No obstante, Sinclair (1988) recuerda que sólo un restringido grupo de ciudadanos podía participar en las votaciones o formar parte de las instituciones. Incide en el papel crucial de los líderes políticos y la manera en que, gracias al discurso, condicionaban la opinión de los habitantes de la ciudad. A este respecto, Ober (1989) señala cómo la creación de *topoi* propios del discurso político permitían orientar las decisiones adoptadas en las votaciones. Contamos también con Ostwald (1986), que propone un estudio diacrónico del fenómeno democrático desde sus orígenes en Solón y Clístenes hasta las amnistías que siguieron a la caída de los treinta tiranos. Además, es de gran interés la idea que recorre su desarrollo: la democracia se transforma en su concepción y aplicación, evolucionando desde la soberanía popular hasta la soberanía de la *politeia* o constitución política. Los principios institucionales de esta constitución ateniense pueden consultarse en MacDowell (1986), que aborda globalmente las leyes de Atenas: su desarrollo histórico, sus instituciones y su aplicación en todos los ámbitos, desde la administración local hasta el matrimonio o la religión. Fouchard (1997) aborda la implantación del sistema democrático desde la perspectiva de su oposición, que conceptualiza como la ideología aristocrática. Se centra para ello en cuestiones sociales y del pensamiento político. Musti (1995) es un estudio minucioso sobre la democracia ateniense centrado en el periodo pericleo y el siglo IV. Se abordan las consecuencias sociales, públicas y privadas, derivadas de la implantación de este sistema político, así como sus instituciones. De particular interés resulta su análisis de la percepción de la democracia entre sus contemporáneos. Arnason, Raaflaub y Wagner (2013) reúne contribuciones de varios autores para presentar una visión total de la democracia ateniense: la ley, los órganos de gobierno, los distintos niveles de participación, la importancia de formas de expresión como el teatro, el discurso público y la historia, las limitaciones del sistema que se manifestaron durante la guerra, etc. En español contamos con una historia tipo manual de la democracia ateniense en Sancho Rocher (2021), organizada cronológicamente, con una perspectiva predominantemente política y terminológica, que incluye un provechoso capítulo inicial a modo de actualización bibliográfica. Otro análisis de la democracia ateniense, pero enfocado desde la cultura, el pensamiento y la filosofía, centrado en las tragedias de Esquilo, es Gallego (2003).

2. 5. Periodo Helenístico

Los orígenes del Periodo Helenístico están en el auge del reino de Macedonia. Borza (1997) es una introducción que trata desde la prehistoria hasta los reinados de Filipo II y Alejandro. Puede complementarse con Roisman y Worthington (2010), con una horquilla más amplia, que cubre la historia de la región hasta el final de la Antigüedad. Además de la perspectiva histórico-política, se abordan aspectos específicos de la sociedad, la economía y la cultura. En todo caso, la obra de referencia son los tres volúmenes de Hammond, Griffith y Wallbank (1972), Hammond y Griffith (1979) y Hammond y Wallbank (1988), que cuentan también con una síntesis en Hammond (1989), que se ciñe a los acontecimientos políticos. En relación con las instituciones de la monarquía macedonia deben consultarse los dos volúmenes de Haztopoulos (1996), que aúnan la documentación histórica y epigráfica al respecto. Alejandro Magno ha generado una inmensa cantidad de bibliografía, ya sea en relación con el personaje histórico, el uso político de su figura o su trascendencia legendaria. El conquistador macedonio cuenta con obras de referencia como Roisman (2003) o Heckel y Tritle (2009), que reúnen distintas contribuciones relativas a sus campañas militares, el gobierno o la relación que estableció con los pueblos sometidos. En lo que respecta a la inmediata utilización política de Alejandro entre los diádocos, destaca Bosworth (2002), con un importante capítulo final dedicado a los instrumentos legitimadores de las monarquías helenísticas. La trascendencia del personaje como héroe mítico, especialmente a través de las diversas tradiciones del *Romance*, ha sido abordada por Stoneman (2008). Briant (2016) también propone un recorrido por las distintas lecturas del personaje a través de la historia. En español, con una perspectiva más general, tanto biográfica como de su proyección posterior, puede consultarse Guzmán Guerra y Gómez Espelosín (2005). En lo que respecta a Alejandro, también hay que señalar que, si bien está enfocado a la literatura, el proyecto *A Hellenistic Bibliography*, cuenta con un apartado dedicado exclusivamente a la figura del macedonio.[4]

En lo que se refiere al Periodo Helenístico propiamente dicho, no se deben olvidar los apartados específicos en las obras de referencia citadas anteriormente.

---

[4] Disponible en https://sites.google.com/site/hellenisticbibliography/ (fecha de consulta: 4 de abril de 2025).

Precisamente para referencias rápidas, y muy útil por su apartado bibliográfico, destaca el *Lexikon* de Schmitt y Vogt (2006). El desarrollo político puede consultarse en detalle en obras como Errington (2008), Will (2003), Grandjean, Hoffmann, Capdetrey y Carrez-Maratray (2008), o como Wallbank (1993), más somera, con un enfoque de tipo manual, pero con apartados para aspectos concretos como la ciudad, la economía, la religión y el pensamiento. Como síntesis suele citarse Green (1990), aunque también se le ha criticado con frecuencia por sus carencias bibliográficas. Los dos volúmenes de Préaux (1997 y 2002) son quizá la visión de conjunto más completa producida en las últimas décadas. El primero presenta detalladamente el desarrollo histórico-político en sus distintos contextos geográficos. Después se analizan estos eventos temáticamente, atendiendo al establecimiento de las distintas dinastías, la guerra y la economía. El segundo volumen continúa abordando el periodo desde este punto de vista temático, encargándose del auge de las ciudades, la hibridación y el sincretismo (cultural, lingüístico, religioso, institucional…), la filosofía y la ciencia, la religión, etc. Contamos también con obras colectivas como Erskine (2005) o Bugh (2006), con contribuciones que abordan aspectos específicos. El primero presenta un desarrollo paralelo al de Préaux, que comienza con un apartado histórico-político con secciones concretas para las dinastías más importantes y se centra luego en cuestiones diversas como la sociedad, la economía y la religión. El segundo texto citado carece de introducción histórica y presenta una aproximación por bloques temáticos, con un enfoque marcadamente cultural, con particular atención al arte, la filosofía, la ciencia y la literatura. Para cada dinastía y territorio existen aproximaciones monográficas, como la de Sherwin-White y Kuhrt (1993) para los seléucidas, Billows (1990) para los antigónidas o Hölbl (2003) para los ptolomeos. Podemos concluir mencionando la colección *Hellenistic Culture and Society* de la Universidad de California, con estudios de diversa índole, aunque destacan aquellos dedicados a la historia intelectual.

3. SOBRE LA HISTORIA DEL ARTE Y LA ARQUEOLOGÍA

3. 1. Obras generales

La Historia del Arte es una disciplina que suele quedar desatendida en las introducciones a la Filología Clásica. Sin embargo, los vestigios físicos constituyen una contrapartida material de los textos que nos permite caracterizar con mayor precisión una cultura. Además, pueden resultar muy útiles para labores que sí atañen particularmente al filólogo, como el análisis de una écfrasis o de una inscripción. En general, no cabe olvidar que los libros tipo *Companion* o *Handbook* que se han citado suelen contener una o más secciones dedicadas al arte y la arqueología del periodo específico que abordan. Contamos también con varios de ellos dedicados exclusivamente al arte y la arquitectura. Smith y Plantzos (2013) está muy bien organizado, con cuatro grandes bloques dedicados a los objetos y los artistas, a su distribución geográfica y procedencia, respectivamente, a su lectura social y, finalmente, a la recepción del arte griego en épocas posteriores. Marconi (2015) se ocupa de cinco grandes bloques temáticos, uno teórico, otro dedicado al ejercicio del arte, otro al contexto en el que se producía, otro a la recepción y finalmente uno relativo a las diversas metodologías empleadas para estudiar el arte antiguo. Milles (2016) está dedicado a la arquitectura. Sus aportaciones cubren los orígenes de la arquitectura griega y algunas cuestiones técnicas. Se abordan los templos y la arquitectura civil, con el foco puesto en su contexto dentro de la *polis*. Por último, se incluye otro apartado dedicado a la recepción. Palagia (2019) coordina a su vez varias contribuciones sobre escultura griega partiendo de la documentación epigráfica o literaria. Se analizan luego sus funciones, el desarrollo cronológico de los distintos estilos y las especificidades regionales. Continúa con los escultores griegos de época romana y concluye con sendas secciones dedicadas a la técnica y la recepción. Como síntesis de tipo manual para el arte griego en general pueden mencionarse Richter (1987), Boardman (1985) y Boardman *et al*. (1994), Pedley (2012) y Barringer (2015), entre otros.

Para el arte cicládico, minoico y micénico destacan Hood (1994) o Poursat (2022) con una perspectiva temática, según cada tipo de producción, desde la arquitectura a la cerámica o la glíptica. Si se prefiere un enfoque cronológico pueden complementarse con Boardman (1978), Preziosi y Hitchcock (1999) y Betancourt (2007). Coldstream (2003) se encarga del Periodo Geométrico con una aproximación esencialmente histórico-artística, estructurada en torno a los distintos escenarios geográficos. Para completarlo se puede recurrir a Whitley (2003) y Langdon (2010), que proponen una lectura social de los temas de la cerámica geométrica, distanciándose de la visión tradicional que los consideraba dependientes de los relatos épicos. Para los Periodos Arcaico y Clásico, Osborne (1998) puede consultarse a modo de introducción. Más específicos son Pollitt (1972) y Stewart (2008), cuyo principal objetivo consiste en enmarcar la producción artística del Periodo Clásico en su contexto cultural. Una lectura política del arte de la Atenas de Cimón y Pericles puede encontrarse en Castriota (1992). Para la obra emblemática de este periodo, el Partenón, se pueden consultar Brommer (1979), Boardman (1985b), Palagia (1998), Neils (2006) y Jenkins (2007), que analizan su decoración escultórica. El arte del siglo IV a. C., por su parte, puede estudiarse con Ridgway (1997), para la aparición y desarrollo de diversos estilos nuevos, y Childs (2018) que propone una lectura social de los mismos. Finalmente, el periodo helenístico ha sido tratado por Pollitt (1986), en la línea de los manuales, y Stewart (2014), que aborda el arte de la época usando como ejes temáticos el Altar de Pérgamo y la técnica del mosaico.

3. 2. Arquitectura, escultura y pintura

Para la arquitectura griega los manuales de referencia son Lawrence (1996) y Tomlison (1989), que pueden complementarse con Milles (2016), que citamos más arriba, para cuestiones específicas. La escultura arcaica y clásica puede abordarse con Boardman (1978b y 1985), y su desarrollo en el Periodo Helenístico con Smith (1991). Ante la desaparición de muchas de las obras originales podemos recurrir a Muller-Dufeu (2002), sobre las referencias escritas a la escultura, y *Perseus*, donde puede consultarse *One Hundred Greek Sculptors, Their Careers and Extant Works*, una recopilación de las fuentes que mencionan a los escultores griegos, elaborada por Stewart.[5] Para la pintura de vasos, de nuevo Boardman (2006), y el *Corpus Vasorum Antiquorum* (*CVA*), que pretende reunir todos los testimonios al respecto.[6] Además, puede consultarse *online* a través de la web del *Classical Art Research Centre* de Oxford, que también pone a disposición de los usuarios el *Beazley Archive Pottery Database* (*BAPD*), con miles de entradas adicionales.[7] En el caso de la pintura sobre otros soportes, casi siempre desaparecida, contamos con la clásica recopilación de textos al respecto conocida como *Recueil Milliet*, Reinach (1995). Finalmente, para la pintura en general, con aproximación de tipo manual, Pollitt (2015), y para el mosaico, Dunbabin (2006). Como lexicón de artistas antiguos existe Vollkommer (2001-2004), en dos volúmenes.

Si se consideran cuestiones relativas a la iconografía es ineludible la referencia al *Lexicon Iconographicum Mythologiae Classicae* (*LIMC*). Se trata de un extenso corpus con entradas dedicadas a los principales personajes y temas de la mitología griega. Existe una versión *online*, *Digital LIMC*, con un *corpus* importante de imágenes, pero sin las entradas de texto.[8] Otro recurso *online* de gran utilidad es *Theoi*, una web que contiene descripciones de los principales dioses, héroes y bestias de la mitología griega y las menciones más importantes a los mismos en las fuentes.[9] El manual de referencia para mitología es el clásico de Rose (1990), que puede actualizarse con Hard (2020).

En español contamos sobre todo con los trabajos de Elvira Barba. En lo que respecta al arte griego propiamente dicho cuenta con dos manuales, uno muy extenso, quizá de los más completos elaborados hasta la fecha (2013), y otro más breve que lo resume, ideal para consultas puntuales (1996). También ha compuesto una historia

---

[5] Disponible en https://www.perseus.tufts.edu/hopper/text?doc=Perseus:abo:sec,00024 (fecha de consulta: 4 de abril de 2025).

[6] Disponible en https://www.carc.ox.ac.uk/cva/ (fecha de consulta: 4 de abril de 2025).

[7] Disponible en https://www.carc.ox.ac.uk/carc/pottery (fecha de consulta: 4 de abril de 2025).

[8] Disponible en https://weblimc.org/ (fecha de consulta: 4 de abril de 2025).

[9] Disponible en https://www.theoi.com/ (fecha de consulta: 4 de abril de 2025).

(2019), enfocada desde el punto de vista de los artistas y sus obras. Cuenta además con un manual de iconografía (2008).

3. 3. Arqueología

Para la arqueología podemos citar igualmente varios volúmenes de referencia. Biers (1997) incorpora un capítulo de introducción a la arqueología y luego analiza cronológicamente su desarrollo desde la Creta minoica hasta el mundo helenístico. Whitley (2001) tiene un planteamiento semejante, pero sólo cubre los Periodos Arcaico y Clásico. Por el contrario, Bintliff (2012) tiene la ventaja de cubrir no solo la Grecia antigua, sino también el Medievo, la Modernidad y la época contemporánea. En esta línea, Medwid (2000) es una historia de la arqueología en Grecia desde la perspectiva de los principales arqueólogos clásicos. Alcock y Osborne (2012) presentan varias aportaciones que se ocupan, esencialmente, de cuestiones metodológicas y de definición de la disciplina. Finalmente, cabe mencionar, para la arqueología de Atenas, Camp (2001), una guía arqueológica de la ciudad y la región del Ática desde la prehistoria hasta la Antigüedad Tardía.

4. SOBRE LA GEOGRAFÍA

4. 1. Obras generales

La geografía resulta fundamental, ya sea para cuestiones básicas, como ubicar con precisión los acontecimientos descritos en los textos, u otras más complejas, como analizar la articulación de un estado, la distribución de una población en el territorio o sus características etnográficas. En ese sentido, el *Barrington Atlas of the Greek and Roman World* es la colección cartográfica de referencia. Incluye mapas de gran formato desde la Península Ibérica hasta la Bactria, comprendiendo desde el 1000 a. C. hasta el siglo VII d. C. Para el Periodo Bizantino contamos con la *Tabula Imperii Byzantini* (*TIB*) que cuenta ya con trece volúmenes publicados y una versión *online*.[10] Por su parte, Sonnabend (1999) propone una enciclopedia con más de doscientas entradas relativas a la geografía en la Antigüedad, considerándose desde terminología técnica hasta los principales autores. Hansen y Nielsen (2004) es un catálogo de las *poleis* griegas, organizadas por regiones y acompañadas de todas aquellas referencias conocidas. Incluye una extensa introducción con precisiones denominativas, históricas, institucionales y morfológicas, así como varios índices que facilitan la consulta.

_____

[10] Disponible en https://tib.oeaw.ac.at/ (fecha de consulta: 4 de abril de 2025).

4. 2. La Geografía en la Antigua Grecia

La geografía también fue un ámbito de conocimiento y un género literario cultivado por los antiguos griegos. Como introducciones a la geografía antigua se puede mencionar a Jacob (1991) y Cordano (2002), que recorren la producción geográfica griega desde Homero hasta Estrabón, y a Dueck (2012), que aborda la geografía como objeto de la literatura y como disciplina científica, por un lado, y su plasmación en la cartografía, por otro. Bianchetti, Cataudella y Gehrke (2015) reúne distintas aportaciones a la historia de la geografía antigua, desde Heródoto hasta Eusebio de Cesarea. Cuenta con artículos dedicados a cuestiones diversas: a la obra de los principales geógrafos, como Eratóstenes, Estrabón, Plinio o Ptolomeo; a los límites del mundo y a los fenómenos que contribuyeron a ensancharlos, como la expedición de Alejandro; al nacimiento de la cartografía, etc. Otro título relevante es Kowalski (2012), que analiza la importancia que tuvo la navegación de cabotaje para trazar la geografía de la ecúmene grecorromana. Además, incorpora un extenso léxico técnico relativo al mundo naval y geográfico. Como introducción en español podemos mencionar Gómez Espelosín (2000), que aborda la manera en que los griegos fueron, poco a poco, expandiendo su horizonte geográfico, con atención particular al fenómeno del viaje. Un desarrollo completo de los conocimientos geográficos antiguos y los principales autores del género, con la ventaja de alcanzar el Periodo Bizantino, es Molina Marín (2010). Tampoco puede excluirse la referencia a las *Fontes Hispaniae Antiquae* (*FHA*), un corpus de todas las referencias a la Península Ibérica en los textos de la Antigüedad, desde el siglo VI a. C. hasta la llegada de los godos.

4. 3. Recursos digitales para geografía antigua

Por sus propias características, la disciplina geográfica ha sido objeto de varias aproximaciones emprendidas desde la perspectiva de las humanidades digitales. La principal institución a este respecto es el *Ancient World Mapping Center* (*AWMC*), que se encargó en su momento de concluir el *Barrington Atlas* y gestiona numerosos proyectos relacionados con la geografía antigua, especialmente del entorno mediterráneo.[11] Su página web contiene muchos recursos útiles, como mapas de gran formato para descargar o enlaces a otras iniciativas afines. Entre otras cosas, ha producido *Antiquity à-la-carte*, un atlas *online* del Mediterráneo antiguo desde el Periodo Arcaico al Tardorromano.[12] Se mencionan a continuación otros proyectos

---

[11] Disponible en https://awmc.unc.edu (fecha de consulta: 4 de abril de 2025).
[12] El proyecto digital *Antiquity à-la-carte* no se encuentra disponible desde el 16 de enero de 2024, pero se está desarrollando que lo reemplazará denominado *AWMC Interactive*, disponible en

importantes. *Pleiades*, es una base de datos geográficos de la Antigüedad. Ubica las localizaciones antiguas, propone una selección de las menciones del lugar en las fuentes y presenta una bibliografía esencial con enlaces a obras de referencia como la *Realencyclopädie*.[13] *Trismegistos* es una amplísima base de datos que abarca desde la prosopografía hasta los objetos artísticos. Se nutre esencialmente de datos procedentes de los papiros y la epigrafía. Entre otros objetivos, pretende mapear todos los lugares mencionados en estos documentos, además de señalar aquellos enclaves donde se compusieron textos o donde se conservan hoy. Hasta el momento sólo se ha completado la región de Egipto, aunque buena parte de las referencias procedentes de las inscripciones latinas distribuidas por el Imperio Romano también han sido incluidas.[14] *ToposText* es una iniciativa semejante pero centrada en hitos relevantes. Destaca sobre todo por incorporar en su base de datos no sólo las referencias, sino los textos íntegros que se citan en el mapa.[15] El *Digital Atlas of the Roman Empire* incorpora sobre el mapa ciudades, asentamientos, villas, calzadas y otras infraestructuras, y cuenta con una herramienta de gran utilidad que nos permite comparar el despliegue antiguo con el contemporáneo.[16] En español cabe destacar *El vuelo de Hermes*, un proyecto dedicado a la geografía y la etnografía en la *periégesis* de Dionisio y el comentario a esta obra del autor bizantino Eustacio de Tesalónica. Su página web incluye, entre otros recursos, dos mapas interactivos que permiten ubicar los lugares mencionados en estas obras.[17] La ventaja de todos estos medios es que están enlazados, de modo que se complementan entre sí.

BIBLIOGRAFÍA
Recursos impresos

Alcock, Susan E. y Robin Osborne (ed.) (2012), *Classical Archaeology*, Oxford, John Wiley and Sons.

Andrewes, Antony (1963), *The Greek Tyrants*, Nueva York, Harper and Row.

Arnason, Johann P., Kurt A. Raaflaub, y Peter Wagner (ed.) (2013), *The Greek Polis and the Invention of Democracy: A Politico-cultural Transformation and Its Interpretations*, Oxford, John Wiley and Sons. https://doi.org/10.1002/9781118561768.

Barringer, Judith M. (2015), *The Art and Archaeology of Ancient Greece*, Cambridge, Cambridge University Press. https://doi.org/10.1017/CBO9781139047418.

---

https://experience.arcgis.com/experience/5df8ee208838401094b15f2ff50f3437/ (fecha de consulta: 4 de abril de 2025).

[13] Disponible en https://pleiades.stoa.org/ (fecha de consulta: 4 de abril de 2025).

[14] Disponible en https://www.trismegistos.org/ (fecha de consulta: 4 de abril de 2025).

[15] Disponible en https://topostext.org/ (fecha de consulta: 4 de abril de 2025).

[16] Disponible en https://imperium.ahlfeldt.se/ (fecha de consulta: 4 de abril de 2025).

[17] «El vuelo de Hermes». Disponible en https://elvuelodehermes.github.io/ (fecha de consulta: 4 de abril de 2025).

Baurain, Claude (1997), *Les Grecs et la Méditerranée orientale. Des «siècles obscurs» à la fin de l'époque archaïque*, París, Presses Universitaires de France. https://doi.org/10.3917/puf.baura.1997.01.

Beck, Hans (ed.) (2013), *A Companion to Ancient Greek Government*, Oxford, Blackwell. https://doi.org/10.1002/9781118303214.

Bengtson, Hermann (2009), *Griechische Geschichte*, Munich, C.H. Beck.

Betancourt, Phillip P. (2007), *Introduction to Aegean Art*, Filadelfia, INSTAP Academic Press. https://doi.org/10.2307/j.ctt5vj92r.

Bianchetti, Serena, Michele Cataudella y Hans-Joachim Gehrke (ed.) (2015), *Brill's Companion to Ancient Geography*, Leiden, Brill. https://doi.org/10.1163/9789004284715.

Biers, William R. (1997), *Archaeology of Greece. An Introduction*, Ithaca, Cornell University Press.

Billows, Richard A. (1990), *Antigonos the One-Eyed and the Creation of the Hellenistic State*, Berkeley, University of California Press. https://doi.org/10.1525/9780520919044.

Bintiff, John (2012), *The Complete Archaeology of Greece: From Hunter-Gatherers to the 20th Century A.D.*, Oxford, Blackwell. https://doi.org/10.1002/9781118255179.

Bispham, Edward, Thomas Harrison y Brian A. Sparkes (ed.) (2010), *The Edinburgh Companion to Ancient Greece and Rome*, Edimburgo, Edinburgh University Press.

Boardman, John (1978), *Greek Sculpture: The Archaic Period*, Londres, Thames and Hudson.

Boardman, John (1978b), *Pre-Classical: From Crete to Archaic Greece*, Londres, Penguin.

Boardman, John (1985), *Greek Art*, Londres, Thames and Hudson.

Boardman, John (1985b), *The Parthenon and Its Sculptures*, Londres, Thames and Hudson.

Boardman, John (1987), *Greek Sculpture: The Classical Period*, Londres, Thames and Hudson.

Boardman, John (1999), *The Greeks Overseas: Their Early Colonies and Trade*, Londres, Thames and Hudson.

Boardman, John (2006), *The History of Greek Vases: Potters, Painters and Pictures*, Londres, Thames and Hudson.

Boardman, John (ed.) (1994), *Oxford History of Classical Art*, Oxford University Press, Oxford.

Boardman, John, Jasper Griffin y Oswyn Murray (2001), *The Oxford History of Greece and the Hellenistic World*, Oxford, Oxford University Press. https://doi.org/10.1093/oso/9780192801371.001.0001.

Borza, Eugene N. (1990), *In the Shadow of Olympus: The Emergence of Macedon*, Princeton, Princeton University Press. https://doi.org/10.1515/9780691215945.

Bosworth, Brian A. (2002), *The Legacy of Alexander: Politics, Warfare and Propaganda under the Successors*, Oxford, Oxford University Press. https://doi.org/10.1093/acprof:oso/9780198153061.001.0001.

Briant, Pierre (2016), *Alexandre : Exégèse des lieux communs*, París, Gallimard. https://doi.org/10.14375/NP.9782070793761.

Briant, Pierre *et al.* (1995), *Le monde grec aux temps classiques I: Le Ve siècle*, París, Presses Universitaires de France.

Brommer, Frank (1979), *The sculptures of the Parthenon*, Londres, Thames and Hudson.

Brulé, Pierre *et al.* (2004), *Le monde grec aux temps classiques II : Le IVe siècle*, París, Presses Universitaires de France. https://doi.org/10.3917/puf.brule.2004.01.

Bugh, Glenn R. (ed.) (2006), *The Cambridge Companion to the Hellenistic World*, Cambridge, Cambridge University Press. https://doi.org/10.1017/CCOL0521828791.

Burkert, Walter (1998), *The Orientalizing Revolution*, Harvard, Harvard University Press.

Camp, John M. (2001), *The Archaeology of Athens*, New Haven, Yale University Press.

Cancik, Hubert y Helmuth Schneider (ed.) (1996-2003), *Der neue Pauly. Enzyklopädie der Antike. Das klassische Altertum und seine Rezeptionsgeschichte*, Stuttgart, J.B. Metzler.

Carlier, Pierre (1984), *La royauté en Grèce avant Alexandre*, Estrasburgo, AECR.

Cartledge, Paul (2002), *The Cambridge Illustrated History of Ancient Greece*, Cambridge, Cambridge University Press.

Castriota, David (1992), *Myth, Ethos, and Actuality: Official Art in Fifth-century B.C. Athens*, Madison, The University of Wisconsin Press.

Chadwick, John (1976), *The Mycenaean World*, Cambridge, Cambridge University Press.

Childs, William A. P. (2018), *Greek Art and Aesthetics in the Fourth Century B.C.*, Princeton, Princeton University Press. https://doi.org/10.1515/9781400890514.

Coldstream, John N. (2003), *Geometric Greece: 900-700 BC*, Londres, Psychology Press.

Cordano, Federica (2002), *La geografia degli antichi*, Roma, Laterza.

Daremberg, Charles V. y Edmond Saglio (eds.) (1877-1919), *Dictionnaire des Antiquités grecques et romaines*, París, Hachette.

Dickinson, Oliver T. P. K. (2006), *The Aegean from Bronze Age to Iron Age*, Londres Routledge. https://doi.org/10.4324/9780203968369.

Domínguez Monedero, Adolfo J. (1991), *La polis y la expansión colonial griega (siglos VIII-VI)*, Madrid, Síntesis.

Domínguez Monedero, Adolfo J. (1996), *Los griegos en la Península Ibérica*, Madrid, Arco Libros.

Dueck, Daniela (2012), *Geography in Classical Antiquity*, Cambridge, Cambridge University Press. https://doi.org/10.1017/CBO9781139027014.

Dunbabin, Katherine M. D. (2006), *Mosaics of the Greek and Roman World*, Cambridge, Cambridge University Press.

Elvira Barba, Miguel Ángel (1996), *El arte clásico*, Madrid, Historia 16.

Elvira Barba, Miguel Ángel (2008), *Arte y mito: manual de iconografía clásica*, Madrid, Sílex.

Elvira Barba, Miguel Ángel (2013), *Manual de Arte Griego*, Madrid, Sílex.

Elvira Barba, Miguel Ángel (2019), *Historia del arte griego: Obras y artistas de la antigua Grecia*, Madrid, Escolar y Mayo.

Errington, Malcom R. (2008), *A History of the Hellenistic World: 323-30 BC*, Oxford, John Wiley and Sons.

Erskine, Andrew (ed.) (2005), *A Companion to the Hellenistic World*, Oxford, Blackwell. https://doi.org/10.1002/9780470996584.

Fouchard, Alain (1997), *Aristocratie et Démocratie. Idéologies et sociétés en Grèce ancienne*, París, Les Belles Lettres. https://doi.org/10.3406/ista.1998.1018.

Gallego, Julián (2003), *La democracia en tiempos de tragedia: asamblea ateniense y subjetividad política*, Barcelona, Miño y Dávila.

Gómez Espelosín, Francisco Javier (2000), *El descubrimiento del mundo. Geografía y viajeros en la antigua Grecia*, Madrid, Akal.

Grandjean, Catherine, Geneviève Hoffmann, Laurent Capdetrey y Jean-Yves Carrez-Maratray, (ed.) (2008), *Le monde hellénistique*, París, Armand Coline. https://doi.org/10.3917/arco.grand.2008.01.

Green, Peter (1990), *Alexander to Actium: The Historical Evolution of the Hellenistic Age*, Berkeley, University of California Press.

Guzmán Guerra, Antonio y Francisco Javier Gómez Espelosín, (2005), *Alejandro Magno*, Madrid, Alianza.

Hall, Jonathan M. (2007), *A History of the Archaic Greek World ca. 1200-479 BCE*, Oxford, Blackwell.

Hammond, Nicholas G. L (1986), *A History of Greece to 322 B.C.*, Oxford, Clarendon Press.

Hammond, Nicholas G. L (1989), *The Macedonian State: Origins, Institutions, and History*, Oxford, Clarendon Press.

Hammond, Nicholas G. L. y Frank W. Wallbank (1988), *History of Macedon III: 336-167 B.C.*, Oxford, Clarendon Press.

Hammond, Nicholas G. L. y Guy T. Griffith (1979), *A History of Macedon II: 550-336 B.C.*, Oxford, Clarendon Press.

Hammond, Nicholas G. L., Guy T. Griffith y Frank W. Wallbank (1973), *A History of Macedon I: Historical Geography and Prehistory*, Oxford, Clarendon Press.

Hansen, Mogens H. (2006*), Polis: An Introduction to the Ancient Greek City-State*, Oxford, Oxford University Press. https://doi.org/10.1093/oso/9780199208494.001.0001.

Hansen, Mongens H. y Thomas H. Nielsen, (ed.) (2004), *An Inventory of Archaic and Classical Poleis*, Oxford, Oxford University Press. https://doi.org/10.1093/oso/9780198140993.001.0001.

Hard, Robin (ed.) (2020), *The Routledge Handbook of Greek Mythology*, Londres, Routledge. https://doi.org/10.4324/9781315624136.

Hatzopoulos, Miltiades B. (1996), *Macedonian Institutions under the Kings*, 2 vols., París, De Boccard.

Heckel, Waldemar y Lawrence A. Tritle (ed.) (2009), *Alexander the Great. A New History*, Oxford, Blackwell.

Hidalgo de la Vega, María José, Juan José Sayas Abengochea y José Manuel Roldán Hervás (2013), *Historia de la Grecia Antigua*, Salamanca, Ediciones Universidad de Salamanca.

Hölbl, Günter (2004), *Geschichte des Ptolemäerreiches: Politik, Ideologie und religiöse Kultur von Alexander dem Großen bis zur römischen Eroberung*, Darmstadt, Wissenschaftliche Buchgesellschaft.

Hood, Sinclair (1994), *The Arts in Prehistoric Greece*, New Haven, Yale University Press.

Hooker, John (2015), *Mycenaean Greece*, Londres, Routledge.

Hornblower, Simon (2011), *The Greek World, 479-323 BC*, Londres, Routledge. https://doi.org/10.4324/9780203831717.

Jacobs, Christian (1991), *Géographie et ethnographie en Grèce ancienne*, París, Armand Colin.

Jenkins, Ian D. (2007), *The Parthenon Sculptures*, Cambridge, Harvard University Press.

Kagan, Donald (2003), *The Peloponnesian War*, Nueva York, Viking Press.

Kinzl, Konrad H. (ed.) (2006), *A Companion to the Classical Greek World*, Oxford, Blackwell. https://doi.org/10.1002/9780470996799.

Kowalski, Jean Marie (2012), *Navigation et géographie dans l'Antiquité gréco-romaine. La terre vue de la mer*, París, Picard.

Langdon, Susan (2010), *Art and Identity in Dark Age Greece, 1100–700 BCE*, Cambridge, Cambridge University Press.

Lawrence, Arnold W. (1996), *Greek Architecture*, New Haven, Yale University Press.

Lazenby, John F. (1993), *The Defence of Greece, 490-479 BC*, Warminster, Aris and Phillips.

Low, Polly (ed.) (2008), *The Athenian Empire*, Edimburgo, Edinburgh University Press. https://doi.org/10.1515/9780748631247.

MacDowell, Donald M. (1986), *The Law in Classical Athens*, Ithaca, Cornell University Press.

Malkin, Irad (2011), *A Small Greek World: Networks in the Ancient Mediterranean. Greeks Overseas*, Oxford, Oxford University Press. https://doi.org/10.1093/acprof:oso/9780199734818.001.0001.

Marconi, Clemente (ed.) (2015), *The Oxford Handbook of Greek and Roman Art and Architecture*, Oxford, Oxford University Press. https://doi.org/10.1093/oxfordhb/9780199783304.001.0001.

Martínez Díez, Alfonso (ed.) (1984), *Actualización científica en filología griega*, Madrid Universidad Complutense de Madrid, Instituto de Ciencias de la Educación.

Medwid, Linda (2000), *The Makers of Classical Archaeology: A Reference Work*, Amherst, Humanity Books.

Meiggs, Russell (1972), *The Athenian Empire*, Oxford, Clarendon Press.

Melena Jiménez, José Luis (ed.) (1991), *El mundo micénico. Cinco siglos de la primera civilización europea, 1600-1100 a.C.*, Madrid, Ministerio de Cultura.

Milles, Margaret C. (1997), *Athens and Persians in the Fifth Century BC: A Study in Cultural Receptivity*, Cambridge, Cambridge University Press.

Milles, Margaret C. (ed.) (2016), *A Companion to Greek Architecture*, Oxford, Blackwell. https://doi.org/10.1002/9781118327586.

Molina Marín, Antonio Ignacio (2010), *Geographica: ciencia del espacio y tradición narrativa de Homero a Cosmas Indicopleustes*, Murcia, Universidad de Murcia.

Muller-Dufeu, Mario (2002), *La sculpture grecque : sources littéraires et épigraphiques*, París, Ecole nationale supérieure des beaux-arts.

Murray, Oswyn (1993), *Early Greece*, Harvard, Harvard University Press.

Musti, Domenico (1995), *Demokratía: origini di un'idea*, Bari, Laterza.

Musti, Domenico (2006), *Storia greca. Linee di sviluppo dall'età micenea all'età romana*, Bari, Laterza.

Neils, Jennifer (2006), *The Parthenon Frieze*, Cambridge, Cambridge University Press.

Nesselrath, Heinz-Günther (ed.) (1997), *Einleitung in die griechische Philologie*, Stuttgart / Leipzig, Teubner. https://doi.org/10.1007/978-3-663-12074-2.

Ober, Josiah (1989), *Mass and Elite in Democratic Athens: Rhetoric, Ideology, and the Power of the People*, Princeton, Princeton University Press. https://doi.org/10.1515/9781400820511.

Osborne, Robin (1998), *Archaic and Classical Greek Art*, Oxford, Oxford University Press.

Osborne, Robin (2009), *Greece in the Making 1200-479 BC*, Londres, Routledge. https://doi.org/10.4324/9780203880173.

Osborne, Robin (ed.) (2000), *Classical Greece: 500-323 BC*, Oxford, Oxford University Press.

Ostwald, Martin (1986), *From popular sovereignty to the sovereignty of law: law, society, and politics in fifth-century Athens*, Berkeley, University of California Press. https://doi.org/10.1525/9780520909687.

Palagia, Olga (1998), *The Pediments of the Parthenon*, Leiden, Brill.

Palagia, Olga (ed.) (2019), *Handbook of Greek Sculpture*, Berlín, De Gruyter. https://doi.org/10.1515/9781614513537.

Pauly, August *et al*. (eds.) (1894-1980), *Realencyclopädie der classischen Altertumswissenschaft*, Stuttgart, J. B. Metzler.

Pedley, John G. (2012), *Greek Art and Archaeology*, Nueva Jersey, Prentice Hall.

Plácido Suárez, Domingo (1997) *La Sociedad Ateniense: la evolución social en Atenas durante la guerra del Peloponeso*, Barcelona, Crítica.

Polignac, François (1984), *La naissance de la cité grecque. Cultes, espace et société*, VIIIe-VIIe siècles, París, La Découverte.

Pollitt, Jerome J. (1972), *Art and Experience Classical Greece*, Cambridge, Cambridge University Press.

Pollitt, Jerome J. (1986), *Art in the Hellenistic Age*, Cambridge, Cambridge University Press.

Pollitt, Jerome J. (ed.) (2015), *The Cambridge History of Painting in the Classical World*, Cambridge, Cambridge University Press.

Poursat, Jean-Claude (2022), *The Art and Archaeology of the Aegean Bronze Age*, Cambridge, Cambridge University Press. https://doi.org/10.1017/9781108630672.

Powell, Anton (2016), *Athens and Sparta. Constructing Greek Political and Social History from 478 BC*, Londres, Routledge.

Preáux, Claire (1997), *Le monde hellénistique. La Grèce et l'Orient de la mort d'Alexandre à la conquête romaine. 323-146 av. J.-C.*, París, Presses Universitaires de France.

Preáux, Claire (2002), *Le monde hellénistique. La Grèce et l'Orient 323-146 av. J.-C.*, París, Presses Universitaires de France.

Preziosi, Donald y Louise A. Hitchcock (2000), *Aegean Art and Architecture*, Oxford, Oxford University Press.

Raaflaub, Kurt A. y Hans van Wees (ed.) (2013), *A Companion to Archaic Greece*, Oxford, Blackwell.

Reinach, Adolphe (1995), *La Peinture ancienne. Textes grecs et latins relatifs à l'histoire de la peinture ancienne*, París, Macula.

Rhodes, Peter J. (2006), *A History of the Classical Greek World: 478–323 BC*, Oxford, Blackwell.

Richter, Gisela M.A. (ed.) (2013), *A Handbook of Greek Art: A Survey of the Visual Arts of Ancient Greece*, Nueva York, Phaidon Press.

Ridgway, Brunilde S. (1997), *Fourth-century Styles in Greek Sculpture*, Madison, University of Wisconsin Press.

Rodríguez Adrados, Francisco, José Antonio Berenguer Sánchez, Eugenio R. Luján Martínez, y Juan Rodríguez Somolinos (ed.) (2008), *Veinte años de filología griega (1984-2004)*, Madrid, CSIC.

Roisman, Joseph (ed.) (2003), *Brill's Companion to Alexander the Great*, Leiden, Brill. https://doi.org/10.1163/9789004217553.

Roisman, Joseph, y Iam Worthington (ed.) (2010), *A Companion to Ancient Macedonia*, Oxford, Blackwell. https://doi.org/10.1002/9781444327519.

Rose, Herbert J. (1990), *A Handbook of Greek Mythology*, Londres, Routledge.

Salveker, Stephen (ed.) (2009), *The Cambridge Companion to Ancient Greek Political Thought*, Cambridge, Cambridge University Press. https://doi.org/10.1017/CCOL9780521867535.

Samons, Loren (ed.) (2010), *The Cambridge Companion to the Age of Pericles*, Cambridge, Cambridge University Press.

Sancho Rocher, Laura (2021), *El nacimiento de la democracia. El experimento político ateniense (508-322 a. C.)*, Barcelona, Ático de los Libros.

Schaps, David (ed.) (2010), *Handbook for Classical Research*, Londres, Routledge. https://doi.org/10.4324/9780203844373.

Schmitt, Hatto H. y Ernst Vogt (2006), *Lexikon des Hellenismus*, Wiesbaden, Harrassowitz.

Settis, Salvatore (ed.) (1996-2002), *I Greci*, 4 vols., Turín, Giulio Einaudi.

Shapiro, Harvey A. (2009), *The Cambridge Companion to Archaic Greece*, Cambridge, Cambridge University Press.

Shelmerdine, Cynthia W. (ed.) (2010), *The Cambridge Companion to the Aegean Bronze Age*, Cambridge, Cambridge University Press.

Sherwin-White, Susan y Amelie Kuhrt, (1993), *From Samarkhand to Sardis: A New Approach to the Seleucid Empire*, Berkeley, University of California Press.

Shipley, Graham (2000), *The Greek World After Alexander, 323-30 BC*, Londres, Routledge.

Sinclair, Robert K. (1988), *Democracy and Participation in Athens*, Cambridge, Cambridge University Press. https://doi.org/10.1017/CBO9780511552694.

Smith, Roland R. R. (1991), *Hellenistic Sculpture*, Londres, Thames and Hudson.

Smith, Tyler J. y Dimitris Plantzos (ed.) (2013), *A Companion to Greek Art*, Oxford, Blackwell. https://doi.org/10.1002/9781118273289.

Smith, William (1854), *Dictionary of Greek and Roman Geography*, Londres, Walton and Maberly.

Smith, William (1870-1872), *Dictionary of Greek and Roman Biography and Mythology*, Londres, Taylor and Walton.

Smith, William (1890), *A Dictionary of Greek and Roman Antiquities*, Londres, John Murray.

Sonnabend, Holger (1999), *Mensch und Landschaft in der Antike: Lexikon der historischen Geographie*, Stuttgart, J.B. Metzler. https://doi.org/10.1007/978-3-476-03582-0.

Stewart, Andre (2008), *Classical Greece and the Birth of Western Art*, Cambridge, Cambridge University Press. https://doi.org/10.1017/CBO9780511757846.

Stewart, Andre (2018), *Art in the Hellenistic World*, Cambridge, Cambridge University Press.

Stockton, David (1990), *The Classical Athenian Democracy*, Oxford, Clarendon Press. https://doi.org/10.1093/oso/9780198146971.001.0001.

Stoneman, Richard (2008), *Alexander the Great: A Life in Legend*, New Haven, Yale University Press.

Talbert, Richard J. A. (ed.) (2001), *Barrington Atlas of the Greek and Roman World*, Princeton, Priceton University Press.

Tomlison, Richard A. (1989), *Greek Architecture*, Londres, Bloomsbury.

Tsetskhladze, Gocha R. (2008), *Greek Colonisation. An Account of Greek Colonies and Other Settlements Overseas*, 2 vols., Leiden, Brill. https://doi.org/10.1163/ej.9789004155763.i-566.

Vollkommer, Rainer (2001-2004), *Künstlerlexikon der Antike*, 2 vols., Munich/Leipzig, K. G. Saur.

VV.AA. (1922-), *Corpus Vasorum Antiquorum*, Bruselas, Union Académique Internationale.

VV.AA. (1922-1987), *Fontes Hispaniae Antiquae*, Barcelona, Universidad de Barcelona.

VV.AA. (1970-2005), *The Cambridge Ancient History*, Cambridge, Cambridge University Press.

VV.AA. (1976-), *Tabula Imperii Byzantini*, Akademie der Wissenschaften, Viena.

VV.AA. (1982-2009), *Lexicon Iconographicum Mythologiae Classicae*, Düsseldorf, Artemis.

Wallbank, Frank W. (1993), *The Hellenistic World*, Harvard, Harvard University Press.

West, Martin L. (1997), *The East Face of Helicon. West Asiatic Elements in Greek Poetry*, Oxford, Clarendon Press. https://doi.org/10.1093/oso/9780198150428.001.0001.

Whitley, James (2001), *The Archaeology of Ancient Greece*, Cambridge, Cambridge University Press.

Whitley, James (2003), St*yle and Society in Dark Age Greece: The Changing Face of a Pre-literate Society 1100-700 BC*, Cambridge, Cambridge University Press.

Will, Édouard (2003), *Histoire politique du monde hellénistique (323-30 avant J.-C.)*, París, Seuil.

Recursos en línea

A Hellenistic Bibliography. Disponible en https://sites.google.com/site/hellenisticbibliography/ (fecha de consulta: 4 de abril de 2025).

Ancient World Mapping Center. Disponible en https://awmc.unc.edu (fecha de consulta: 4 de abril de 2025).

AWMC Interactive. Disponible en https://experience.arcgis.com/experience/5df8ee208838401094b15f2ff50f3437/ (fecha de consulta: 4 de abril de 2025).

Beazley Archive Pottery. Disponible en https://www.carc.ox.ac.uk/carc/pottery (fecha de consulta: 4 de abril de 2025).

Cancik, Hubert y Helmuth Schneider (1996-2003), «*Der neue Pauly. Enzyklopädie der Antike. Das klassische Altertum und seine Rezeptionsgeschichte*». Disponible en https://referenceworks.brillonline.com/browse/der-neue-pauly (fecha de consulta: 4 de abril de 2025).

Corpus Vasorum Antiquorum. Disponible en https://www.carc.ox.ac.uk/cva/ (fecha de consulta: 4 de abril de 2025).

Daremberg, Charles V. y Edmond Saglio (1877-1919), «*Dictionnaire des Antiquités grecques et romaines*». Disponible en https://dagr.univ-tlse2.fr/ (fecha de consulta: 4 de abril de 2025).

Digital Atlas of the Roman Empire. Disponible en https://imperium.ahlfeldt.se/ (fecha de consulta: 4 de abril de 2025).

Digital LIMC. Disponible en https://weblimc.org/ (fecha de consulta: 4 de abril de 2025).

El vuelo de Hermes. Disponible en https://elvuelodehermes.github.io/ (fecha de consulta: 4 de abril de 2025).

Pleiades. Disponible en https://pleiades.stoa.org/ (fecha de consulta: 4 de abril de 2025).

Stewart, Andre «*One Hundred Greek Sculptors, Their Careers and Extant Works*». Disponible en https://www.perseus.tufts.edu/hopper/text?doc=Perseus:abo:sec,00024 (fecha de consulta: 4 de abril de 2025).

Tabula Imperii Byzantini. Disponible en https://tib.oeaw.ac.at/ (fecha de consulta: 4 de abril de 2025).

Theoi. Disponible en https://www.theoi.com/ (fecha de consulta: 4 de abril de 2025).

ToposText. Disponible en https://topostext.org/ (fecha de consulta: 4 de abril de 2025).

Trismegistos. Disponible en https://www.trismegistos.org/ (fecha de consulta: 4 de abril de 2025).

5. Sobre la Epigrafía griega

Sandra Muñoz Martínez[1]
Universitat de Barcelona

1. ¿Qué es y para qué sirve la epigrafía (griega)?

Disciplina a caballo entre la filología, la historia y la arqueología (entre otras especialidades), la epigrafía se define como la ciencia cuya finalidad es el estudio de las inscripciones (epígrafes), tanto en lo que respecta a la pieza en sí como a la interpretación de los textos grabados en ella. La característica que se supone diferencia la epigrafía de la paleografía o la papirología es que en la primera se estudian textos incisos en superficies duras o duraderas, mientras que en las otras dos el material en el que se conservan los escritos es más blando (papiro, pergamino, etc.).[2] Hay, pues, tantas *epigrafías* como culturas de las que hemos conservado escritos en un material duro (epigrafía sumero-acadia, egipcia, latina, griega, etc.). En este manual, como bien se muestra el título del presente capítulo, nos centraremos en la epigrafía griega.

Diversas son las utilidades de la epigrafía (griega), pero al/la filólogo/a clásico/a le resultará una disciplina especialmente interesante por ser un testimonio directo del estado real de la lengua griega en el momento histórico al que pertenece la pieza. Esto nos permite estudiar la evolución de la lengua griega con una minuciosidad y veracidad envidiables. Además, téngase en cuenta que existen inscripciones cuyo texto es un poema (los denominados *carmina epigraphica*, a los que haremos referencia en las páginas que siguen), una particularidad que nos permite analizar qué autores griegos (entre otros) tenían más influencia en cada población y en cada época.

---

[1] Correo electrónico: sandra.munoz@ub.edu.
[2] Véase el capítulo sexto *Sobre la Paleografía y Codicología griegas*, escrito por Carmen García Bueno.

1. 1. Generalidades y primeros testimonios

Generalmente, el proceso para estudiar una inscripción nueva es el siguiente. Un grupo de arqueólogos y arqueólogas (en el marco de una excavación programada o prospección) o a menudo operarios que están llevando a cabo reformas en algún edificio o zona cercana a algún yacimiento arqueológico descubren una inscripción o, con más probabilidad, los restos de ella (es decir, un epígrafe fragmentario). Tras el hallazgo y los procesos reglamentarios, el equipo se pone en contacto con un/a *epigrafista*, es decir, un/a especialista en inscripciones.

Tras la llegada del/la epigrafista al lugar en el que se conserva la inscripción descubierta, se procede a realizar la *autopsia epigráfica*, el nombre dado al acto de observar *in situ* la pieza para analizar todos los detalles (tipo de piedra, tipo de letra, estado de la pieza, medidas de todos los elementos, cantidad de texto que se puede leer, etc.). Para el/la filóloga/a clásico/a (entre otros especialistas), la parte más importante consiste en la *transcripción* del texto, pues es el paso previo a la fijación del texto editado. El/la epigrafista también acostumbra a fotografiar, calcar o dibujar el texto de la inscripción para aportar pruebas de sus lecturas y para acudir a ellas en caso de nuevas dudas (pues el acceso recurrente a la pieza que es objeto de estudio no es siempre una tarea fácil).[3]

Una vez realizada la autopsia y la transcripción del texto, el/la epigrafista procede a *interpretar* el epígrafe. Téngase en cuenta que las inscripciones, a causa de la limitación de espacio condicionada por el soporte en la que se hallan grabadas (una pieza de cierta tipología de roca), a menudo presentan abreviaciones o simplemente *escritura continua* (dicho de otro modo, un texto sin separación entre palabras). Si a esto añadimos la dificultad que supone la interpretación de un texto a menudo fragmentario, se comprenderá de inmediato que este proceso implica una laboriosidad y conocimiento de la lengua griega considerables.

De hecho, el/la epigrafista que edita una inscripción no solo debe tener un buen conocimiento de la lengua griega en términos generales, sino que también debe conocer las particularidades lingüísticas del período histórico en el que se enmarca. Así pues, los/as epigrafistas griegos suelen especializarse en un período concreto de la lengua griega, que cuenta con aproximadamente 3400 años de evidencia escrita. Dada esta extensión temporal de los testimonios epigráficos griegos, no le resultará difícil al/la alumno/a entender que mucha es la diferencia entre el griego de las primeras tablillas y el griego moderno que se puede leer en la actualidad en las paredes de los edificios atenienses.

Los primeros testimonios de epigrafía griega son las famosas *tablillas micénicas* (datadas entre el 1425 y el 1200 a. C.) inscritas en escritura *lineal B* y en *griego*

---

[3] Una descripción más detallada de todo este proceso puede leerse en Bruun y Edmonson, 2015.

micénico, cuya conservación se la debemos a los incendios acontecidos en los palacios cretenses y micénicos (pues el barro sobre el que se inscribieron los textos se coció con el calor de las llamas; véase Figura 1).[4] Por orden cronológico, algunas de las inscripciones griegas más conocidas son el epígrafe en el *vaso de Dípilon* (740 a. C.), el de la llamada *copa de Néstor* (720 a. C.), la *estatuilla del Apolo mantiklos* con una inscripción en dialecto beocio (principios del s. VII a. C.), el *epitafio de Frasiclea* (inscripción funeraria debajo de una estatua de una *kore*, s. VI a. C.), la tabla de bronce con el *tratado entre la ciudad de Élide y Erea* (Olimpia, segunda mitad del s. VI a. C.), la *inscripción por los corintios caídos en la batalla de Salamina* (que aconteció en septiembre del 480 a. C.; la inscripción, datada entre 480-479 a. C., está en dialecto corintio), las *Leyes civiles de Gortina* (450 a. C., encontradas en el odeón que mandó construir el emperador Trajano; véase Figura 2), las *cuentas por la elaboración de la estatua de Atenea* hecha por Fidias (440-439 a. C.), la *dedicatoria del templo a Atenea polias* por parte de Alejandro Magno (Priene, 334 a. C.),[5] el *mármol de Paros* (estela de mediados del s. III a. C. con una cronología que abarca desde el 1581 a. C. hasta el 263 a. C.), la famosa *Piedra de Rosetta* (decreto trilingüe en jeroglíficos egipcios, escritura demótica y griego antiguo, datado en el 196 a. C.), el célebre *epitafio métrico bilingüe (en griego y en latín) del niño poeta Quinto Sulpicio Máximo* (Roma, 94 d. C.), o los mosaicos y joyas bizantinas con inscripciones (por ejemplo, la inscripción en el *mosaico de Juan II Comneno, la Virgen María, Jesús de Nazaret e Irene de Hungría*, datado ca. 1118 d. C., en Santa Sofía, que corresponde a la Figura 3).

---

[4] Para iniciarse en el estudio del griego micénico y sus testimonios epigráficos recomendamos, entre los numerosos trabajos, Chadwick, 1958; Ventris y Chadwick, 1973; y Bernabé y Luján, 2006.
[5] Más ejemplos de inscripciones históricas anteriores al s. IV a. C. pueden encontrarse en Meiggs y Lewis, 1989.

Figura 1. Tablilla micénica conservada en el Museo Arqueológico de Micenas (inv. MM 2058).
Licencia *CC BY-SA 4.0*

Figura 2. Muro con los restos de las Leyes de Gortina. Licencia *CC BY-SA 4.0*

Figura 3. Mosaico bizantino con inscripciones griegas en Santa Sofía (Estambul). Licencia *Creative Commons Public Domain*

1. 2. Breve historia del estudio de la epigrafía griega

No podemos entender la epigrafía griega como la disciplina científica que es actualmente hasta finales del siglo XIX ni desligada de la figura del filólogo clásico alemán August Böckh (1785-1867), que fue designado editor principal del *Corpus Inscriptionum Graecarum* (al que nos referiremos en el apartado dedicado a los principales compendios y ediciones de inscripciones griegas y cuya abreviatura es *CIG*).[6] Fue a partir de finales del s. XIX y especialmente durante el s. XX cuando se empezaron a publicar las grandes colecciones de inscripciones editadas en volúmenes monográficos que se centraban en el material epigráfico de áreas concretas (ciudades con muchos testimonios epigráficos, regiones, etc.). Teniendo en cuenta que siguen apareciendo inscripciones y que los volúmenes con ediciones epigráficas tienen que actualizarse, no le resultará difícil de adivinar al/la lector/a que en la actualidad muchos de los proyectos que se iniciaron en el s. XIX siguen vigentes (mediante la reedición e incorporación de los nuevos hallazgos).

Sin embargo, ya en el Renacimiento se puede atisbar un cierto interés por la epigrafía griega (y latina). Estamos hablando de los manuscritos en los que se recogen (sin seguir un método científico tan minucioso como los alemanes del s. XIX) inscripciones griegas y latinas, cuyos máximos exponentes se consideran el coleccionista de antigüedades Ciríaco de Ancona (1391-1455) y el belga Martin de

---

[6] *CIG,* 1828-1877.

Smet (1525-1578). Durante los siglos XVII y XVIII se siguió con esta tradición de compendios de inscripciones griegas y latinas en manuscritos, cada vez con más detalles relativos a las piezas y el contenido de los epígrafes (información sobre los individuos mencionados en ellas, detalles del soporte, etc.). Destacan las figuras del holandés Jan de Grutère (1560-1627) y del italiano Francesco Scipione Maffei (1675-1755).

2. MANUALES Y ESTUDIOS NO PERIÓDICOS SOBRE EPIGRAFÍA GRIEGA

En el presente apartado nos centraremos en enumerar los principales manuales que pueden ser útiles para iniciarse o especializarse en la epigrafía griega. Asimismo, incluiremos algunas publicaciones de carácter no periódico en las que se recogen contribuciones importantes para profundizar en la investigación de las inscripciones griegas.[7]

El manual de referencia, por su claridad, calidad y utilidad de los ejemplos, para el estudio de la epigrafía griega desde época arcaica hasta finales del imperio sigue siendo, a nuestro parecer, el *L'epigrafia greca dalle origini al Tardo Impero* de Margherita Guarducci (1987). Anteriormente la célebre arqueóloga y epigrafista italiana había publicado sus cuatro volúmenes de *Epigrafia Greca* (1969-1978), en los que aborda de manera más detallada estos y otros aspectos sustanciales de la epigrafía griega. Otros dos manuales en lengua italiana también útiles son el clásico *Epigrafia* de Aristide Calderini (1974) y el *Profilo di epigrafia greca* de Franco Ghinatti (1998), con interesantes detalles acerca de la autopsia epigráfica y la diversidad cronológica, étnica y geográfica en la epigrafía griega. Otro buen estudio para iniciarse en la epigrafía (griega o latina) es el famoso *Mestiere di epigrafista* de Ivan di Stefano Manzella (1987), que aborda una cantidad considerable de aspectos que debe tener en consideración un epigrafista y que cuenta con índices y definiciones claras, además de fotografías de gran calidad y utilidad.

Otra obra de consulta que todo/a epigrafista debería tener a su alcance es el *Guide de l'épigraphiste. Bibliographie choise des épigraphies antiques et médiévales* publicado por Françoise Bérard, Denis Feissel, Nicolas Laubry y sus colegas y colaboradores con reediciones (2000), quienes, como bien se puede deducir del título, abordan epigrafía de época antigua y medieval, tanto griega como latina. Uno de los grandes aciertos de esta obra son los comentarios que acompañan las referencias en los capítulos dedicados a los repertorios de inscripciones. Otro material interesante, también en francés, para la persona que quiera empezar a formarse en materia de

---

[7] Una bibliografía más extensa sobre este tipo de publicaciones puede encontrarse en de Hoz, 2008.

epigrafía griega (y latina) es *Initiation à l'épigraphie grecque et latine* de Bernard Rémy y François Kayser (1999), con comentarios detallados de los textos.[8]

En lengua castellana, el manual clásico es el *Epigrafía griega* del profesor Juan Manuel Cortés Copete (1999), que consta de dos partes: una introducción teórica y una selección de epígrafes acompañados de un detallado comentario de tipo histórico. Téngase en cuenta también el volumen editado por Ángel Martínez Fernández (2009) que lleva por título *Estudios de epigrafía griega*, pues en él el/la alumno/a encontrará contribuciones muy interesantes de diversos/as expertos/as en aspectos concretos de la epigrafía griega, como ediciones y revisiones de inscripciones, las escrituras, estudios lingüísticos y literarios, onomástica, aspectos económicos, sociopolíticos y religiosos y novedades epigráficas, entre otros.

Como bien podrá intuir el/la lector/a, el grueso de los manuales y publicaciones no periódicas sobre epigrafía griega están escritos en inglés. Los dos manuales tradicionales publicados en Cambridge son el *The Study of Greek Inscriptions* de Arthur G. Woodhead (1981), que el autor dice haber concebido para no epigrafistas que, sin embargo, necesitan lidiar con inscripciones, y los dos volúmenes reeditados del *An Introduction to Greek Epigraphy* de Ernest Stewart Roberts y Ernest Arthur Gardner (2011), uno centrado en la historia del alfabeto griego y el otro en la epigrafía del Ática. Existe un libro con información muy general sobre epigrafía griega que es altamente recomendable para iniciarse en esta disciplina. Se trata de *Greek Inscriptions. Reading the Past*, publicado por Brian Francis Cook (1987). Para el estudio de las inscripciones griegas de época arcaica el manual de referencia sigue siendo *The Local Scripts of Archaic Greece: a Study of the Origin of the Greek Alphabet and its Development from Eight to the Fifth Centuries B.C.*, publicado en Oxford por Lilian Hamilton Jeffery (1961) y centrado en los alfabetos. Dedicado a la época helenística e imperial, el libro de Bradley Hudson McLean (2002), *An Introduction to Greek Epigraphy of the Hellenistic and Roman Periods from Alexander the Great down to the Reign of Constantine (323 B.C.-A.D. 337)*, es un manual muy recomendable por la cantidad y diversidad de aspectos que aborda. En cuanto a epigrafía de época imperial tardía y bizantina, en los últimos años estamos presenciando un auge en las publicaciones que estudian este tipo de inscripciones, especialmente de la mano de Andreas Rhoby (2015), con *Inscriptions in Byzantium and Beyond. Methods – Projects – Case Studies*, y Andreas Rhoby e Ida Toht (2020 y 2023), con *Materials for the Study of Late Antique and Medieval Greek and Latin Inscriptions in Istambul* y *Studies in Byzantine Epigraphy*. Pawel Nowakowski, de la Universidad de Varsovia, también estudia y dirige proyectos sobre la epigrafía de época bizantina especialmente en Asia Menor.[9] Cerramos las publicaciones en

---

[8] Para más bibliografía en francés ordenada por temática, véase el siguiente enlace: http://bcs.fltr.ucl.ac.be/EpiB3.html#EpiB31 (fecha de consulta: 11 de febrero de 2025).

[9] Su página web (con más enlaces) es https://historia.uw.edu.pl/en/personel/pawel-nowakowski-2/ (fecha de consulta: 23 de febrero de 2025).

lengua inglesa con dos volúmenes fundamentales si el estudiante quisiera acercarse a la epigrafía griega (y latina) desde una perspectiva más histórica. Se trata de *Epigraphic Evidence: Ancient History from Inscriptions* de John Bodel (2001), dividido en seis áreas (historia antigua, diversidad cultural, onomástica y prosopografía, familia y sociedad, vida cívica y religiosa e *instrumenta* inscritos), y *Epigraphy and the Historical Sciences* de John Davies y John Wilkes (2012), cuyo objetivo principal es analizar los contextos en los que las inscripciones antiguas pueden o no ser utilizadas como fuentes para la historia.

Por último, hay materiales muy completos a nivel teórico en lengua alemana, de entre los cuales destacamos el manual de Günter Klaffenbach (1957), *Griechische Epigraphik*, que el autor dedica a Michel Feyel y Mario Segre (epigrafistas asesinados en los campos de concentración nazi) y en el que aborda sucintamente aspectos como la historia del estudio de la epigrafía griega, los principales *corpora* o la historia de la escritura griega; el *Das Studium der griechischen Epigraphik. Eine Einführung* de Gerhard Pfohl (1977), en el que diferentes epigrafistas ofrecen una visión general de los métodos, tipologías, problemas y usos de las inscripciones griegas; y el breve volumen *Die Epigraphik der klassischen Welt* del prolífico Louis Robert (1970),[10] concebido como una breve introducción al papel de la epigrafía antigua como material para el estudio de la historia.

3. PRINCIPALES COMPENDIOS Y EDICIONES DE INSCRIPCIONES GRIEGAS EN VOLÚMENES FÍSICOS

Tal como se ha adelantado en el apartado que hemos dedicado a hacer un breve repaso de la historia del estudio de la epigrafía griega, a partir del s. XIX se sucedieron las publicaciones en volúmenes físicos de compendios o *corpora* de inscripciones griegas agrupadas generalmente por áreas geográficas o lugares concretos y, en algunas ocasiones, por tipología de inscripciones o por temática. Por ello, este apartado se dividirá en dos subapartados (*corpora* geográficos y *corpora* temáticos) y en ambos procederemos a incorporar la bibliografía cronológicamente por año de publicación.[11]

3. 1. *Corpora* con ediciones de inscripciones griegas por zonas geográficas

Ya hemos señalado que el nacimiento de la epigrafía griega en cuanto a disciplina científica no se puede desligar de la figura de Böckh y de los cuatro

---

[10] Para más detalles de la figura de Robert como estudioso esencial para la epigrafía griega moderna, léase de Hoz, 2008.

[11] Información más detallada acerca de estos *corpora* puede hallarse en de Hoz, 2008: 40-56.

volúmenes que conforman el *Corpus Inscriptionum Graecarum* (abreviado como *CIG*, 1828-1877). Sin embargo, en 1873 la tarea iniciada por el *CIG* pasó a manos de *Inscriptiones Graecae* (*IG*),[12] la institución de la Berlin-Branderburgische Akademie der Wissenschaften (*BBAW*) que hasta la fecha se encarga de editar las inscripciones griegas descubiertas en Europa. Los volúmenes se distribuyen del siguiente modo: *IG* I-III Atenas y el Ática; *IG* IV-VI Peloponeso; *IG* VIII-IX Grecia Central; *IG* X Norte de Grecia, Tracia y Escitia; *IG* XI-XII Islas Egeas; *IG* XIII Creta; *IG* XIV Italia, Sicilia y el resto de Occidente (Hispania, Galia, Britania); *IG* XV Chipre.[13] Estos volúmenes tienen reediciones recientes o en proceso que incorporan mucho material nuevo.

Por esa época, concretamente en 1874, Oxford empezó a editar y publicar las cuantiosas inscripciones griegas que se encontraban alojadas en el Museo Británico, expuestas o en los almacenes. Así pues, entre 1874 y 1916 aparecieron los cuatro volúmenes que conforman *The Collection of Greek Inscriptions in the British Museum* (*GIBM*).

Dos años hacía que hubiera empezado el siglo XX cuando la academia vienesa, consciente del potencial que tenía la epigrafía griega de Asia Menor (por su variedad y calidad), arrancó con el proyecto de publicar los *Tituli Asiae Minoris* (*TAM*),[14] una serie de volúmenes en los que se editan las inscripciones de dicha zona geográfica. Más de cien años después, esta colección, que cuenta ya con nueve volúmenes (inscripciones de Licia, Pisidia, Bitinia y Lidia), sigue creciendo.

Pocos años después, en 1905, vio la luz el primer volumen de *Inscriptions grecques et latines de la Syrie* (*IGLS*), una serie en la que se editan y publican las inscripciones tanto en lengua griega como latina de Siria. Esta empresa la lleva a cabo el laboratorio francés *HiSoMA* y actualmente cuenta con un *corpus* de más de veinte volúmenes, que sigue creciendo.[15]

Más tarde, entre 1917 y 1920, el alemán Wilhelm Dittenberger publicó en tres volúmenes su *Sylloge Inscriptionum Graecarum*, trabajo en el que recogió y editó más de 1200 inscripciones pertenecientes a Grecia y Asia Menor que databan entre el s. VI a. C. y el 565 d. C.[16] También interesados en la epigrafía griega de Asia Menor, los británicos decidieron, paralelamente a los austríacos y su *TAM*, inaugurar

---

[12] *IG,* 1873-.

[13] Su página web oficial es https://www.bbaw.de/en/research/inscriptiones-graecae (fecha de consulta: 11 de febrero de 2025). Algunas de las inscripciones se pueden encontrar *online* en http://telota.bbaw.de/ig/ (fecha de consulta: 11 de febrero de 2025).

[14] *TAM,* 1901-. Puede encontrarse más información en la página web del instituto austríaco de arqueología: https://www.oeaw.ac.at/en/oeai/publishing/series/ergaenzungsbaende-zu-den-tituli-asiae-minoris (fecha de consulta: 2 de julio de 2025).

[15] Su página web oficial es https://igls.mom.fr (fecha de consulta: 11 de febrero de 2025).

[16] Algunas de estas inscripciones (las que se enmarcan entre la muerte de Alejandro Magno y la batalla de Actium) se pueden consultar en el siguiente sitio web: http://www.attalus.org/docs/sig.html (fecha de consulta: 11 de febrero de 2025).

en 1928 la colección *Monumenta Asiae Minoris Antiqua* (*MAMA*), cuyo último volumen apareció en 2013 (inscripciones de Frigia y Licania, editadas por Peter Thonemann). En *MAMA* se han estudiado y divulgado inscripciones de Frigia, Cilicia, Galatia del oeste y Caria, entre otras zonas.

La célebre epigrafista Margherita Guarducci, a la que ya hemos hecho referencia, emprendió la edición de las inscripciones griegas de la isla de Creta y publicó un *corpus* de cuatro volúmenes entre 1935 y 1950, *Inscriptiones Creticae*, estudio que sigue siendo un libro de referencia obligado para quienes estén interesados en la epigrafía griega cretense. Otro prestigioso epigrafista italiano, Luigi Moretti, decidió compendiar y editar las inscripciones griegas encontradas en la ciudad de Roma. Entre 1968 y 1990, publicó los cuatro volúmenes que conforman *Inscriptiones Graecae Urbis Romae* (*IGUR*), un *corpus* al que cualquier epigrafista helenista interesado en el material romano acude y que cuenta con un envidiable repertorio fotográfico de las piezas.

A comienzos de la década de los setenta, Reinhold Merkelbach (profesor de la Universidad de Colonia) consideró que el material epigráfico griego de Asia Menor merecía otra serie de publicaciones. Por tanto, en 1972, en colaboración con el instituto austríaco de arqueología y su *TAM* (del que ya hemos hablado), publicó el primer volumen de inscripciones de las ciudades griegas de Asia Menor. Nacía así la colección *Inschriften griechischer Städte aus Kleinasien* (conocido como *IK*), que cuenta con más de setenta volúmenes y sigue creciendo en la actualidad.[17]

En 1977, la Escuela Francesa en Atenas comenzó a publicar las inscripciones de la isla de Delfos. Esta serie, que cuenta ya con cinco volúmenes y sigue en fase de publicación de más material, se denomina *Corpus des inscriptions de Delphes* (*CID*). Por su parte, también de la escuela francesa, el epigrafista Étienne Bernand publicó entre 1982 y 1983 sus *Inscriptions grecques d'Égypte et de Nubie. Répertoire bibliographique des OGIS*. Como bien indica el título, en este trabajo se compendian y editan las inscripciones griegas de Egipto y Nubia. Años atrás ya había publicado, junto con André Bernand (1960), la edición de las inscripciones griegas y latinas grabadas sobre los Colosos de Memnón, volumen que alcanzó un gran éxito entre los epigrafistas.

Por último, ya perteneciente al siglo XXI, destacamos dos publicaciones sobre epigrafía griega, esta vez de inscripciones griegas encontradas en la mitad occidental.[18] La primera, de 2004, es el *corpus* de inscripciones griegas de Francia, volumen editado por Jean-Claude Decourt y que lleva por título *Inscriptions grecques de la France* (abreviado como *IGF*). El segundo, más reciente (2014), es la

---

[17] Su página web oficial (dentro de la de la Universidad de Colonia) es https://ifa.phil-fak.uni-koeln.de/zeitschriften-reihen/inschriften-griechischer-staedte-aus-kleinasien-ik/uebersicht-bisher-erschienener-baende (fecha de consulta: 12 de febrero de 2025).

[18] Existen muchos otros compendios, pero en el presente manual nos limitamos a ofrecer únicamente una selección de ellos. Para más bibliografía, recomendamos consultar de Hoz, 2008.

edición de la profesora María Paz de Hoz de las inscripciones griegas de España y Portugal, un volumen de referencia (*Inscripciones Griegas de España y Portugal*, abreviado como *IGEP*).

3. 2. *Corpora* con ediciones de inscripciones griegas agrupadas por temática

Muy prácticos son los volúmenes con compendios y ediciones de inscripciones agrupadas por temáticas o tipologías concretas, puesto que las necesidades del/la epigrafista no se limitan siempre al estudio de las inscripciones de un lugar en concreto.

De entre los compendios o selecciones de inscripciones griegas sin una temática clara podemos destacar el *Choix d'inscriptions grecques* de Jean Pouilloux (1960), en el que edita, traduce (al francés) y comenta los epígrafes seleccionados. Muy útil es también la serie de tres volúmenes que publicó en los sesenta Henry Williams Pleket (1964-1969) bajo el título *Epigraphica*, una selección de inscripciones agrupadas por temática (historia económica, social, textos sobre banqueros).

Consciente del potencial que tenían los compendios de este tipo, el célebre epigrafista Georg Kaibel publicó en 1878 su *Epigrammata Graeca ex lapidibus conlecta*, un volumen en el que editó las inscripciones métricas (conocidas también como *carmina epigraphica*) griegas grabadas sobre lápidas. El interés por este tipo de inscripciones por parte de los epigrafistas no se limitó a la segunda mitad del s. XIX. Prueba de ello es el volumen de Werner Peek (1955), *Griechische Vers-Inschriften* (abreviado como *GV*), en el que compendia y edita inscripciones métricas griegas. Algunas décadas más tarde aparecieron los dos volúmenes de Peter Allan Hansen (1983-1989) titulados *Carmina Epigraphica Graeca*, en los que el estudioso compendia y edita las inscripciones métricas griegas de entre los ss. VIII-IV a. C.[19] Un buen número de epigramas editados en los volúmenes de Peek y Hansen los tradujo la profesora María Luisa del Barrio Vega en 1992 para Gredos; este libro lleva por título *Epigramas funerarios griegos*. Entre finales del s. XX y principios del XXI, los alemanes Reinhold Merkelbach y Josef Stauber (1998-2004) publicaron en cuatro volúmenes y un índice las inscripciones métricas griegas de Oriente, titulado *Steinepigramme aus dem Griechischen Osten*. Por último, recién salido de la imprenta, la persona interesada en epitafios métricos griegos puede consultar una selección de ellas en el volumen de Richard Hunter, publicado en 2022 bajo el título *Greek Epitaphic Poetry. A Selection*.

Otro tipo muy especial de inscripciones griegas son las llamadas *defixiones*, maldiciones que normalmente se escribían sobre tablillas (generalmente de plomo).

---

[19] El suplemento a estos dos volúmenes se está elaborando en la Universidad de Roma Tor Vergata. Su página web es https://ceg-supplementum.uniroma2.it (fecha de consulta: 12 de febrero de 2025).

En 1904, el historiador Auguste Audollent publicó el famoso *Defixionum tabellae quotquot innotuerunt, tam in Graecis Orientis quam in totius Occidentis partibus praeter Atticas in Corpore inscriptionum atticarum editas*, el *corpus* de referencia de tablillas de maldición en lengua griega.[20] Puede ser de gran utilidad el volumen de Amor López Jimeno (2001), *Textos griegos de maleficio*, en el que traduce un número considerable de maldiciones griegas. Por otra parte, para las inscripciones sobre plomo de Occidente (algunas de ellas griegas), es fundamental la consulta de la tesis doctoral de Víctor Sabaté Vidal (2021), que cuenta además con bibliografía actualizada. En proceso de preparación está la edición de las *defixiones* áticas para el volumen XVI de *Inscriptiones Atticae*, a cargo de Jaime Curbera (*IG*-Berlín).

En 1906, el célebre epigrafista René Cagnat (1906-1927) decidió publicar su primer volumen de compendio de inscripciones griegas relacionadas con asuntos romanos. Este trabajo, que finalmente constó de tres volúmenes, es el famoso *Inscriptiones Graecae ad res Romanas pertinentes*.

Como se habrá podido intuir, existen compendios de inscripciones griegas agrupados desde una perspectiva histórica o, en otras palabras, pensados para explicar ciertos hechos sociales, religiosos y políticos con base en el material epigráfico. Por ejemplo, en 1913 Ernst Nachmanson publicó su *Historische attische Inschriften*, libro en el que recoge inscripciones históricas del Ática. Otro ejemplo de esta categoría de libros es el *Iscrizioni storiche ellenistiche* de Luigi Moretti (1967), en el que, como se puede deducir del título, analiza inscripciones relevantes para el estudio de la historia de época helenística. Muy interesante es también el volumen de Russell Meiggs y David Malcolm Lewis (1989), *A Selection of Greek Historical Inscriptions to the End of the Fifth Century B.C.*, en el que se incluyen inscripciones datadas hasta finales del s. V a. C. cuyo contenido es provechoso para estudiar asuntos relativos a la historia de Grecia. Para el estudio de temas políticos y jurídicos de la Grecia arcaica basándose en el material epigráfico conviene consultar los dos volúmenes de Henri Van Effenterre y Françoise Ruzé (1994), *NOMIMA. Recueil d'inscriptions politiques et juridiques de l'archaïsme grec*.

Para el estudio de la dialectología griega tomando como base las inscripciones, recomendamos dos materiales cuyo catálogo epigráfico se divide por dialectos. El primero es el *Tituli ad Dialectos graecas illustrandas selecti* de Jacobus Johannes Ewoud Hondius y John Bryan Hainsworth, publicado entre 1950 y 1972 en dos volúmenes. El segundo, el famoso *The Greek Dialects* de Carl Darling Buck (1955), manual con inscripciones dialectales como ejercicios que todos/as hemos utilizado en la asignatura de dialectología griega.

---

[20] Para más información sobre este tipo de epigrafía, véase Gager, 1992.

4. BASES DE DATOS EN LÍNEA Y RECURSOS SIMILARES CON INSCRIPCIONES GRIEGAS

La epigrafía griega es una disciplina que, como tantas otras, ha sabido adaptarse a las necesidades del usuario del s. XXI. Uno de los grandes avances en la difusión de los estudios epigráficos ha sido la creación y actualización de bases de datos en línea con inscripciones griegas. Estas bases de datos van ligadas a proyectos públicos y generalmente están dirigidas por universidades o institutos pertenecientes a estas.

Una de las bases de datos *online* más versátiles es la *Packard Humanities Institute Searchable Greek Inscriptions*, abreviada como *PHI*.[21] El equipo del *PHI* se encarga de digitalizar inscripciones griegas recogidas tanto en repertorios como los que hemos enumerado en el apartado anterior como en publicaciones individuales (artículos, capítulos de libro, etc.). Además de contar con un índice bibliográfico muy completo, esta herramienta permite hacer búsquedas por regiones concretas, búsquedas léxicas e incluso temáticas. Tiene como gran defecto, como viene siendo habitual en muchas bases de datos epigráficas en la web, la carencia de aparato crítico, comentarios y fotografías, además de ser poco precisa en aquello relativo a la datación de cada inscripción.

Existen otras bases de datos de epigrafía griega y (fundamentalmente) latina realmente útiles por la información que aportan de cada inscripción, las fotografías y calcos digitalizados que el/la alumno/a puede encontrar en ellas y particularmente por aportar referencias bibliográficas actualizadas, así como enlaces a otras bases de datos. Entre ellas destacamos *Epigraphic Database Roma*, abreviada como *EDR*[22] y que se enmarca en el proyecto *Europeana EAGLE*; *Epigraphic Database Clauss Slaby*, conocido por sus siglas *EDCS*[23] y que gestionan la Universidad de Zúrich y la Universidad Católica de Eichstätt – Ingolstads de Baviera; y la *Epigraphic Database Heidelberg*, más conocida por sus siglas *EDH*[24] y administrada por la Universidad de Heidelberg y la Biblioteca Estatal de Baviera, que además incluye un listado de otras páginas web y bases de datos epigráficas en la pantalla de presentación.

Otra página web interesante para el estudio de la epigrafía griega, concretamente inscripciones en alfabetos griegos arcaicos locales (llamados también *alfabetos epicóricos*), es *The Anne Jeffery Archive – Poinikastas*,[25] respaldada por la Universidad de Oxford. Se trata de un sitio web con los documentos, dibujos y fotografías del archivo de la epigrafista Lilian Hamilton Jeffery, quien, a su muerte, cedió todo este material a la Facultad de *Litterae Humaniores* de la Universidad de

---

[21] https://epigraphy.packhum.org (fecha de consulta: 5 de febrero de 2025).
[22] http://www.edr-edr.it/default/index.php (fecha de consulta: 2 de julio de 2025).
[23] http://www.manfredclauss.de (fecha de consulta: 2 de julio de 2025).
[24] https://edh.ub.uni-heidelberg.de fecha de consulta: 2 de julio de 2025).
[25] http://poinikastas.csad.ox.ac.uk/introduction.shtml (fecha de consulta: 13 de febrero de 2025).

Oxford. Es una herramienta de gran valor que permite hacer búsquedas por regiones, alfabetos locales, contexto arqueológico, particularidades de las letras, tipo de material y otros aspectos concretos.

Una base de datos que en la actualidad goza de gran movimiento es *Attic Inscriptions Online (AIO)*,[26] que alberga traducciones al inglés de las inscripciones de Atenas y el Ática. Esta base de datos también permite hacer búsqueda simple o avanzada (datación, tipo de inscripción, lugar de descubrimiento o conservación, etc.). Además, en ella se pueden encontrar enlaces a publicaciones sobre esta misma temática.

Desde la Universidad de Hamburgo se gestiona una base de datos sobre la epigrafía antigua de Asia Menor, la *Epigraphische Datenbank zum antiken Kleinasien*.[27] Esta herramienta permite, además de hacer búsquedas concretas, consultar bibliografía específica, mapas e información sobre el proyecto, entre otros asuntos. También para Asia Menor existe la base de datos *Inscriptions of Aphrodisias Project*,[28] en la que el/la usuario/a puede encontrar información sobre las inscripciones de la ciudad de Afrodisias. Esta página web está bajo el control del King's College de Londres.

Es igualmente interesante la web *Inscriptions de Thespies*,[29] en la que se halla alojada información y enlaces (en francés) sobre la epigrafía de esta ciudad de Beocia; el proyecto se enmarca en el instituto *HiSoMA*. Por otra parte, el King's College London también sostiene *Inscriptions of Roman Tripolitana*,[30] base de datos que contiene cuantiosas inscripciones griegas de la provincia romana tripolitana. Pese a ser una herramienta útil, desde hace unos años la función de buscar y la consulta del mapa no están accesibles.

Por último, conviene comentar algunas páginas web que actúan como repositorios de enlaces sobre epigrafía griega. En castellano encontramos, en el entorno *Open Course Ware* de la Universidad de La Laguna, el curso titulado *Técnicas auxiliares para el estudio del griego* del profesor Ángel Martínez Fernández,[31] que ofrece una asombrosa cantidad de materiales de diferente tipología (inscripciones de Creta, enlaces de epigrafía griega, información sobre museos y asociaciones, bibliografía, etc.). No tan completa y en lengua inglesa, encontramos el listado con enlaces para el estudio de la epigrafía griega en *The Sara B. Aleshire Center for the Study of Greek Epigraphy*,[32] dividido en textos, herramientas

---

[26] https://www.atticinscriptions.com (fecha de consulta: 5 de febrero de 2025).

[27] https://www.epigraphik.uni-hamburg.de/content/index.xml (fecha de consulta: 5 de febrero de 2025).

[28] https://insaph.kcl.ac.uk/insaph/index.html (fecha de consulta: 5 de febrero de 2025).

[29] https://www.hisoma.mom.fr/production-scientifique/les-inscriptions-de-thespies (fecha de consulta: 13 de febrero de 2025).

[30] https://irt2021.inslib.kcl.ac.uk/en/ (fecha de consulta: 2 de julio de 2025).

[31] https://campusvirtual.ull.es/ocw/course/view.php?id=84 (fecha de consulta: 2 de julio de 2025).

[32] https://aleshire.berkeley.edu/resources (fecha de consulta: 13 de febrero de 2025).

epigráficas, publicaciones de acceso abierto, asociaciones, centros y proyectos y blogs, noticias y tecnología.

5. PUBLICACIONES PERIÓDICAS CON NOVEDADES SOBRE INSCRIPCIONES GRIEGAS (ENTRE OTRAS DISCIPLINAS EPIGRÁFICAS)

Dada la naturaleza de una disciplina como la epigrafía, con inscripciones que surgen del subsuelo cada año, no resulta sorprendente que la comunidad científica haya necesitado la creación de una serie de publicaciones periódicas con novedades, bien por los nuevos descubrimientos, bien por las novedosas ediciones propuestas por los expertos. Normalmente en todos ellos las inscripciones comentadas se distribuyen geográficamente.

La publicación de estas características más longeva hasta la fecha es el *Bulletin de Correspondance Hellénique* (*BCH*), que desde 1877 publica la Escuela Francesa de Atenas. En 1888 vieron la luz otras dos series de publicaciones periódicas sobre epigrafía también en el ámbito de la academia francesa. Se trata del *Bulletin Epigraphique* (*BE* dentro de la *Revue des Études Grecques*), publicado en París por *Les Belles-Lettres*, y la *Année Épigraphique* (*AE*), también publicada en París, en esta ocasión por *Presses universitaires de France*.

Otra serie de estas características es el *Supplementum Epigraphicum Graecum* (*SEG*), editado en Ámsterdam, que se publica de manera casi ininterrumpida desde su creación en 1923. Las entradas en el *SEG* también son conocidas por su alto rigor científico. Actualmente está disponible en línea.[33]

Dentro de los estudios sobre las prácticas religiosas en la antigua Grecia, surgió en 1993 el *Epigraphic Bulletin for Greek Religion* (*EBGR*),[34] que compendia las novedades sobre inscripciones relacionadas con la religiosidad griega. Esta serie sigue publicándose y resulta verdaderamente útil, aunque, a diferencia de *SEG*, no incluye los textos.

Dentro de esta categoría de series destacamos también *Hispania Epigraphica* (*HEp*), editada desde 1995, y que, con el mismo formato, aporta novedades anualmente sobre la epigrafía de Hispania. En ocasiones hay alguna noticia sobre epigrafía griega, aunque son más abundantes las entradas sobre epigrafía latina o paleohispánica.

---

[33] El enlace de acceso es https://scholarlyeditions.brill.com/sego/ (fecha de consulta: 22 de marzo de 2025).

[34] Su página web es https://journals.openedition.org/kernos/605?lang=en (fecha de consulta: 13 de febrero de 2025).

Por último, añadimos a este breve catálogo el *Bulletin of the American Society of Greek and Latin Epigraphy* (*ASGLE Bulletin*),[35] que dos veces al año desde 2017 publica noticias sobre nuevas publicaciones, conferencias, proyectos, premios y breves artículos.

6. REVISTAS DE TEMÁTICA EPIGRÁFICA EN LAS QUE SE PUBLICAN FRECUENTEMENTE ESTUDIOS SOBRE INSCRIPCIONES GRIEGAS

Hay un nutrido número de revistas de filología clásica en las que, entre otros temas o ámbitos de estudio, se publican artículos sobre epigrafía (griega o latina). Sin embargo, en el presente apartado nos vamos a centrar únicamente en algunas revistas que versan en exclusiva sobre inscripciones griegas y latinas (aunque a veces incluyen epigrafía en otras lenguas).[36]

Las dos revistas epigráficas más prestigiosas son *Epigraphica*[37] (italiana), editada desde 1939, y *Zeitschrift für Papyrologie und Epigraphik*[38] (más conocida por su abreviatura, *ZPE*; esta revista es alemana). *Epigraphica* publica un volumen al año y acostumbra a constar de artículos de una extensión considerable. En cambio, *ZPE*, con más artículos por número, pero generalmente de menor extensión, produce entre cuatro y cinco números al año, algo que la convierte en una de las revistas de temática epigráfica más prolífica. *Epigraphica* fue fundada en el 1939 por Aristide Calderini, mientras que *ZPE* nació en 1967 de la mano de Reinhold Merkelbach y Ludwig Koenen.

En 1994, el profesor Marc Mayer i Olivé fundó desde la Universidad de Barcelona la revista *Sylloge epigraphica Barcinonensis* (abreviada como *SEBarc*), en la que se publican artículos y notas sobre epigrafía griega y latina. *Sylloge epigraphica Barcinonensis* publica un número por año, aunque cuenta con anejos, que en los últimos años se han multiplicado.

Una revista de temática epigráfica cuyos números se publican de manera totalmente electrónica es *Grammateion – ΓΡΑΜΜΑΤΕΙΟΝ. Electronic Journal on Ancient Greek Epigraphy, Topography and History - Ἠλεκτρονικὸ περιοδικὸ ἀρχαίαξ ἑλληνικῆς ἐπιγραφικῆς, τοπογραφίας καὶ ἱστορίας* (conocida simplemente

---

[35] Se pueden consultar todos los volúmenes en https://www.asgle.org/bulletin-archive/ (fecha de consulta: 13 de febrero de 2025).

[36] Un listado más extenso se puede leer en de Hoz, 2008: 38.

[37] *Epigraphica*, 1939-. Su página web oficial es https://www.epigraphica.it (fecha de consulta: 15 de febrero de 2025).

[38] *ZPE*, 1967-. Su sitio web oficial es https://ifa.phil-fak.uni-koeln.de/forschung/zeitschriften-reihen/zeitschrift-fuer-papyrologie-und-epigraphik-zpe/downloads (fecha de consulta: 22 de marzo de 2025).

como *Grammateion*).[39] Esta revista nació en 2012, se enmarca en las publicaciones de la *Greek Epigraphic Society* y tiene una periodicidad anual.

En 2018, un equipo encabezado por Cédric Brélaz creó *The Journal of Epigraphic Studies* (también conocido como *JES*), que se edita en Roma. Esta revista de carácter internacional se publica anualmente y trata de recoger novedades relativas a la epigrafía griega y latina. Por ahora carece de página web oficial. Ese mismo año, el equipo del Archivo Epigráfico de Hispania lanzó el primer número del *Boletín del Archivo Epigráfico de Hispania* (*BAE*).[40] Hasta 2021 el *BAE* se publicaba semestralmente; desde 2022, su periodicidad es anual.

7. ¿DÓNDE ENCONTRAR FOTOGRAFÍAS DE LAS INSCRIPCIONES?

Si se consulta la mayor parte de los *corpora* que hemos citado en este documento, se advertirá que muchos no incorporan fotografías de las inscripciones. Esto generalmente se debe al alto coste que ya tiene la publicación de estudios de esta calidad, algo que dificulta la inserción de fotografías en ellos. Cabe decir que, en el caso de las revistas, los artículos con nuevas ediciones de cualquier inscripción griega sí acostumbran a incluir material fotográfico para justificar las lecturas propuestas.

Sin embargo, hay otros métodos para conseguir fotografías de las inscripciones griegas. Uno de los más eficaces es acudir a las bases de datos epigráficas mencionadas en el punto 4 de este capítulo (*EDR*, *EDCS* y *EDH*) y comprobar también los enlaces a otras bases de datos que incorporan las entradas para cada inscripción. Otra opción es la consulta de repositorios en línea y de acceso abierto, siendo los más completos Wikimedia Commons[41] y Flickr.[42] El gran inconveniente de estos repositorios en línea es que en muchos casos las inscripciones no van acompañadas de ninguna información identificativa. Cuando tengamos constancia de que la inscripción se conserva en un museo específico, aconsejamos consultar las fotografías de las colecciones del museo en cuestión alojadas en su página web.

Este problema desaparece si el/la lector/a, en lugar de querer acceder a fotografías, busca calcos de éstas. En efecto, centros o institutos en universidades

---

[39] Sus números están disponibles en https://grammateion.gr/en/the-journal (fecha de consulta: 14 de febrero de 2025).

[40] Los números publicados se pueden consultar en https://www.ucm.es/archivoepigraficohispania/archivos (fecha de consulta: 13 de febrero de 2025).

[41] La búsqueda de *Greek epigraphy* genera un número importante de resultados, como se puede comprobar en https://commons.wikimedia.org/w/index.php?search=greek+inscription&title=Special:MediaSearch&go=Go&type=image (fecha de consulta: 22 de febrero de 2025).

[42] El mismo sintagma genera 844 resultados (https://www.flickr.com/search/?text=greek%20epigraphy&view_all=1 [fecha de consulta: 22 de febrero de 2025]).

prestigiosas han digitalizado, estudiado y publicado en la web los calcos de algunas inscripciones. Destacamos *The Squeeze Collection* de la Universidad de Oxford[43], *Venice Squeeze Project* de la Universidad Ca' Foscari de Venecia[44] y el *Archivium Corporis Electronicum* del centro *Corpus Inscriptionum Latinarum* de la Berlin-brandenburgische Akademie der Wissenschaften, que a veces conserva inscripciones bilingües en griego y en latín.[45]

8. MUSEOS EPIGRÁFICOS (O) CON IMPORTANTES COLECCIONES DE INSCRIPCIONES GRIEGAS

Queremos concluir este capítulo con un breve catálogo de museos arqueológicos que contienen colecciones de inscripciones griegas de importante valor.[46]

El primero es el Museo Epigráfico de Atenas,[47] situado al lado del Museo Arqueológico Nacional. Se fundó con el fin de proteger, conservar, estudiar y exhibir su colección de inscripciones griegas, que es la más grande del mundo. Alberga aproximadamente 14.078 epígrafes, la mayor parte de ellos en griego, aunque también guarda ejemplares en otras lenguas (fenicio, hebreo y latín, entre otras).

Otro museo epigráfico, concretamente *lapidario*, con una importante colección de inscripciones griegas (aunque abundan más las latinas) es el Museo Lapidario Maffeiano de Verona.[48] La existencia de este museo se debe al estudioso Francesco Scipione Maffei (1675-1755), célebre museólogo interesado en la epigrafía. En la actualidad, el museo cuenta con una colección de inscripciones funerarias griegas que oscilan entre los ss. V a. C. al V d. C., muchas de ellas procedentes de Asia Menor.

El/la lector/a también podrá encontrar una gran colección de inscripciones griegas en museos arqueológicos que no llevan el calificativo de *museos epigráficos*. Un museo que goza de una de las mayores colecciones de inscripciones griegas es el

---

[43] Cuya página web oficial es https://www.csad.ox.ac.uk/squeeze-collection-0 (fecha de consulta: 22 de febrero de 2025).
[44] El enlace de este proyecto es https://pric.unive.it/projects/venice-squeeze-project/home (fecha de consulta: 2 de julio de 2025).
[45] https://cil.bbaw.de/ace/search?page=1 (fecha de consulta: 2 de julio de 2025).
[46] Un listado más extenso se puede encontrar en el curso web de Ángel Martínez Fernández: https://campusvirtual.ull.es/ocw/course/view.php?id=84 (fecha de consulta: 2 de julio de 2025).
[47] Su página web oficial es https://epigraphicmuseum.gr/en/epigraphic-museum/ (fecha de consulta: 16 de febrero de 2025).
[48] Para más información, consúltese https://museomaffeiano.comune.verona.it/nqcontent.cfm?a_id=43340 (fecha de consulta: 16 de febrero de 2025).

Museo de Pérgamo de Berlín.[49] El Museo Británico también alberga una cantidad envidiable de epígrafes en lengua griega (entre otras), tanto expuestos en la Galería de Inscripciones Clásicas como conservados en los almacenes.[50] Para la epigrafía griega de Asia Menor son interesantes el Museo Arqueológico de Bergama (Esmirna),[51] el Museo Arqueológico de Esmirna[52] y el Museo Arqueológico de Estambul,[53] entre otros.

Un museo con una colección de inscripciones griegas (y primordialmente latinas) considerable es el de las Termas de Diocleciano en Roma,[54] una de las sedes que conforman Museo Nacional Romano. En este museo se conservan algunas de las inscripciones más famosas de la historia romana. En Roma hay otros museos con colecciones interesantes de epigrafía griega, como los Museos Vaticanos (especialmente la Galería Lapidaria[55] y el Lapidario profano *ex Lateranense*;[56] ambas se encuentran cerradas al público) o los Museos Capitolinos.[57]

El *David M. Robinson Memorial* del Museo de la Universidad de Mississippi acoge también una interesante colección de inscripciones griegas, entre otras piezas artísticas.[58] Otra importante colección de epigrafía griega es la que se conserva en el Museo Grecorromano de Alejandría.[59] Para estudiar las inscripciones griegas sobre monedas, es interesante la colección del *The Fitzwilliam Museum* de la Universidad de Cambridge.[60] Otras universidades que cuentan con museos con una importante cantidad de inscripciones griegas (y latinas) son la Universidad de Michigan y su

---

[49] Su sitio web oficial es https://www.smb.museum/en/museums-institutions/antikensammlung/collection-research/the-collection/ (fecha de consulta: 16 de febrero de 2025).

[50] Véase https://www.britishmuseum.org/collection/galleries/classical-inscriptions (fecha de consulta: 16 de febrero de 2025).

[51] Su sitio web es https://muze.gov.tr/muze-detay?SectionId=BRG01&DistId=MRK (fecha de consulta: 22 de marzo de 2025).

[52] Véase https://www.turkishmuseums.com/museum/detail/2080-izmir-archaeology-museum/2080/4 (fecha de consulta: 22 de marzo de 2025).

[53] Su sitio web es https://muze.gov.tr/muze-detay?SectionId=IAR01&DistId=IAR (fecha de consulta: 22 de marzo de 2025).

[54] Para más información sobre este museo, véase https://museonazionaleromano.beniculturali.it/terme-di-diocleziano/ (fecha de consulta: 17 de febrero de 2025).

[55] Véase https://m.museivaticani.va/content/museivaticani-mobile/es/collezioni/musei/galleria-lapidaria/galleria-lapidaria.html (fecha de consulta: 17 de febrero de 2025).

[56] https://m.museivaticani.va/content/museivaticani-mobile/es/collezioni/musei/lapidario-profano-ex-lateranense/lapidario-profano-ex-lateranense.html (fecha de consulta: 17 de febrero de 2025).

[57] Cuya página web oficial es http://www.museicapitolini.org (fecha de consulta: 17 de febrero de 2025).

[58] Más detalles se pueden encontrar en su sitio web https://museum.olemiss.edu/collections/robinson/ (fecha de consulta: 16 de febrero de 2025).

[59] Véase http://www.alexandria.gov.eg/Alex/english/Graeco%20Roman%20Museum.html (fecha de consulta: 17 de febrero de 2025).

[60] Su catálogo se puede consultar en https://fitzmuseum.cam.ac.uk (fecha de consulta: 17 de febrero de 2025).

Kelsey Museum of Archaeology[61] y la Universidad de Cambridge y su *The Museum of Classical Archaeology.*[62]

Muy interesante es la colección de inscripciones griegas que guarda el Museo Metropolitano de Nueva York. Dentro de la sección *Greek and Roman Art*, si se escribe en el buscador *inscription*, la página web genera 1617 resultados.[63] Otro gran museo que, entre sus concurridas salas, goza de un espacio importante para albergar un cuantioso número de inscripciones griegas es el Museo del Louvre en París, concretamente en el departamento de antigüedades griegas, etruscas y romanas.[64]

BIBLIOGRAFÍA
Recursos impresos

AE = Année épigraphique (1888-), París, Presses universitaires de France.

Bérard, Françoise; Feissel, Denis; Laubry, Nicolas; Petitmengin, Pierre; Rousset, Denis; y Michel Sève et coll. (2000), *Guide de l'épigraphiste. Bibliographie choise des épigraphies antiques et médiévales*, París, Rue d'Ulm.

Bernabé, Alberto y Eugenio Luján (2006), *Introducción al Griego Micénico. Gramática, selección de textos y glosario*, Zaragoza, Prensas Universitarias de Zaragoza.

Bernand, André y Étienne Bernand (1960), *Les inscriptions grecques et latines du Colosse de Memnon*, París, Institut Français d'Archéologie Orientale.

Bernand, Étienne (1982-1983), *Inscriptions grecques d'Égypte et de Nubie. Répertoire bibliographique des OGIS*, París, Les Belles Lettres. https://doi.org/10.3406/ista.1982.1192

Bruun, Christer y Jonathan Edmonson (2015), «The Epigrapher at Work», en Christer Bruun y Jonathan Edmonson (ed.), *The Oxford Handbook of Roman Epigraphy*, Oxford, Oxford University Press, pp. 3-20. https://doi.org/10.1093/oxfordhb/9780195336467.013.001

Buck, Carl Darling (1955), *The Greek Dialects*, Bristol, Bristol Classical Press.

Calderini, Aristide (1974), *Epigrafia*, Turín, Società Editrice Internazionale.

CID = Corpus des inscriptions de Delphes (1977-)*, 5 vols.*, Atenas, Ècole Françaose d'Athènes.

---

[61] https://lsa.umich.edu/kelsey/collections/search-collections.html (fecha de consulta: 17 de febrero de 2025).

[62] Su página web oficial es https://www.classics.cam.ac.uk/museum (fecha de consulta: 17 de febrero de 2025).

[63] Como bien podéis comprobar en https://www.metmuseum.org/art/collection/search?q=inscription&department=13 (fecha de consulta: 17 de febrero de 2025).

[64] El buscador de este departamento genera un total de 5369 resultados con la palabra *inscription*. Consultad https://collections.louvre.fr/en/recherche?limit=100&q=inscription&collection%5B0%5D=1 (fecha de consulta: 17 de febrero de 2025).

Cortés Copete, Juan Manuel (1999), *Epigrafía Griega*, Madrid, Cátedra.

Curbera, J. (ed.) (próximamente), *Inscriptiones Graecae XVI. Inscriptiones Atticae. Defixiones Atticae*. Berlín: De Gruyter.

Davies, John y John Wilkes (ed.) (2012), *Epigraphy and the Historical Sciences*, Oxford, Oxford University Press. https://doi.org/10.5871/bacad/9780197265062.001.0001

Del Barrio Vega, María Luisa (1992), *Epigramas funerarios griegos*, Madrid, Gredos.

Di Stefano Manzella, Ivan (1987), *Mestiere di epigrafista. Guida alla schedatura del materiale epigrafico lapideo*, Roma, Quasar.

Gager, John G. (1992), *Curse Tablets and Binding Spells from the Ancient World*, New York – Oxford, Oxford University Press. https://doi.org/10.1093/oso/9780195062267.001.0001

Ghinatti, Franco (1998), *Profilo di epigrafia greca*, Rubbettino, Soveria Mannelli.

Guarducci, Margherita (1967-1978), *Epigrafia Greca, 4 vols.*, Roma, Libreria dello Stato.

Guarducci, Margherita (1987), *L'epigrafia greca dalle origini al Tardo Impero*, Roma, Istituto Poligrafico e Zecca dello Stato.

GV = Peek, Werner (1955), *Griechische Vers-Inschriften*, Berlín, Akademie Verlag.

Hansen, Peter Allan (1983-1989), *Carmina Epigraphica Graeca, 2 vols.*, Berlín y Nueva York, Walter de Gruyter.

Hondius, Jacobus Johannes Ewoud y John Bryan Hainsworth (1950-1972), *Tituli ad Dialectos graecas illustrandas selectis, 2 vols.*, Leiden, Brill. https://doi.org/10.1163/9789004620889

IG = *Inscriptiones Graecae* (1873-), Berlín, Walter de Gruyter.

IGUR = Moretti, Luigi (1968-1990), *Inscriptiones Graecae urbis Romae, 4 vols.*, Roma, Istituto Italiano per la Storia Antica.

IK = *Inschriften griechischer Städte aus Kleinasien* (1972-), Bonn, R. Habelt.

Jeffery, Lilian Hamilton (1961), *The Local Scripts of Archaic Greece: a Study of the Origin of the Greek Alphabet and its Development from eight to the fifth centuries B. C.*, Oxford, Clarendon Press.

JES = *The Journal of Epigraphic Studies* (2018-), Roma, Fabrizio Serra editore.

Kaibel, Georg (1878), *Epigrammata Graeca ex lapidibus conlecta*, Berlín, G. Reimer. https://doi.org/10.1515/9783112394885

Klaffenbach, Günther (1957), *Griechische Epigraphik*, Gotinga, Vanden Hoeck & Ruprecht.

López Jimeno, Amor (2001), *Textos griegos de maleficio*, Madrid, Akal.

Martínez Fernández, Ángel (ed.) (2009), *Estudios de epigrafía griega*, Tenerife, Universidad de La Laguna Publicaciones.

McLean, Bradley Hudson (2002), *An Introduction to Greek Epigraphy of the Hellenistic and Roman Periods from Alexander the Great down to the Reign of Constantine (323 B.C.- A.D. 337)*, Michigan, University of Michigan Press.

Meiggs, Russell y David Malcolm Lewis (1989), *A Selection of Greek Historical Inscriptions to the End of the Fifth Century B.C.,* Oxford, Clarendon Press.

Merkelbach, Reinhold y Josef Stauber (1998-2004), *Steinepigramme aus dem Griechischen Osten, 5 vols.*, Stuttgart – Leipzig, Walter de Gruyter.

Moretti, Luigi (1967), *Iscrizioni storiche ellenistiche*, Florencia, La nuova Italia.

Nachmanson, Ernst (1913), *Historische attische Inschriften*, Berlín, Walter de Gruyter. https://doi.org/10.1515/9783111657226

Pfohl, Gerhard (1977), *Das Studium der griechischen Epigraphik. Eine Einführung*, Darmstadt, Wissenschaftliche Buchgesellschaft.

Pleket, Henry Williams (1964-1969), *Epigraphica*, Leiden, Brill. https://doi.org/10.1163/9789004621022

Pouilloux, Jean (1960), *Choix d'inscriptions grecques. Textes, traduction et notes*, París, Les Belles-Lettres.

Rémy, Bernard y François Kayser (1999), *Initiation à l'épigraphie grecque et latine*, París, Ellipses.

Rhoby, Andreas (ed.) (2015), *Inscriptions in Byzantium and Beyond. Methods – Projects – Case Studies*, Viena, Verlag der Österreichischen Akademie der Wissenschaften. https://doi.org/10.2307/j.ctv8d5td5

Rhoby, Andreas y Ida Toth (ed.) (2023), *Studies in Byzantine Epigraphy*, Turnhout, Brepols. https://doi.org/10.1484/M.SBE-EB.5.120716

Robert, Louis (1970), *Die Epigraphik der klassischen Welt*, Bonn, Rudolf Habelt.

Roberts, Ernest Stewart y Ernest Arthur Gardner (2011), *An introduction to Greek epigraphy*, Cambridge, Cambridge University Press. https://doi.org/10.1017/CBO9780511696909

Recursos en línea

AIO. Disponible en https://www.atticinscriptions.com (fecha de consulta: 5 de febrero de 2025).

ASGLE Bulletin. Disponible en https://www.asgle.org/bulletin-archive/ (fecha de consulta: 13 de febrero de 2025).

Audollent, Auguste (1904), *Defixionum tabellae quotquot innotuerunt, tam in Graecis Orientis quam in totius Occidentis partibus praeter Atticas in Corpore inscriptionum atticarum editas*, París, A. Fontemoing. Disponible en https://archive.org/details/defixionumtabel00audogoog (fecha de consulta: 22 de marzo de 2025).

BAE = Boletín del Archivo Epigráfico de Hispania (2018-). Disponible en https://www.ucm.es/archivoepigraficohispania//archivos (fecha de consulta: 13 de febrero de 2025).

BCH = Bulletin de Correspondance Hellénique (1877-), Atenas, Escuela Francesa de Atenas. Disponible en https://www.persee.fr/collection/bch (fecha de consulta: 22 de marzo de 2025).

BE = Bulletin Epigraphique (1888-), París, Les Belles Lettres. Disponible en https://www.persee.fr/collection/reg (fecha de consulta: 22 de marzo de 2025).

Bodel, John (ed.) (2001), *Epigraphic Evidence: Ancient history from inscriptions*, London, Routledge. Disponible en https://books.google.es/books/about/Epigraphic_Evidence.html?id=MEhehbWzjUYC &redir_esc=y (fecha de consulta: 22 de marzo de 2025).

Búsqueda de *Greek epigraphy* en Flickr: https://www.flickr.com/search/?text=greek%20epigraphy&view_all=1 (fecha de consulta: 22 de febrero de 2025).

Búsqueda de *Greek epigraphy* en Wikimedia Commons: https://commons.wikimedia.org/w/index.php?search=greek+inscription&title=Special: MediaSearch&go=Go&type=image (fecha de consulta: 22 de febrero de 2025).

Cagnat, René (1906-1927), *Inscriptiones Graecae ad res Romanas pertinentes, 3 vols.*, París, Ernest Leroux. Disponible en https://archive.org/details/inscriptionesgra04cagnuoft/page/n7/mode/2up (fecha de consulta: 22 de marzo de 2025).

Chadwick, John (1958), *The decipherment of Linear B*, Cambridge, Cambridge University Press. Disponible en https://archive.org/details/ChadwickJohnTheDeciphermentOfLinearB1958_ (fecha de consulta: 22 de marzo de 2025).

CIG = Corpus Inscriptionum Graecarum (1828-1877), *4 vols.*, Berlín, Officina Academica. Disponible en https://archive.org/details/bub_gb_s5X4lUGIFBkC/page/n3/mode/2up (fecha de consulta: 22 de marzo de 2025).

Cook, Brian Francis (1987), *Greek Inscriptions. Reading the Past*, California, University of California Press y British Museum. Disponible en https://archive.org/details/bub_gb_Kp806ShRDh8C (fecha de consulta: 22 de marzo de 2025).

David M. Robinson Memorial del Museo de la Universidad de Mississippi. Disponible en https://museum.olemiss.edu/collections/robinson/ (fecha de consulta: 16 de febrero de 2025).

De Hoz, María Paz (2008), «Epigrafía», en Francisco Rodríguez Adrados, José Antonio Berenguer Amenós, Eugenio Ramón Luján Martínez y Juan Rodríguez Somolinos (ed.), *Veinte años de filología griega (1984-2004)*, Madrid, CSIC, pp. 37-61. Disponible en https://books.google.es/books/about/Veinte_años_de_filología_griega_1984_2.html?id =sDPcBJYDZ50C&redir_esc=y (fecha de consulta: 22 de marzo de 2025).

Dittenberger, Wilhelm (1917-1920), *Sylloge Inscriptionum Graecarum, 4 vols.*, Leipzig, S. Hirzelium. Disponible en https://archive.org/details/syllogeinscripti02dittuoft/page/n5/mode/2up (fecha de consulta: 22 de marzo de 2025).

EBGR = Epigraphic Bulletin for Greek Religion (1993-), Kernos. Disponible en https://journals.openedition.org/kernos/605?lang=en (fecha de consulta: 13 de febrero de 2025).

EDCS = Epigraphic Database Clauss Slaby. Disponible en http://www.manfredclauss.de (fecha de consulta: 2 de julio de 2025).

EDH = Epigraphic Database Heidelberg. Disponible en https://edh.ub.uni-heidelberg.de (fecha de consulta: 2 de julio de 2025)

EDR = Epigraphic Database Roma. Disponible en http://www.edr-edr.it/default/index.php (fecha de consulta: 2 de julio de 2025).

Epigraphica. Disponible en https://www.epigraphica.it (fecha de consulta: 15 de febrero de 2025).

Epigraphica. Periodico internazionale di epigrafia (1939-), Sassari, Carocci. Disponible en https://www.epigraphica.it/volumi/ (fecha de consulta: 22 de marzo de 2025).

Epigraphische Datenbank zum antiken Kleinasien. Disponible en https://www.epigraphik.uni-hamburg.de/content/index.xml (fecha de consulta: 5 de febrero de 2025).

Galería Lapidaria de los Museos Vaticanos. Disponible en https://m.museivaticani.va/content/museivaticani-mobile/es/collezioni/musei/galleria-lapidaria/galleria-lapidaria.html (fecha de consulta: 17 de febrero de 2025).

GIBM = The Collection of Greek Inscriptions in the British Museum (1874-1916), *4 vols.*, Oxford, Clarendon Press. Disponible en https://archive.org/details/GIBMIIVGreekInscriptionsInTheBritishMuseum4VolumesIn1File (fecha de consulta: 22 de marzo de 2025).

Grammateion = Grammateion – ΓΡΑΜΜΑΤΕΙΟΝ. Electronic Journal on Ancient Greek Epigraphy, Topography and history - Ἠλεκτρονικὸ περιοδικὸ ἀρχαίαξ ἑλληνικῆς ἐπιγραφικῆς, τοπογραφίας καὶ ἱστορίας (2012-). Disponible en https://grammateion.gr/en/the-journal (fecha de consulta: 14 de febrero de 2025).

Grammateion. Disponible en https://grammateion.gr/en/the-journal (fecha de consulta: 14 de febrero de 2025).

Guarducci, Margherita (1935-1950), *Inscriptiones Creticae, opera et consilio Friderici Halbherr collectas, 4 vols.*, Roma, Librería dello Stato. Disponible en https://anemi.lib.uoc.gr/metadata/2/2/0/metadata-203-0000001.tkl (fecha de consulta: 22 de marzo de 2025).

HEp = Hispania Epigraphica (1995-), Madrid, Ediciones Complutense. Disponible en https://revistas.ucm.es/index.php/HIEP/issue/archive (fecha de consulta: 22 de marzo de 2025).

Hunter, Richard (2022), *Greek Epitaphic Poetry. A Selection*, Cambridge, Cambridge University Press. Disponible en https://books.google.es/books?id=kOViEAAAQBAJ&hl=es&source=gbs_book_other_versions (fecha de consulta: 22 de marzo de 2025).

IG. Disponible en https://www.bbaw.de/en/research/inscriptiones-graecae (fecha de consulta: 11 de febrero de 2025).

IGEP = de Hoz, María Paz (2014), *Inscripciones Griegas de España y Portugal*, Madrid, Real Academia de Historia. Disponible en https://www.academia.edu/8418992/Inscripciones_griegas_de_España_y_Portugal_Madrid_RAH_2014 (fecha de consulta: 22 de marzo de 2025).

IGF = Decourt, Jean-Claude (2004), *Inscriptions grecques de la France*, Lyon, Maison de l'Orient et de la Méditerranée. Disponible en https://www.persee.fr/doc/mom_1955-4982_2004_mon_38_1 (fecha de consulta: 22 de marzo de 2025).

IGLS = *Inscriptions grecques et latines de la Syrie* (1905-), París, Paul Geuthner. Disponible en https://igls.mom.fr (fecha de consulta: 22 de marzo de 2025).

IGLS. Disponible en https://igls.mom.fr (fecha de consulta: 11 de febrero de 2025).

IK. Disponible en https://ifa.phil-fak.uni-koeln.de/zeitschriften-reihen/inschriften-griechischer-staedte-aus-kleinasien-ik/uebersicht-bisher-erschienener-baende (fecha de consulta: 12 de febrero de 2025).

Inscriptions de Thespies. Disponible en https://www.hisoma.mom.fr/production-scientifique/les-inscriptions-de-thespies (fecha de consulta: 13 de febrero de 2025).

Inscriptions of Aphrodisias Project. Disponible en https://insaph.kcl.ac.uk/insaph/index.html (fecha de consulta: 5 de febrero de 2025).

Inscriptions of Roman Tripolitana. Disponible en https://irt2021.inslib.kcl.ac.uk/en/ (fecha de consulta: 2 de julio de 2025).

Instituto Austríaco de Arqueología. Disponible en https://www.oeaw.ac.at/en/oeai/publishing/series/ergaenzungsbaende-zu-den-tituli-asiae-minoris (fecha de consulta: 2 de julio de 2025).

Kelsey Museum of Archaeology de la Universidad de Michigan. Disponible en https://lsa.umich.edu/kelsey/collections/search-collections.html (fecha de consulta: 17 de febrero de 2025).

Lapidario profano ex Lateranense de los Museos Vaticanos. Disponible en https://m.museivaticani.va/content/museivaticani-mobile/es/collezioni/musei/lapidario-profano-ex-lateranense/lapidario-profano-ex-lateranense.html (fecha de consulta: 17 de febrero de 2025).

MAMA = *Monumenta Asiae Minoris Antiqua* (1928-2013), *11 vols.*, Londres – Manchester, University Press. Disponible (parcialmente) en https://archive.org/details/monumentaasiaemi0000unse_y2m3 (fecha de consulta: 22 de marzo de 2025).

Museo Arqueológico de Bergama. Disponible en https://muze.gov.tr/muze-detay?SectionId=BRG01&DistId=MRK (fecha de consulta: 22 de marzo de 2025).

Museo Arqueológico de Esmirna. Disponible en https://www.turkishmuseums.com/museum/detail/2080-izmir-archaeology-museum/2080/4 (fecha de consulta: 22 de marzo de 2025).

Museo Arqueológico de Estambul. Disponible en https://muze.gov.tr/muze-detay?SectionId=IAR01&DistId=IAR (fecha de consulta: 22 de marzo de 2025).

Museo Británico. Disponible en https://www.britishmuseum.org/collection/galleries/classical-inscriptions (fecha de consulta: 16 de febrero de 2025).

Museo de Pérgamo de Berlín. Disponible en https://www.smb.museum/en/museums-institutions/antikensammlung/collection-research/the-collection/ (fecha de consulta: 16 de febrero de 2025).

Museo del Louvre. Disponible en https://collections.louvre.fr/en/recherche?limit=100&q=inscription&collection%5B0%5D=1 (fecha de consulta: 17 de febrero de 2025).

Museo Epigráfico de Atenas. Disponible en https://epigraphicmuseum.gr/en/epigraphic-museum/ (fecha de consulta: 16 de febrero de 2025).

Museo Grecorromano de Alejandría. Disponible en http://www.alexandria.gov.eg/Alex/english/Graeco%20Roman%20Museum.html (fecha de consulta: 17 de febrero de 2025).

Museo Lapidario Maffeiano de Verona. Disponible en https://museomaffeiano.comune.verona.it/nqcontent.cfm?a_id=43340 (fecha de consulta: 16 de febrero de 2025).

Museo Metropolitano de Nueva York. Disponible en https://www.metmuseum.org/art/collection/search?q=inscription&department=13 (fecha de consulta: 17 de febrero de 2025).

Museos Capitolinos. Disponible en http://www.museicapitolini.org (fecha de consulta: 17 de febrero de 2025).

Página web con algunas inscripciones estudiadas por Dittenberger: http://www.attalus.org/docs/sig.html (fecha de consulta: 11 de febrero de 2025).

Página web con bibliografía en francés ordenada por temática: http://bcs.fltr.ucl.ac.be/EpiB3.html#EpiB31 (fecha de consulta: 11 de febrero de 2025).

Página web con estudios y avances en epigrafía de época bizantina: https://www.oeaw.ac.at/en/imafo/research/byzantine-research/communities-and-landscapes/byzantine-epigraphy (fecha de consulta: 11 de febrero de 2025).

Página web de la Universidad de La Laguna con recursos del profesor Ángel Martínez Fernández: https://campusvirtual.ull.es/ocw/course/view.php?id=84#section-0 (fecha de consulta: 2 de julio de 2025).

Página web de Pawel Nowakowski: https://historia.uw.edu.pl/en/personel/pawel-nowakowski-2/ (fecha de consulta: 23 de febrero de 2025).

Página web para buscar calcos y fotografías de *CIL*: https://cil.bbaw.de/ace/search?page=1 (fecha de consulta: 2 de julio de 2025)

Página web para buscar inscripciones de *IG*: http://telota.bbaw.de/ig/ (fecha de consulta: 11 de febrero de 2025).

PHI. Disponible en https://epigraphy.packhum.org (fecha de consulta: 5 de febrero de 2025).

Sabaté Vidal, Víctor (2021), *Inscribed Lead Tablets from the Ancient western Mediterranean*, tesis doctoral, Universitat de Barcelona, Barcelona. Disponible en http://hdl.handle.net/2445/176593 (fecha de consulta: 22 de marzo de 2025).

SEBarc = Sylloge epigraphica Barcinonensis (1994-), Barcelona, Universitat de Barcelona. Disponible en https://www.raco.cat/index.php/sebarc (fecha de consulta: 22 de marzo de 2025).

SEG = Supplementum Epigraphicum Graecum (1923-), Ámsterdam, Brill. Disponible en https://scholarlyeditions.brill.com/sego/ (fecha de consulta: 22 de marzo de 2025).

Suplemento a Carmina Epigraphica Graeca de Hansen. Disponible en https://ceg-supplementum.uniroma2.it (fecha de consulta: 12 de febrero de 2025).

TAM = Tituli Asiae Minoris (1901-), Viena – Bonn, A. Hölder. Disponible (parcialmente) en https://archive.org/details/gri_33125010455224/page/n3/mode/2up (fecha de consulta: 22 de marzo de 2025).

Termas de Diocleciano (Museo Nacional Romano). Disponible en https://museonazionaleromano.beniculturali.it/terme-di-diocleziano/ (fecha de consulta: 17 de febrero de 2025).

The Anne Jeffery Archive – Poinikastas. Disponible en http://poinikastas.csad.ox.ac.uk/introduction.shtml (fecha de consulta: 13 de febrero de 2025).

The Fitzwilliam Museum de la Universidad de Cambridge. Disponible en https://fitzmuseum.cam.ac.uk (fecha de consulta: 17 de febrero de 2025).

The Museum of Classical Archaeology de la Universidad de Cambridge. Disponible en https://www.classics.cam.ac.uk/museum (fecha de consulta: 17 de febrero de 2025).

The Sara B. Aleshire Center for the Study of Greek Epigraphy. Disponible en https://aleshire.berkeley.edu/resources (fecha de consulta: 13 de febrero de 2025).

The Squeeze Collection. Disponible en https://www.csad.ox.ac.uk/squeeze-collection-0 (fecha de consulta: 22 de febrero de 2025).

Toth, Ida y Andreas Rhoby (ed.) (2020), *Materials for the Study of Late Antique and Medieval Greek and Latin Inscriptions in Istambul. A Revised and Expanded Booklet*, Oxford – Viena. Disponible en https://epub.oeaw.ac.at/0xc1aa5576_0x003b8514.pdf (fecha de consulta: 10 de febrero de 2025).

Van Effenterre, Henri y Françoise Ruzé (1994), *NOMIMA. Recueil d'inscriptions politiques et juridiques de l'archaïsme grec, I-II*, Roma, Publications de l'École Française de Rome. Disponible en https://www.persee.fr/doc/efr_0000-0000_1994_cat_188_1 (fecha de consulta: 22 de marzo de 2025).

Venice Squeeze Project. Disponible en https://pric.unive.it/projects/venice-squeeze-project/home (fecha de consulta: 2 de julio de 2025).

Ventris, Michael y John Chadwick (1973), *Documents in Mycenaean Greek*, Cambridge, Cambridge University Press. Disponible en https://books.google.es/books/about/Documents_in_Mycenaean_Greek.html?id=AkgPCAAAQBAJ&redir_esc=y (fecha de consulta: 22 de marzo de 2025).

Woodhead, Arthur G. (1981), *The study of Greek Inscriptions*, Cambridge, Cambridge University Press. Disponible en https://books.google.es/books/about/The_Study_of_Greek_Inscriptions.html?id=rwA4AAAAIAAJ&redir_esc=y (fecha de consulta: 22 de marzo de 2025).

ZPE = Zeitschrift für Papyrologie und Epigraphik (1967-), Bonn, Rudolf Halbelt. Disponible (parcialmente) en https://ifa.phil-fak.uni-koeln.de/forschung/zeitschriften-reihen/zeitschrift-fuer-papyrologie-und-epigraphik-zpe/downloads (fecha de consulta: 22 de marzo de 2025).

6. Sobre la Paleografía y Codicología griegas[1]

Carmen García Bueno[2]

Instituto de Lenguas y Culturas del Mediterráneo y Oriente Próximo

1. Introducción

La *Paleografía* (del griego παλαιός y γραφή) y la *Codicología* (del latín *codex* y el elemento compositivo λογία) son las ciencias encargadas del estudio del texto en su forma gráfica y del soporte que lo transmite, respectivamente.

La *Paleografía* no es la única disciplina que tiene por objeto la escritura manual. Se centra en el estudio de los textos literarios transmitidos sobre pergamino o papel y en formato libro, dejando el estudio específico de los textos, del tipo que sean, transmitidos en soporte papiráceo, a la *Papirología*. La *Diplomática* se encarga de los documentos no literarios, generalmente emitidos por cancillerías, notarios o a nivel privado. La *Epigrafía* se centra en textos transmitidos en soporte pétreo o metálico,[3] mientras que la *Sigilografía* o *Esfragística* (respectivamente del latín *sigilum* y del griego σφραγίς, «sello») se centra en los textos transmitidos en soportes hechos de cera, madera o metal y que están ligados a la validación de documentos. Los límites entre estas disciplinas no son rígidos y cualquier persona con conocimientos en una de ellas no tendrá verdaderas dificultades para pasar al estudio de un texto en un soporte diverso.

Por lo general, la *Paleografía* se aplica como ciencia afín al servicio del investigador que quiere editar un texto, pero no se agota ahí. En este aspecto, tiene una triple finalidad. Por una parte, permite leer textos de épocas pretéritas en estilos gráficos ya en desuso. Por otra, mediante el análisis de las características de los signos

———————

[1] Agradezco a Paula Caballero Sánchez (Universidad de Málaga), Jesús Polo Arrondo (Universidad Autónoma de Madrid) y los revisores anónimos del volumen la lectura atenta de este capítulo y las mejoras señaladas. Cualquier error o incoherencia que se encuentre corresponde enteramente a la autora.
[2] Correo electrónico: carmen.garcia.bueno@cchs.csic.es.
[3] Para un análisis más exhaustivo de la epigrafía, véase en este manual el capítulo quinto *Sobre la Epigrafía griega*, a cargo de Sandra Muñoz Martínez.

(letras, números, abreviaturas y símbolos) en la página y la comparación entre los diferentes manuscritos permite datar y localizar con mayor o menor exactitud la producción de los objetos que portan esa escritura. Por último, se detiene en entender cómo la escritura cambia a lo largo del tiempo, teniendo en cuenta el marco histórico y cultural en el que se ha producido. Como ciencia autónoma produce estudios sobre las particularidades de la *mano*, es decir, de la forma de escribir de un individuo o grupo de individuos en un momento y lugar dados.

La *Paleografía griega*, en concreto, estudia toda la producción manuscrita en esa lengua entre los siglos IV a. C. y XVI. Además, por contraste con su «hermana» latina (entendiendo por tal no solo la producción en esa lengua, sino también de otras que utilizan ese alfabeto en el ámbito europeo), en la *Paleografía griega* se pueden definir tres particularidades. En primer lugar, se percibe una gran uniformidad en la manera de escribir a lo largo del marco cronológico que comprende esta disciplina, lo que dificulta distinguir estilos particulares de una época o zona. En la elaboración del libro griego se perciben dos fuerzas contrarias que actúan a la vez. Por una parte, una tendencia conservadora que se traduce en que las innovaciones gráficas tienen poca cabida y, a la vez, la irrupción de escrituras cursivas sin pretensiones caligráficas. Estas dos fuerzas se podrían visualizar como un péndulo en continua oscilación, lo que genera épocas en las que hay una uniformidad que nos permite distinguir cánones o estilos y que limita los rasgos personales individualizables y, por otra, épocas en las que afloran rasgos propios que impiden agrupar las escrituras como seguidoras de un patrón concreto. Consecuentemente, la segunda particularidad es que datar y localizar la producción manuscrita en griego no va a ser tan fácil y se tendrá que recurrir al auxilio de técnicas de otras disciplinas como la *Codicología* o la *Crítica Textual*. En este sentido, pues, la *Paleografía griega* alcanza resultados menos precisos que su homóloga latina. Por último, aunque no es un rasgo debido en sí a la disciplina, hay que señalar que la escritura, la lengua y la historia de la civilización griega, especialmente de las épocas medieval y contemporánea, suelen ser bastante ajenas al estudiante o egresado que se enfrenta al texto griego en forma manuscrita. En nuestro imaginario gráfico cotidiano no tenemos referencias habituales a esta escritura, lo que nos dificulta comprender algunos fenómenos.[4]

Por su parte, la *Codicología* se centra en la parte material del texto, en el manuscrito *per se*. No se reduce a la descripción del aspecto físico, aunque este suela ser el análisis más habitual, sino que también profundiza en las condiciones de producción, el medio social y cultural en el que se ha generado o los posesores (coleccionistas y bibliotecas), entre otros. Así pues, un estudio codicológico recogerá la mayor cantidad de datos posible, como un análisis del soporte atendiendo al tipo de material con el que está hecho, la organización de los cuadernillos, cómo se

---

[4] Obviamos aquí las aberraciones que se pueden encontrar en cartelería o tatuajes donde se transliteran, por lo general mal, palabras de diferentes idiomas a caracteres griegos con fuentes de estilo de imprenta moderna o cuyas formas adaptan formas históricas del alfabeto latino.

distribuye el texto en la página, la razón del formato (tamaño) del libro, el estudio del pautado y de las filigranas en el caso del papel, la presencia de notas, colofones y paratextos, es decir, de textos que no son el contenido principal del manuscrito y que pueden o no estar relacionados con él, la presencia (o ausencia) de iluminaciones u otra decoración, pero también cómo llegó el objeto a su ubicación actual, el estado de conservación y su relación con la historia de la transmisión del texto y los lectores.

Paleografía y *Codicología* van de la mano y, teniendo en cuenta lo que se acaba de exponer, cualquier persona que se enfrente a la edición de un texto griego a partir de un manuscrito y quiera hacer un trabajo a la altura de los estándares académicos y científicos actuales, no solo no debe obviar el análisis paleográfico sino que debe también atender a las peculiaridades materiales de los objetos que lo transmiten para comprender mejor los fenómenos que encuentra y que está analizando desde un punto de vista literario, lingüístico, social, económico, etc.

1. 1. La *Paleografía griega* en España

A diferencia de su «hermana» latina o castellana, la *Paleografía griega* no ha formado parte de los planes de estudio universitarios de este país hasta la llegada del Plan Bolonia (2008-2009), cuando se ha empezado a ofertar, bien como asignatura propia, bien como parte de una asignatura de edición de textos, compartiendo espacio con la parte correspondiente al latín, en algunos programas de posgrado, generalmente másteres orientados a investigación.[5] Fuera de estos casos, se han realizado seminarios puntuales o se puede cursar en títulos propios de alguna universidad, ya que tampoco disponemos de cursos en plataformas de aprendizaje en línea como sí que se encuentran para el ámbito latino o castellano.[6] Sin embargo, lo

[5] A fecha de redacción de este capítulo, la única universidad de la que sabemos que oferta de continuo una asignatura de *Paleografía griega* es la Universidad San Dámaso en Madrid, disponible en sus planes de estudio desde 2010. Tienen un acercamiento reglado a la escritura griega los alumnos que cursan los másteres de *Estudios Clásicos* (ofertado en conjunto por las universidades Complutense, Autónoma de Madrid y Alcalá, en la asignatura *Técnicas filológicas: del texto antiguo a la edición moderna*), *Filología y Tradición Clásicas* (Universidad de Granada, en la asignatura *Paleografía Griega*), *Patrimonio Histórico y Literario de la Antigüedad* (Universidad de Málaga, en la asignatura *Paleografía y Crítica Textual grecolatina*) y *Textos de la Antigüedad Clásica y su pervivencia* (ofertado en conjunto por las universidades de Salamanca y Valladolid, en la asignatura *Transmisión, Crítica textual y Paleografía*). Esto no quita para que algunos docentes dedicaran, y sigan dedicando, unas horas en sus asignaturas más vinculadas con la edición de textos para exponer de manera breve y esquemática los aspectos más importantes, especialmente relacionados con la materialidad y transmisión de los textos y no tanto con la lectura.

[6] Que tengamos constancia, sin que signifique que hayan sido los únicos: *Aprendiendo a leer el griego. Introducción práctica a la Papirología y Paleografía griegas*, impartido en el Instituto de Filología del CSIC en marzo de 2004; *Seminario de Paleografía griega*, organizado por el Instituto Bíblico y Oriental y el Estudio Teológico Agustiniano de Valladolid en 2015; *Aprender a leer los manuscritos griegos. Introducción a la Paleografía y Codicología griegas*, organizado por el Departamento de Filología

habitual es que muchos alumnos que cursan griego en la universidad o bien no tengan interés en la materia por desconocimiento o bien no sepan cómo adquirir la práctica cuando realizan una tesis doctoral que conlleva el análisis y consulta de manuscritos.

Pese a esta situación y a su carácter marginal en general en la Filología, no ha sido una disciplina del todo descuidada en la academia española. Si hubiera que destacar un primer nombre sería el de Gregorio de Andrés Martínez, quien dedicó gran parte de su labor investigadora e intelectual al estudio de los manuscritos griegos conservados en la Real Biblioteca del monasterio de San Lorenzo de El Escorial (RBME), como miembro de la comunidad agustina allí asentada.[7] De Andrés completó el trabajo de catalogación de los manuscritos griegos de esta biblioteca, labor que el también agustino Alejo Revilla no pudo continuar al estallar la Guerra Civil, y añadió otro volumen sobre los manuscritos perdidos o desaparecidos. Publicó documentos relativos a la historia de los fondos bibliográficos de esta biblioteca y tradujo al español una obra fundamental, el *Essai sur les origines du fonds grec de l'Escurial* de Charles Graux, publicado en 1880.[8] Su labor no se limitó a esta librería, ya que es también autor del catálogo más reciente del fondo griego de la Biblioteca Nacional de España, así como de monografías sobre copistas griegos en España o humanistas españoles que cultivaron las letras griegas.

Dentro del ámbito universitario, el título de *magister magistrorum* correspondería al antiguo catedrático de la Universidad Complutense Antonio Bravo García, quien dedicó parte de su producción académica al estudio de manuscritos griegos en fondos españoles no solo desde el punto de vista ecdótico y crítico, sino también paleográfico y codicológico, y dirigió o codirigió varias tesis doctorales en las que la *Paleografía griega* está bien presente. Fue, además, el primer español miembro del Comité Internacional de Paleografía Griega (CIPG, *Comité International de Paléographie Grecque*). Entre sus primeros discípulos se encuentran Inmaculada Pérez Martín, investigadora titular en el CSIC, Teresa Martínez Manzano, catedrática de Filología Griega en la Universidad Complutense de Madrid, y Ángel Escobar Chico, catedrático de Filología Latina de la Universidad de Zaragoza. Todos cuentan con un gran número de publicaciones que versan sobre

---

Clásica de la Universidad Autónoma de Madrid en 2019; *Aprende a leer manuscritos griegos:* Workshop *en Codicología y Paleografía griegas*, organizado por el Departamento de Filología Griega, Estudios Árabes, Lingüística General, Documentación y Filología Latina de la Universidad de Málaga en 2022. El *Diploma de Experto en Bizantinística*, ofertado desde 2020 por la Universidad de Alcalá en colaboración con la Universidad Complutense, ofrece igualmente una asignatura de *Introducción a la Paleografía griega*.

[7] Para entender mejor la relevancia de esta figura, véase su nota biográfica en el *Diccionario Biográfico electrónico (DB~e)* de la Real Academia de la Historia a cargo de Balbina Martínez Caviró. Disponible en https://dbe.rah.es/biografias/49680/gregorio-de-andres-martinez (fecha de consulta: 23 de marzo de 2025).

[8] Citamos esta traducción como Graux (1982). De Andrés además enriqueció el cuerpo de notas al capítulo originales con otras nuevas señaladas con letras y colocadas a continuación de las de Graux.

cuestiones paleográficas, catalográficas, ecdóticas o de historia del fondo manuscrito griego español. No son los únicos, por supuesto, que han tratado estos temas. Otros docentes universitarios han adquirido su formación paleográfica en otras instituciones y, aunque hayan tenido ocasión de impartir seminarios o asignaturas relacionadas con la *Paleografía griega*, sus investigaciones los han llevado a centrarse más en otros campos.[9] Aunque la nómina es pequeña, el balance es positivo, puesto que demuestra que hay un interés creciente por la disciplina y poco a poco va encontrando su hueco en la academia española.

Teniendo presente el panorama que acabamos de presentar, ¿qué puede hacer un graduado o licenciado que quiera o necesite profundizar en la *Paleografía* y *Codicología* griegas? Tendrá que conocer qué bibliografía básica debe leer y dónde buscar bibliografía especializada, saber dónde empezar a buscar los manuscritos que pueden ser relevantes para su investigación y de qué manera, bien autodidacta, bien en formación reglada, aprender a leer el griego manuscrito y reconocer sus particularidades. Además, puede explorar las posibilidades que los ordenadores, la Inteligencia Artificial e Internet le ofrecen para su investigación.

A continuación, vamos a revisar cada una de las dos disciplinas con más detalle, de manera que nuestro lector tenga una panorámica de su desarrollo y de las herramientas, principalmente bibliográficas, para su estudio y aplicación.

2. PALEOGRAFÍA

A grandes rasgos, el estudio de la *Paleografía griega* se divide en dos grandes bloques, *mayúscula* y *minúscula*. Cuando hablamos de *escritura mayúscula* y *minúscula* no nos referimos al tamaño de las letras, sino que identificamos *mayúscula* con escritura *bilineal*, es decir, aquella cuyas letras están delimitadas por dos líneas horizontales paralelas y cuyos trazos verticales raramente superan estas líneas imaginarias. Por el contrario, *minúscula* se corresponde con escritura *tetralineal*, aquella en la que el módulo de las letras se encierra entre dos líneas horizontales paralelas, mientras que los ascendentes y los descendientes las superan, quedando a su vez limitadas por otras dos líneas horizontales paralelas.

El primer bloque, el de la mayúscula, se divide a su vez en tres partes siguiendo un criterio temporal. Los testimonios más antiguos remiten al periodo ptolemaico

---

[9] Tenemos en mente a Raúl Caballero Sánchez (Universidad de Málaga) que estudió con Guglielmo Cavallo en la Università di Roma La Sapienza, a Jesús Polo Arrondo (Universidad Autónoma de Madrid), que se formó en la Scuola Vaticana de Paleografia, Diplomatica e Archivistica, o a Pedro Pablo Fuentes González, de la Universidad de Granada, que ha colaborado en ocasiones en los proyectos de Felipe G. Hernández Muñoz, de la Universidad Complutense. Entre los investigadores más jóvenes en este ámbito, además «segunda generación» de discípulos de Antonio Bravo, citamos a Paula Caballero Sánchez (Universidad de Málaga) y Carmen García Bueno (ILC-CSIC).

(323 a. C. – 30 a. C.), al que sigue el periodo romano (30 a. C. – 324). En estas épocas se distinguen varios estilos y el principal soporte es el papiro. El tercer periodo, que se extiende más en el tiempo (324 – s. IX) corresponde ya a Bizancio, y contemplará también el paso del rollo de papiro al códice de pergamino. En él se han distinguido cuatro tipificaciones: una escritura de módulo cuadrado bastante regular, la *mayúscula bíblica*; la *mayúscula alejandrina*, caracterizada por el contraste modular; la *mayúscula ojival*, con sus variantes *inclinada* y *recta*, y una última, nacida casi ya en el momento en el que se estaba abandonando la escritura mayúscula para la copia de textos, y que queda relegada al ámbito eclesiástico, la *mayúscula redonda litúrgica*.[10]

El segundo bloque comprende la escritura minúscula, que no surge de la nada. De hecho, se encuentra desde muy pronto en los papiros. Entonces ¿por qué es relevante el paso de la mayúscula a la minúscula? Porque a partir del siglo IX la encontramos utilizada para la copia de textos literarios y ya no se abandonará. Se pasa a utilizar una escritura que se tarda menos en trazar y que, además, permite tener más texto en la página. Este cambio, que se debe a una tendencia natural en la evolución de la forma escribir, también está motivado por toda la producción literaria que se genera en las querellas iconoclastas que suceden en este periodo. La literatura anterior también se verá beneficiada y asistiremos a la reescritura de muchas obras conservadas hasta el momento en manuscritos en mayúscula, en un transvase que supuso un primer filtro para la literatura antigua y clásica, ya que muchas de aquellas que no se consideraron para recopiarlas en minúscula quedaron olvidadas o se perdieron irremediablemente. Se han propuesto varias divisiones en la evolución de la minúscula según la antigüedad, la evolución de un sistema más simple a uno más barroco en sus trazos, si hay más o menos disponibilidad de formas alternativas para una misma letra, etc. En cualquier caso, los nombres de los estilos y cánones están aceptados y asentados.

En los comienzos del uso de la minúscula para copia libraria se han establecido unas estilizaciones que desembocan, hacia el s. X, en unas escrituras muy legibles con una tendencia a los trazos redondos como son la *minúscula bouletée*, caracterizada por unas pequeñas bolitas en algunos trazos descendentes, y la *Perlschrfit* o *escritura perla*, llamada así porque la sucesión de trazos redondos y la tendencia a astas poco sobresalientes recuerdan a un collar de perlas. Sin embargo,

---

[10] La *mayúscula bíblica* recibe este nombre porque los códices escritos con los mejores ejemplos de la escritura contienen el texto bíblico, no porque sea una escrita creada o reservada para la copia de esos textos. La *mayúscula alejandrina* también se conoce como *mayúscula* o *uncial copta*, ya que es la que se utilizó para adaptar el alfabeto griego a la escritura de esta lengua semítica. Se prefiere hablar de *mayúscula alejandrina* y no de *mayúscula copta* para que no se entienda que fueron los griegos los que copiaron la forma de las letras, o se vieron influenciados de alguna manera, por la escritura de esta comunidad cristiana egipcia. Algo parecido sucede con la *mayúscula ojival*, que también es conocida como *mayúscula eslava*. De nuevo, fue la escritura griega la que se tomó como modelo para el alfabeto eslavo y no al revés, de ahí la recomendación de no usar la segunda denominación.

este sistema se mantiene poco en el tiempo, puesto que por diferentes razones a partir del s. XI se observan dos tendencias: por una parte, escrituras que evolucionan a partir de ese modelo redondo, perdiendo equilibrio pero ganando en otros detalles, y, por otra, la irrupción de copistas no profesionales que no siguen el canon establecido y que aportan rasgos personales. Esto desembocará, en el caso de la primera tendencia, en escrituras como el *estilo beta-gamma*, llamado así porque la peculiar forma de esas dos letras, que destacan en el cuerpo del texto sobre las demás, o la *Fettaugen* u «ojos de grasa», donde el contraste de las letras más grandes con las restantes evoca las gotas de aceite flotando en un caldo. A partir del s. XIII, con la recuperación de la capital después del periodo latino (1204-1261), asistimos al fenómeno de las *escrituras miméticas*, un intento de restauración y vuelta al sistema gráfico previo a la ruptura del 1204, a la par que los textos de copistas no profesionales, generalmente profesores o eruditos, va dando paso a escrituras en las que se pueden definir cada vez más rasgos personales imposibles de agrupar en tendencias unificadas. Así pues, en los últimos siglos de existencia de Bizancio y en el siglo XVI encontraremos la convivencia de escrituras que tienen su origen en aquellas corrientes caligráficas de módulo redondo, como el *estilo metoquita* o el *estilo hodegos*, surgidas en s. XIV, con escrituras completamente individuales que llegan incluso a imitar la letra impresa.

A la par se mantiene la producción de manuscritos griegos en otras zonas, como el sur de Italia y Sicilia, la costa de Asia menor, la península del Atos, regiones de Grecia (Peloponeso, Ática) y Epiro, la zona sirio-palestina y el Sinaí o Chipre, que siguen conectadas con la capital, bien porque están bajo su control, bien por una tradición cultural y religiosa compartida. En estos casos se observarán desarrollos particulares en un viaje de ida y vuelta en el que la metrópoli aporta a las escrituras de estas regiones, que habían permanecido más estancadas, rasgos novedosos, o es la llegada de manuscritos de esas zonas con particularidades propias a Constantinopla o Tesalónica lo que provoca un cambio.

Antes de abordar con más detalle las referencias bibliográficas de esta sección, debemos mencionar la existencia de los *palimpsestos* o *codices rescripti*. *Palimpsesto* significa «borrar de nuevo» (sustantivo creado a partir de πάλιν, *de nuevo*, y ψηστός, *raspado*, del verbo ψάω) y consiste en el lavado y reacondicionamiento del pergamino para volver a recibir escritura. Muchas veces, cuando se mencionan manuscritos que han pasado por este proceso se piensa automáticamente en un acto de censura hacia un texto, especialmente de carácter científico y por un autor pagano, motivado por creencias religiosas, generalmente cristianas. La realidad, sin embargo, no es esa. En la mayoría de los casos se debe a cuestiones económicas y de reaprovechamiento de un material caro y en ocasiones de difícil acceso, especialmente en la zona oriental del Mediterráneo. Las razones para llevar a cabo tal proceso podían ser variadas: la pérdida de interés por el contenido, especialmente cuando el tema tratado se había quedado desfasado o se desaconsejaba la lectura del autor porque se consideraba superado; la incomprensión de la lengua de redacción, bien por desconocimiento (pensemos en zonas donde el griego fue una lengua más de comunicación y cultura pero que se fue perdiendo gradualmente con la llegada de los árabes) o por ser compleja de entender debido a un nivel elevado de su léxico o estilo; la dificultad para leer un estilo de escritura caído en desuso hacía ya tiempo, por ejemplo las tipologías de la mayúscula en un momento en el que la minúscula ya estaba ampliamente extendida; una condición ruinosa del soporte, en cuyo caso se trataba de salvar aquellas partes que todavía estaban bien; o la existencia de otra u otras fuentes con idénticos textos, con lo cual se «sacrificaba» el ejemplar menos apto para su uso en ese momento.

Uno de los palimpsestos más famoso y que se cita siempre como ejemplo es el llamado *palimpsesto de Arquímedes*, depositado en el Walters Arts Museum de Baltimore. Se trata de un manuscrito cuya *scriptio inferior*, es decir, el texto que se escribió originalmente en el pergamino, transmite, entre otras obras, varios tratados de Arquímedes, de ahí su nombre. Esta primera escritura se ha datado en la segunda mitad del s. X. Por su parte, la *scriptio superior*, es decir, el texto que se copió después de volver a preparar el soporte para la escritura, se trata de un eucologio, un devocionario para rezo privado, datado en el s. XIII.[11]

2. 1. Referencias generales

Aunque la bibliografía de las asignaturas que tocan la *Paleografía griega* ofertadas en las universidades españolas puede ser un buen punto de partida, es cierto que sin unas indicaciones es muy fácil caer pronto en el desánimo ante la gran cantidad de referencias que se pueden acumular.

En primer lugar, pese a su antigüedad, sigue siendo fundamental el extenso capítulo del profesor Bravo (1984a) en *Actualización científica en Filología Griega*, tanto por las definiciones de los diferentes aspectos que toca como la bibliografía citada, en gran parte todavía básicas para algunos aspectos. Comienza repasando cómo a lo largo del siglo XX se ha modelado a nivel teórico la disciplina (*1. Concepto de Paleografía griega*). Los siguientes epígrafes están dedicados al análisis con minuciosidad, tanto a nivel bibliográfico, como teórico y de ejemplos concretos, de la mayúscula (*2. Tipología de la Mayúscula*) y la minúscula (*3. La Minúscula y sus orígenes, 4. Tipología de la Minúscula, 5. Escrituras miméticas y nuevos hallazgos de textos*). Una vez que el lector tiene claras las coordenadas temporales y espaciales

---

[11] La página del proyecto que estudió este ejemplar está actualmente archivada en Internet Archive, donde se puede consultar completa. «The Archimedes Palimpsest Project». Disponible en https://web.archive.org/web/20090221153000/http://www.archimedespalimpsest.org/digitalproduct1.ht ml (fecha de consulta: 23 de marzo de 2025). En YouTube se pueden encontrar varios documentales y charlas de William Noel, el investigador encargado del proyecto de restauración, digitalización y estudio del manuscrito tras su llegada al Walters Arts Museum en 2008.

de la escritura, se pasa a describir el trabajo del investigador que está analizando una escritura (*6. El análisis paleográfico*), repasando pormenorizadamente algunos de los principales aspectos que se han de tener en cuenta (por ejemplo, el ángulo de escritura, la posición de las letras sobre, encima o debajo de la línea de escritura, los conceptos de «nexo», «ligadura» y «abreviatura», los rasgos característicos que se pueden apreciar en una escritura o copista en particular, como engrosamientos o trazos peculiares). Termina esta sección con la mención de los catálogos de facsímiles y otras obras en las que encontrar imágenes de manuscritos junto con bibliografía específica que, si bien ya tienen su antigüedad, no por ello dejan de ser interesantes y útiles todavía. Así se enlaza con la última sección (*7. La identificación de copistas*), que pone ante el lector una serie de indicaciones en las que encontrar material concreto para determinadas épocas o copistas.

La situación de la *Paleografía* y la *Codicología* griegas no se volvería a tratar en una publicación en ámbito hispano hasta pasadas más de dos décadas. Así, en el capítulo elaborado por el profesor Escobar (2008) en *Veinte Años de Filología Griega (1984-2004)* se complementan a nivel bibliográfico los aspectos tocados por Bravo para añadir las novedades aparecidas en este lapso de tiempo, y se añaden nuevos puntos que entonces no se tuvieron en consideración. En la parte de *Paleografía* el primer epígrafe (*1.1. Referencias generales*) está dedicado a los manuales existentes hasta ese momento, así como otras obras de carácter general que han venido a suplir en parte la ausencia de una obra de conjunto actualizada. El siguiente epígrafe (*1.2. Actas de congresos internacionales, facsímiles y otras publicaciones*) actualiza, en primer lugar, la lista de publicaciones del congreso de *Paleografía griega* del CIPG en el punto en el que lo había dejado Bravo, añadiendo cinco más y anunciando la celebración del siguiente (el celebrado en Madrid en 2008). Es de gran interés el segundo párrafo, en el que se ofrece de manera muy resumida las líneas generales que guiaron cada congreso y sus consecuentes actas.

El siguiente bloque analizado es el de las publicaciones periódicas, que incluye tanto las revistas académicas como aquellas publicaciones misceláneas, bien como homenaje, bien como compilación de obras de un único autor.[12] En el caso de las primeras, además de remitir a las citadas por Escobar (2008: 13),[13] sugerimos a los

---

[12] Por citar par de ejemplos más recientes recomendaríamos ojear Guzmán Guerra, Pérez Martín y Signes Codoñer (2014), una compilación de algunos de los estudios de Antonio Bravo García, o Martínez Manzano y Hernández Muñoz (2019).

[13] Por comodidad, incluimos aquí la lista de Escobar. Aquellas marcadas con asterisco ya están descontinuadas. Hay que tener en cuenta que algunas de estas publicaciones no distinguen los artículos dedicados al ámbito griego de los dedicados a otros ámbitos: *Bollettino della Badia Greca di Grottaferrata, Byzantinische Zeitschrift* (en la sección titulada *Paläographie, Kodikologie, Diplomatik*), *Byzantion, Codices manuscripti, Gazette du livre médiéval, Greek, Roman and Byzantine Studies, Jahrbuch der österreichischen Byzantinistik,*Quinio, Revue des études byzantines, Revue d'histoire des textes, Rivistia di studi bizantini e neollenici, Römische Historische Mitteilungen, Scripta: An International Journal of Codicology and Palaeography, Scriptorium* (en particular su *Bulletin*

interesados en el ámbito español que consulten los índices de las revistas *Erytheia: Revista de Estudios Bizantinos y Neogriegos*, editada por la Asociación Cultural Hispano-Helénica desde 1982, y *Estudios Bizantinos*, editada por la Sociedad Española de Bizantinística desde 2013, puesto que en ellas encontrarán artículos que analizan, desde diferentes ópticas, el fondo manuscrito griego en España. Igualmente encontrarán artículos en otras revistas académicas editadas en las universidades españolas, por ejemplo, en *Cuadernos de Filología Clásica*, editada en la Universidad Complutense, en *Estudios Clásicos*, editada por la Sociedad Española de Estudios Clásicos, o en *Emerita*, publicada por el CSIC. Con relación a los facsímiles, si bien es cierto que desde la aparición de este capítulo son muchas las bibliotecas que han puesto en línea de manera gratuita parte de sus fondos manuscritos, siguen siendo de gran utilidad las obras impresas con reproducciones de láminas. En ambos casos seguimos teniendo el problema de que la gran parte de las reproducciones no incluyen escalímetro, con lo que se pierde la perspectiva con relación a la realidad del objeto al que pertenecen esas láminas. Sigue siendo muy utilizado el publicado por Follieri (1969) con una selección de manuscritos vaticanos, ya que ofrece en un segundo volumen la correspondiente transcripción. Para la mayúscula, en particular para la llamada *mayúscula bíblica*, Cavallo (1967) ofrece un laminario muy completo. Para la minúscula, en los años 30-40 del siglo pasado habían aparecido publicados los diez volúmenes de los *Dated Greek Minuscule Manuscripts to the Year 1200*, compilación llevada a cabo durante una década por Kirsopp y Silvia Lake (1934-1945), y que hoy en día está accesible en línea. Casi medio siglo después, Turyn publicó *Dated Greek Manuscripts of the Thirteenth and Fourteenth Centuries [...]*, continuando el trabajo de estos autores. El primer volumen, aparecido en 1972, se centra en las bibliotecas de Italia, mientras que el segundo, aparecido en 1980, está dedicado a Reino Unido. En el interludio aparecieron, por una parte, un álbum dedicado a los manuscritos datados de Patmos (Komines 1970) y, por otra, una obra de carácter más generalista, en tanto que no se ceñía a un periodo en concreto, pero se reducía a las bibliotecas de Oxford (Wilson 1973), mientras que en Italia veía la luz *I codici greci in minuscola del sec. IX e X della Biblioteca Nazionale Marciana*, a cargo de Mioni y Formentin (1975), y que cubría el periodo inicial de la minúscula. En 1981 publicaron sendas obras Ruth Barbour, que ofrece una panorámica que complementa a la perfección cualquier manual o apuntes de Paleografía griega, así como al álbum clásico de Follieri, que ya se ha visto que está conformado únicamente por ejemplares de la Biblioteca Apostolica Vaticana, y Iohannes Spatharakis, cuya obra se dedica a los manuscritos iluminados datados hasta la caída de Constantinopla. Reseñable es también el

---

Codicologique), *Scrittura e Civiltà, Segno e testo, Νέα Ῥώμη. Se pueden añadir también otros títulos como *Byzantinoslavica* para quien necesite acceder a publicaciones de especialistas que publican en lenguas de Europa del Este, o *Manuscripta*. Es pertinente también considerar publicaciones más generalistas como *L'Année Philologique*.

catálogo de Astruc (1989) de manuscritos griegos datados entre los siglos XIII y XIV conservados en bibliotecas públicas de Francia, continuado por Paul Géhin (2005b). A estas obras clásicas y de acceso fácil, hay que sumar las que cita Escobar (2008: 14) más recientes. Cabría señalar que las publicaciones referidas a exposiciones en las que los manuscritos griegos ocupan un papel central o marginal también pueden ser una fuente para acceder a manuscritos de bibliotecas más apartadas o aquellos más difíciles de acceder, así como a bibliografía actualizada sobre esos códices en particular.[14] Cierran esta sección los trabajos dedicados a copistas. Por una parte, tenemos un título todavía fundamental y que no tiene contrapartida en versión digital, el *Repertorium der griechischen Kopisten (800-1600)* (RGK), obra que amplió el trabajo pionero de Vogel y Gardthausen 1909. Se trata de la compilación de todos aquellos copistas de los que se tiene constancia en el marco temporal indicado. Hasta el momento han aparecido tres volúmenes (*Reino Unido*, *Francia* y *Roma y el Vaticano*).[15] Cada uno de ellos se organiza a su vez en tres tomos: el primero recoge los datos biográficos básicos disponibles y una bibliografía sucinta de cada copista; el segundo ofrece los rasgos paleográficos más distintivos de forma gráfica, es decir, se han recortado las letras y con ello compuesto una pequeña «lámina», a modo de muestra ideal de su escritura; el último presenta un ejemplar de la mano de ese copista de alguna de las bibliotecas mencionadas en ese volumen. Aunque las imágenes son en blanco y negro y tampoco tienen escalímetro que nos permita hacernos a la idea de lo que estamos viendo, su utilidad no se limita a la identificación de copistas en una investigación, sino que también se pueden trabajar en clase, ya que es fácil encontrar en los correspondientes catálogos de bibliotecas el texto que nos están mostrando. Ya indicamos que la *Paleografía* no solo es una ciencia auxiliar de la Historia o de la Filología, sino que como ciencia autónoma produce principalmente estudios sobre copistas o grupos de copistas en particular. A la relación indicada por Escobar se podrían añadir dos títulos recientes, como Speranzi (2013) sobre Marco Musuro o García Bueno (2017) sobre Jacobo Diasorino.

Para cerrar la parte dedicada a la *Paleografía* se exponen brevemente las novedades más representativas en el estudio de escrituras particulares (*1.3. Mayúscula y minúscula*) así como de reflexiones sobre aspectos que no se pueden dejar de lado en el estudio del manuscrito, su relación con otras disciplinas o la

---

[14] Véanse, por ejemplo, Cortés Arrese y Pérez Martín (2008) o el catálogo de la exposición organizada en Padua en el marco del 24° Congreso Internacional de Estudios Bizantinos, celebrado en Venecia y Padua en agosto de 2022, sobre la presencia griega en la ciudad, especialmente de estudiantes, en los siglos XV y XVI Zorzi y Giacomelli (2022).

[15] Aunque Escobar (2008: 15) indica que la cuarta entrega estaba en curso de preparación, la verdad es que a fecha de 2025 no ha aparecido ni se tienen noticias de este trabajo. Para los manuscritos españoles ha habido varios proyectos, entre ellos uno de la Universidad Carlos III de Madrid dirigido por Francisco Lisi titulado *Manuscritos de Salamanca*, pero actualmente los avances que el proyecto hizo cuando estuvo vivo ya no están disponibles en línea.

corrección de ideas asentadas pero equivocadas (*1.4. Algunas consideraciones metodológicas*).

Ese mismo año apareció publicado el *Oxford Handbook of Byzantine Studies*, editado por E. Jeffrey, J. Haldon y R. Cormack. El capítulo dedicado a la *Paleografía griega* («Greek Palaeography»), escrito por Nigel Wilson (2008), es una perfecta introducción, sucinta y precisa y con bibliografía, para aquellos que lean en inglés, al estilo de la de Bravo (1984a). Se incluyen, además, dos pequeñas láminas en blanco y negro de dos manuscritos de bibliotecas oxonienses, lo que no suele ser habitual en las otras publicaciones mencionadas en esta sección. Comienza con la historia de la disciplina y sus principales rasgos, incluyendo no solo referencias bibliográficas sino también manuscritos concretos, lo que es de gran utilidad para comprender el fenómeno que se está describiendo.[16] El segundo epígrafe arranca en la mayúscula griega. Al resumen de las principales características gráficas, de la bibliografía más relevante y de la mención de los manuscritos más notables, le acompaña la primera lámina, en este caso perteneciente a un evangelio del Lincoln College (Lincoln Gr. 15). El tercer epígrafe pasa revista a la minúscula, tanto de las escrituras de Constantinopla como de las provincias o áreas de tradición griega. Tenemos aquí la segunda lámina, correspondiente a las *Homilías sobre el Génesis* de san Juan Crisóstomo conservadas en un manuscrito de la Bodleian Library (Laud. Gr. 75). El cuarto epígrafe se centra en las escrituras imitativas (más conocidas como *miméticas*) y arcaizantes, mientras que el quinto examina con un poco más de detalle algunas escrituras provinciales, en particular el estilo de Reggio, del sur de Italia, y el del grupo de manuscritos del *Nuevo Testamento* procedentes del área palestino-chipriota y conocidos como *familia 2400* o *Chicago-Karahissar*, ambas del s. XII. El último epígrafe está dedicado a las manos individuales. Toda la bibliografía se cita de manera abreviada y no es muy extensa, pero las referencias básicas están ahí, con lo que se puede acudir también directamente a ella. En el manual no se dedicó una sección a la *Codicología*.

Con el aumento del acceso a Internet y de la oferta de cursos, virtuales o presenciales, sobre *Paleografía griega*, parece que escribir un capítulo o un artículo introductorio sobre la materia no tiene ya mucho sentido. Sin embargo, Bautista Ruiz (2011) puede ser un punto de partida muy básico, pero no por ello menos interesante, para aquellas personas que por diferentes razones no tienen acceso a otros recursos bibliográficos de los mencionados aquí. Se trata de un breve artículo de menos de 20 páginas accesible en línea con una finalidad clara: *presentar un esquema claro de las distintas fases por las que pasó la escritura en lengua griega* (Bautista 2011: 8) con una clara intención de ofrecer un panorama general y básico a estudiantes de Filología Clásica. Para ello el autor divide el escrito en seis secciones, de las cuales a nosotros nos interesan especialmente las dos últimas. Comienza analizando las fuentes

---

[16] Las secciones están únicamente numeradas en numeración romana, no tienen título.

orientales pictográficas y silábicas (*2. Los primeros sistemas de escritura. Antecedentes del alfabeto griego*) y continúa por la historia del alfabeto griego ya propiamente dicho (*3. El alfabeto griego. Primeros testimonios*). En la cuarta sección (*4. La evolución de la escritura griega hasta la aparición de los primeros testimonios manuscritos*) se acota el estudio *a los tipos de letra que aparecen en los códices griegos* […] *rehuyendo profundizar en* […] *cuestiones <como> dataciones, identificación de manos o individuación de escrituras* (Bautista 2011: 88). Lo que vamos a encontrar en las restantes páginas son las características paleográficas más significativas de *los tipos de escritura manuscrita griega, identificados como tales, más importantes, tanto en mayúscula como en minúscula, hasta la llegada de la imprenta a mediados del siglo XV* (Bautista 2011: 88). En esta sección encontramos los primeros ejemplos de escritura que interesan conocer al lector: el P. Berol. inv. 9875, de finales del s. IV a. C., con *Los Persas* de Timoteo, y que se considera el testimonio literario griego más antiguo conservado, mientras que fuera de Egipto es el P. Derveni, contemporáneo del anterior, encontrado en Tesalónica.[17]

Para los dos últimos puntos el lector encontrará sintetizado en el cuerpo del texto la periodización y las principales características, mientras que en las notas a pie encontrará las principales referencias bibliográficas y las signaturas de los manuscritos que mejor ilustran cada tipo de escritura. El punto 5 se dedica a la mayúscula (*5. El griego en la tradición manuscrita. La escritura mayúscula y sus tipos más extendidos*), con un subapartado por cada una de las principales tipologías (*bíblica, redonda o romana, copta o alejandrina, ojival o eslava, litúrgica*). Si bien es todo correcto, se echa en falta una explicación en el punto *5.4. Mayúscula ojival o eslava* la razón del segundo nombre, que en el caso de las restantes es fácilmente deducible, pero aquí no se indica.[18] El punto 6 (*6. La escritura minúscula. Orígenes, popularización y escrituras tipificadas*), más largo, se dedica a la minúscula. Tras darnos las principales coordenadas de la minúscula (origen en la escritura de los papiros, difusión a partir del siglo IX), el recorrido sigue un orden cronológico: a los dos primeros siglos de existencia (*6.1. Minúsculas desde el siglo IX hasta el año 915* y *6.2. Minúsculas del siglo X*), donde encontramos las escrituras más antiguas hasta la *bouletée* y la *Perlschrift*, les siguen las minúsculas provinciales del área italiano (*6.3. Minúsculas italo-griegas*). Los dos siguientes siglos se reducen al punto 6.4 (*6.4. Minúsculas a partir del siglo XI*) para presentar un nuevo inciso «provincial» que nos lleva a Chipre (*6.5. La minúscula chipriota*) y aglutinar los ss. XIII-XVI en el último punto (*6.6. Los manuscritos de los siglos XIII-XVI*), de manera muy condensada y

_____

[17] Para el primero se puede ver, por ejemplo, Norman (2021). La entrada de Wikipedia del papiro de Deverni contiene información e imágenes sobre el mismo (Wikipedia contributors, 2023).

[18] La *mayúscula redonda o uncial romana* recibe este nombre por una característica evidente (la redondez de las formas) y porque se data en el periodo de dominio de Roma en el Oriente del Mediterráneo. Para la *ojival o eslava*, así como para el resto, véase antes en este capítulo al comienzo del punto *2. Paleografía* y la nota 10.

remitiendo a algunas de las obras pioneras y más generales para los dos últimos siglos. En general, el artículo cumple su propósito de ofrecer una panorama general e introductoria al alumno, con una bibliografía muy básica y ejemplos concretos que hoy en día se pueden encontrar en gran parte digitalizados.[19] Quien quiera profundizar puede continuar por las dos obras que son los ejes articulatorios del mismo: Bravo (1984a) y los apuntes de Canart (1980) de los que hablaremos más adelante.

Dejando de lado publicaciones que nos ofrecen, con mayor o menor profundidad, un marco teórico a la par que bibliográfico, tenemos otras que se centran únicamente en la recopilación bibliográfica. En este sentido un recurso que ha sido de gran utilidad es la compilación bibliográfica realizada por Paul Canart (1991), en la que reúne casi 1000 títulos relativos a la *Paleografía* y *Codicología* griegas. La obra comienza con una introducción en la que se recogen los trabajos más generales y metodológicos, incluyendo los repertorios de imágenes y recursos generales sobre bibliotecas o épocas en concreto, para pasar a continuación a revisar las publicaciones relativas a *Paleografía*, *Codicología* y el estudio sintético del manuscrito, es decir, aquellas publicaciones relativas a copistas o escritorios en particular, historia de las bibliotecas, etc. A estas cuatro grandes secciones se añade un breve apéndice para incluir aquellas publicaciones que no encajaban en alguna de las subdivisiones previas. Este pequeño librito de poco más de cien páginas será de gran utilidad para quien tenga necesidad de referencias bibliográficas básicas para cuestiones más concretas, teniendo presente su desfase de 30 años. Para recuperar publicaciones posteriores, hasta 2013 y en especial publicadas por especialistas italianos, se puede recurrir a un recurso digital disponible en línea en la página de *Pyle. A Gateway to Greek Manuscripts* que amplía la obra de Canart (1991).[20]

Actualmente se pueden encontrar compilaciones bibliográficas en línea, no solo las ya mencionadas al comienzo de los descriptores de asignaturas universitarias o la susodicha en *Pyle*, sino también en gestores bibliográficos como Zotero que permiten crear bibliografías abiertas a todo el mundo. El uso de estas herramientas permite que su actualización, el acceso desde cualquier punto del planeta y su reutilización sea mucho más fácil que la recogida en papel o la que está incrustada en un documento HTML. En este sentido, señalamos la compilación realizada por los miembros del IRHT y otros colaboradores en el grupo *irht_grec* por ser la que nutre a la base de datos Pinakes, y en la que se pueden encontrar, en sus casi 11000 registros, referencias

---

[19] Se echa en falta, por ejemplo, la cita completa de la referencia a la obra de Hunger (1972) en la que «bautiza» a la *Fettaugenstil* y que se comenta en el cuerpo del texto. Por otra parte, ya nadie habla de manuscritos *Leninopolitanos*, latinización del gentilicio de Leningrado, sino de *Petropolitanos*, el correspondiente para San Petersburgo. Se nota aquí que la referencia han sido dos obras escritas en los años 1980.

[20] Para más información sobre la bibliografía, véase Orsini y Maniaci (2013) a través de la web del recurso digital: http://pyle.it/bookshelf/bibliographies/ (fecha de consulta: 23 de marzo de 2025)

particulares a manuscritos, bibliotecas o copistas, así como a ediciones de textos, que no suelen tener cabida generalmente en las fichas de las asignaturas universitarias.[21] Por otra parte, hace unos años se creó el grupo *Paleografía, codicología y crítica textual griegas*, a cargo de Carmen García Bueno (2018), con la idea de reunir en un único espacio todas las referencias que iba recopilando de diferentes fuentes y que estuvieran igualmente accesibles a todo el mundo. Ambos son un *work in progress.* Por último, como recurso general de bibliografía disponible en línea habría que señalar *Greek Codicology/Paleography* de *Oxford Bibliographies*. Se trata de una compilación realizada por Inmaculada Pérez (2016) organizada en varios bloques. La primera sección, *Bibliographies*, recoge las referencias bibliográficas más generales, incluyendo dos subsecciones, *By Library* y *By Text*. A continuación, se examinan a las revistas y publicaciones periódicas (*Journals and Serials*), después los manuales (*Handbooks*), los trabajos introductorios a cuestiones más específicas (*Introductory Works*), y por último, las actas de congresos, en particular a los organizados por el CIPG (*Conference Proceedings*). Siguen las monografías dedicadas a colecciones en particular (*Books on Collections*) y los *Collectanea*, aquellas obras que agrupan artículos o capítulos de uno o varios autores con un tema en común. No podía faltar la sección dedicada a los facsímiles (*Facsimile Collections*), organizados en varias secciones, cada una de ellas con una pequeña indicación de qué bibliografía es más general o particular, más completa o relevante para un tema en concreto. El primer bloque (*Chronologically arranged*) recoge las publicaciones más antiguas y que solían tener un contenido holístico, es decir, trataban de tocar todos los aspectos. El segundo grupo (*By Library or Country*) recoge aquellas publicaciones que se centran en concreto en una biblioteca o país, mientras que el tercero atiende a la presencia de colofones o suscripciones datadas (*Albums of Dated Manuscripts*). El siguiente gran bloque está dedicado a los catálogos de exposiciones (*Catalogues of Book Exhibitions*), con una primera parte dedicada a aquellas que tratan en particular de los manuscritos griegos y una segunda para aquellas en las que también tuvieron cabida manuscritos en otras lenguas. Terminado el bloque generalista se pasa a la *Codicología*, empezando por las referencias más generales. Las secciones que componen esta parte tocan el papel y las filigranas (*Paper and Watermarks*), la construcción de la página, es decir, cuestiones relativas al pautado y la distribución del texto en la superficie escriptoria (*Constructing the Page*) y la encuadernación (*Bookbinding*). El tercer gran grupo se centra en la *Paleografía* (*Handwriting Styles*), desde las referencias básicas más generales hasta las más especializadas en diferentes cuestiones (*Capital Letter, Minuscule, Provincial Scripts: South Italy* y *Cyprus*). De aquí se pasa a la bibliografía específica para los copistas, empezando por los repertorios que recogen todos los copistas identificados hasta el momento y después los estudios individuales (*Single Studies*) dedicados a un copista en particular o los centros de copia o grupos de copistas (*Copy Centers and Scribe Groups*). Las últimas

---

[21] Séction grecque et de l'Orient chrétien de l'IRHT (2016).

secciones corresponden a los comienzos de la imprenta griega (*Early Greek Typography*), los manuscritos iluminados (*Illuminated Manuscripts*), los estudios dedicados a tipologías textuales (*Studies of Specific Texts*), en concreto al *Antiguo* y el *Nuevo Testamento*, la Liturgia y la Patrística, colecciones de facsímiles organizados por bibliotecas y catálogos de exposiciones más generales en las que se han incluido manuscritos. Las últimas referencias bibliográficas se encuentran en el bloque *Book and Society*. En conjunto es un recurso muy útil que solo tiene un problema: su acceso es de pago por suscripción bibliotecaria, y esto limita el público que tiene acceso.

2. 2. Manuales

El deseo que expresaba Escobar (2008: 11) de la elaboración de un manual de Paleografía griega reciente y actualizado se ha cumplido en parte, ya que solo los académicos italianos se han lanzado a esta empresa, como veremos más adelante. En general han sido bien recibidos por los paleógrafos, que se sirven directamente de ellos y en algunos casos incluso se han traducido a otros idiomas.[22] Es cierto que desde hace unos años circulaban por Internet, primero de manera más irregular y luego con el permiso del propio autor, las *Lezioni di Paleografia e di Codicologia greca* de Paul Canart. En realidad no son más que las notas de clase de la asignatura que impartía en la Scuola Vaticana di Paleografia, sistematizadas por el propio docente sin pretensiones editoriales ni actualización bibliográfica reciente (el propio documento lleva la fecha de 1980), por lo que no lo podemos considerar *el* manual que se estaba esperando y que nos hiciera olvidarnos de obras clásicas como la *Griechische Paläographie* de Viktor Gardthausen (1879) que menciona Escobar o la *Introduzione alla paleografia greca* de Mioni (1973). Ahora bien, los apuntes de Canart son un «básico» que toda persona con un mínimo interés en *Paleografía griega* debe tener en su biblioteca, ya sea en formato virtual, ya sea en impreso, para leerlo de manera autodidacta o acudir a él ante alguna duda. Al igual que el artículo que hemos mencionado antes de Bravo (1984a), estos apuntes son muy ricos en definiciones, en referencias a manuscritos (ahora además muchos accesibles en línea) en los que comprobar los detalles que se indican y además trata aspectos que no encontramos en la obra de Bravo. Los apuntes de Canart se dividen en dos partes. La primera está dedicada a la historia de la escritura libraria (la que hemos dicho que es objeto de la *Paleografía*) y la segunda a la parte material del manuscrito, es decir, a la *Codicología*. A su vez esa primera parte se divide en tres grandes bloques. El primero, *Nozioni di base*, recoge, como el propio título indica, todas las cuestiones terminológicas específicas de la materia que el estudiante debe conocer y tener claras antes de ponerse al estudio de las letras en sí. Los otros dos, más amplios, están

---

[22] Es el caso del manual de Perria, que apareció en traducción española en 2018 y en traducción griega en 2019.

dedicados a la escritura mayúscula y a la minúscula, respectivamente. Ambos capítulos empiezan con cuestiones más teóricas, como la distinción de *mayúscula*, *capital* y *uncial*, los problemas que plantea su estudio, bien por razones del soporte, bien por la dificultad de establecer unos límites cronológicos de uso o fijar una fecha concreta a partir de la cual se empieza a utilizar. Como es habitual, el desarrollo de cada sección se hace siguiendo el orden cronológico de más antiguo a más moderno, entrando en distinciones regionales ahí donde es posible y necesario, describiendo en cada caso las particularidades de manera minuciosa, aportando ejemplos y remitiendo a bibliografía específica cuando es necesario.[23]

Habría que esperar a 2011 para que tuviéramos no uno, sino dos manuales que nos permitieran «seguir la evolución de los estudios de paleografía griega […] *y que renovasen* desde el punto de vista científico el contenido de obras clásicas» (Escobar 2008: 11. La cursiva es mía).[24] Desde Italia llegaron, por una parte, el manual *La scrittura greca dall'antichità all'epoca della stampa. Una introduzione*, coordinado por Edoardo Crisci y Paola Degni. En esta *introducción* de 414 páginas participaron varios profesores de la academia italiana, que se encargan de aquellos capítulos o secciones de capítulos en las que son especialistas. El libro comienza con una *Premessa*, en la que Crisci expone las razones de la elaboración del libro y los criterios editoriales seguidos, y continúa organizado como lo descrito en los apuntes de Canart. Primero las cuestiones teóricas y terminológicas (*Introduzione. Oggetto, metodo, definizioni*) para pasar al estudio de la escritura exponiéndolo, eso sí, como el continuo que es. Así la obra evita fragmentar la parte de *Paleografía* en los dos grandes bloques tradicionales (mayúscula y minúscula) y prefiere establecer las separaciones por periodos historiográficos: el primer bloque va desde la Grecia arcaica hasta la época romana (*Dalla Grecia arcaica all'età romana*), el segundo se centra en la Antigüedad Tardía hasta el siglo VIII, aproximadamente (*Fra antichità ed epoca bizantina*), el tercero a los siglos IX-XII (*Il periodo mediobizantino*) y el último desde 1204 hasta el siglo XVI (*La minuscola greca dal 1204 al 1453 (e oltre)*). Este manual no es el que recomendaríamos a un neófito en la *Paleografía griega* que no esté acostumbrado a leer italiano académico. Tampoco sería recomendable por la

---

[23] El documento no trae imágenes facsimilares de los manuscritos que menciona, pero como ya hemos indicado, al tratarse en su gran mayoría de manuscritos conservados en la Biblioteca Apostolica Vaticana, es muy posible que ya estén digitalizados. Salvo en las primeras etapas, igualmente suelen ser ya accesibles muchos de los manuscritos mencionados de otras bibliotecas.

[24] En realidad, hay una publicación del año anterior cuyo título es *Handbuch der griechischen Paläographie* (*Manual de Paleografía griega*) por Harrauer (2010) en dos volúmenes. Sin embargo, pese a ese título, la obra se reduce al análisis de escritura sobre papiros datados o datables entre los siglos IV a. C. y VIII. No obstante, es interesante ver cómo está ordenado el trabajo. En primer lugar, destaca que sean dos volúmenes, el primero dedicado al análisis pormenorizado de la historia de la escritura en este periodo, tratando también cuestiones teóricas y de terminología, y en particular a más de 200 testimonios de los que se incluye la transcripción, al tratarse de *unicum*. El segundo volumen incluye las imágenes en blanco y negro, aunque sin escalímetro.

gran cantidad de datos que contiene. Esto es una apreciación personal que en absoluto desmerece la obra. Al contrario, es muy recomendable que quien ya haya tenido un contacto con la *Paleografía* en algún curso universitario y esté realmente interesado en la disciplina se haga con él. La organización del contenido es semejante en todos los capítulos y es muy interesante. Los capítulos se suelen abrir con una pequeña introducción que ubican al lector en el tiempo y el espacio para pasar a describir con detalle las particularidades de la escritura tratada, incluyendo referencias a manuscritos y bibliográficas, desde las más generales hasta las más particulares. En este caso, además, sí se ha incluido un apéndice de láminas (48 *Tavole*, pero el número total de imágenes presentadas puede superar la centena). Es cierto que son en blanco y negro y no están a escala, pero son de una calidad suficiente como para que el lector pueda ver claramente los fenómenos que se le están explicando. Es muy interesante que en vez de notas a pie se han introducido notas en una tipografía sin serifa y un cuerpo menor, además separadas con dos líneas del cuerpo de texto, en las que se amplía alguna información en particular. Por último, al final de cada sección, se incluye toda la bibliografía de cada sección citada de manera abreviada y que se encuentra desarrollada en la correspondiente sección de bibliografía, unas cuarenta páginas en total. Un aspecto novedoso e interesante de esta obra es que también tiene en consideración la escritura documental, ya que en algunos casos la encontramos utilizada en la copia de textos literarios.

Ese mismo año también vio la luz el manual de Lidia Perria, profesora en la Scuola Vaticana ya mencionada antes.[25] En realidad estamos de nuevo ante una síntesis de las notas de clase por parte su autora, aunque la labor de última revisión y paso a la imprenta recayó en otras tres especialistas en la materia (Alessia A. Aletta, Donatella Bucca y Maria Teresa Rodriquez) tras la inesperada muerte de Perria en 2003. En comparación con el volumen anterior, estamos ante una obra más breve pero no por ello menos valiosa. De hecho, su exposición es mucho más didáctica y menos farragosa que la del manual anterior y, además, contamos con una traducción española que facilita mucho más el acercamiento a la materia a un público hispanohablante. Incluye láminas, como viene siendo habitual en blanco y negro y sin escala, y al contrario que el anterior no incluye un apéndice final de bibliografía, sino que al principio se dan las referencias más generales y se reseñan los «manuales» anteriores, las actas de los congresos del CIPG, las colecciones de facsímiles ya mencionadas, tanto para mayúsculas y papiros como para minúsculas, y finalmente el RGK, Follieri (1969) y Canart, Jacob, Lucà y Perria (1998) (véase *Publicaciones mencionadas abreviadamente* y *Apuntes bibliográficos*). Antes de entrar en la materia paleográfica, se presentan al lector los conceptos teóricos más importantes que debe dominar previamente (*Cuestiones terminológicas*). Para la mayúscula se reserva el primer capítulo (*I. Las escrituras mayúsculas*) mientras que en la

---

[25] Todas las referencias que hacemos a este libro son desde la traducción española (Perria 2018).

minúscula se sucede la exposición de manera cronológica seguida de la espacial (*II. La minúscula libraria (siglos IX-X)*, *III. Las escrituras minúsculas de ámbito provincial (siglos X-XII)*, *IV. La disolución del modelo «Perlschrift» (siglos XI-XIII)*, *V. Las grafías de Palestina, Chipre y el Salento (siglos XII-XIV)*, *VI. El siglo XIV, VI. Los siglos XV y XVI*). En cada uno de ellos encontramos una pequeña introducción al comienzo que nos ubica en el contexto histórico y espacial, y la bibliografía particular se indica en nota a pie. En cada capítulo se selecciona una serie de láminas que aparecen comentadas en un espacio titulado *Comentario de las láminas* señalado visualmente con una tipografía diferente y todo el cuerpo de la sección en fondo gris. Cierran el libro siete *Anejos* que el lector no debe dejar de lado, y que complementan el estudio con explicaciones sobre todo el sistema de abreviaturas (*1. Abreviaturas y nomina sacra*, *2. Taquigrafía y braquigrafía*), cronología (*3. Nociones básicas de cronología bizantina*), necesario para poder entender después las fechas que nos vamos a encontrar, entre otras cosas, en las suscripciones y colofones (*4. Algunos ejemplos de suscripción*). El quinto está dedicado a la evolución fonética del griego (*5. La pronunciación medieval y moderna del griego*), fundamental para entender también fenómenos como el iotacismo o el betacismo; el sexto a las tablas eusebianas, igualmente útiles para quienes trabajan manuscritos de ámbito bíblico (*6. Las tablas de los Cánones eusebianos*). Finalmente, el séptimo está dedicado a *Codicología*.

En resumen, nuestra recomendación sería acudir en primer lugar a cualquiera de estos dos manuales recientes, con preferencia al de Perria (2011, 2018) y, en caso de que se requiera una explicación más detallada o de algún aspecto que este no toque, al de Crisci y Degni (2011). En ambos se va a encontrar fácilmente bibliografía especializada para profundizar. Si por alguna razón cualquiera de estos dos libros fuera inaccesible, los apuntes disponibles en línea de Canart (1980) son una lectura asequible.[26] En cualquier caso, la persona que se plantee el estudio autodidacta tiene que considerar que, pese a la mayor accesibilidad actual a manuscritos digitalizados, no sucede lo mismo con transcripciones, y las ediciones de textos, en los casos en los que las hay, no siempre nos ayudan con la lectura de la lámina.

---

[26] En español está también disponible Marcos García (2017). Esta obra es más ambiciosa que los manuales expuestos ya que arranca con la historia del alfabeto griego (*Capítulo I – Alfabeto griego*), a la *Paleografía* se le dedica casi la mitad del libro (*Capítulo II – Paleografía griega y Capítulo VIII – Tipología de la escritura griega, Capítulo IX – Sistemas abreviativos*); los conceptos relacionados con *Codicología* se tratan extensamente en varios capítulos (*Capítulo III – Materiales receptores de la escritura, Capítulo IV – Instrumentos escriptorios, Capítulo V – Forma del libro, Capítulo VI – Escribas y copistas, Capítulo VII – El texto, Capítulo X – Datación de los manuscritos*) y al final se dedican dos capítulos breves a cuestiones de *Crítica textual* y transmisión de los textos griegos (*Capítulo XI – Crítica textual y Capítulo XII – La transmisión de la literatura griega*), que no se encuentran en los manuales analizados en este capítulo.

3. CODICOLOGÍA

El soporte sobre el que escribamos, cómo esté tallado el instrumento de escritura, la composición química de la tinta o la manera de unir los componentes físicos del libro van a condicionar no solo el resultado final, sino también el proceso de creación del mismo. Estos y otros aspectos que estudia la *Codicología* se han dejado muchas veces de lado. Aunque hay algunos de ellos que fueron estudiados con cierta profundidad desde comienzos del s. XX, por suerte en la actualidad hay investigadores que dedican sus proyectos y esfuerzos a analizarlos de manera científica, y contamos con una producción literaria académica de gran interés.

De nuevo, el artículo del profesor Bravo (1984b) en el ya mencionado *Actualización científica en Filología Griega* sigue siendo de gran utilidad para quien quiera leer, en un espacio breve pero de manera concisa, sobre los principales rasgos codicológicos que se han de tener en cuenta al realizar un estudio de este tipo. Los temas tratados en esta exposición son las materias escriptorias (papiro, pergamino y papel), la composición de los cuadernos, las perforaciones, el pautado o *réglure*, las signaturas o custodios, el formato del libro (rollo o volumen), aspectos como las manchas o la pérdida de texto por agentes externos al objeto, la iluminación, las suscripciones y los colofones, la encuadernación y las filigranas o marcas de agua del papel. Lamentablemente, sigue siendo la referencia bibliográfica en español más completa para este tema desde el punto de vista del manuscrito griego. En el capítulo de Escobar (2008) la *Codicología* ocupa la segunda parte (*II. Codicología*) pero en mucha menos extensión y detalle que la parte de *Paleografía*. Sin embargo, recoge novedades en enfoques y líneas de investigación, y antes de pasar a la bibliografía (Escobar 2008: 27-36), nos presenta dos cuestiones que Bravo no tocó, relativas a la catalogación de fondos (*III. Catalogación de fondos manuscritos*) y al impacto de las nuevas tecnologías, metodologías y puntos de vista, que ya se dejaba notar en la investigación en estos campos (*IV. Nuevas tendencias de la investigación*).

Los manuales que hemos indicado en la parte de *Paleografía* incluyen capítulos dedicados a esta materia.[27] Siguiendo el mismo orden de exposición, en los apuntes de Canart (1980) se dedica la segunda parte (*Parte II. Studio Analitico del Libro Manoscritto*), casi 80 páginas, al estudio detallado del soporte (*4. La materia*), el formato (*5. La confezione materiale del libro*), cuestiones relativas al proceso de escritura, como la posición del copista, abreviaturas, números, etc. (*6. La scrittura*), los usos distintivos de la escritura y la decoración (*7. Le scritture distintive e l'ornamentazione*) y, finalmente, la encuadernación (*8. La legatura*), todo ello con gráficos, tablas de porcentajes, remisión a ejemplos particulares en papiros o manuscritos y en bibliografía específica.

---

[27] A pesar de su antigüedad, todavía puede ser útil e interesante en algún caso leer Gardthausen (1879).

En el manual de Crisci y Degni (2011) se dedica a *Codicología* el quinto capítulo (*5. Il libro manoscritto greco. Materiali e tecniche di confezione*), analizando igualmente la parte material (*5.2. I materiali del libro manoscritto*), todas las cuestiones relativas al formato y sus cambios, incluyendo aquí también el pautado (*5.3. Forma e confezione del libro*), mientras que la disposición del texto en la página, así como de organización de los cuadernos y los folios se analiza en el siguiente subcapítulo (*5.4. L'organizzazione e la gestione della pagina scritta*). A continuación, se trata la decoración (*5.5. L'ornamentazione come elemento di valutazione codicologica*) y la encuadernación (*5.6. La legatura*) y se cierra con una cuestión muy importante, la manera en que todos estos datos se plasmarán en nuestro estudio (*5.7. La descrizione del libro greco*). Al final, como en los capítulos anteriores, se recoge toda la bibliografía citada de manera abreviada y agrupada por los temas tratados. Las abreviaturas, la cronología y el análisis del contenido de las suscripciones y los colofones se reservan para dos apéndices que siguen al capítulo 5 (*A.1. I sistemi abbreviativi* y *A.2. Le sottoscrizioni*).

Como hemos señalado unas páginas antes, en el caso del manual de Perria (2011), la *Codicología* se trata en el último apéndice. Comienza igualmente con el estudio de la parte material y de la forma (*7.1. El códice papiráceo y pergamináceo. El paso del rollo al códice*). Se dedica un apartado especial a aquellos manuscritos pergamináceos elaborados con materiales reutilizados (*7.2. Los palimpsestos*). Todas las cuestiones relativas al pautado, organización del texto en la página, plegado de cuadernillos, etc. se ven en el subcapítulo siguiente (*7.3. La elaboración del códice*) aunque la organización particular de los cuadernillos se trata un poco más adelante (*7.5. La numeración de los cuadernos*). El subcapítulo cuarto está dedicado a todas las cuestiones que atañen al papel, tanto a su fabricación como a las filigranas y su identificación (*7.4. La fabricación y las características del papel. El códice de papel*) y, finalmente, se dedica un espacio a la decoración y la encuadernación (*7.6. La decoración. La encuadernación*). Pese a ser más breve que los anteriores, no se han sacrificado datos importantes y el estudiante encontrará igualmente tablas y gráficos como complemento a la explicación.

Quien necesite lecturas que profundicen en aspectos codicológicos en general puede acudir en español a la obra, ya clásica, de Ruiz García (2002). Aunque su enfoque es hacia el manuscrito producido en la península ibérica, los puntos que toca son, en la mayor parte, igualmente válidos para el manuscrito griego: por ejemplo, los capítulos *2. Los soportes de la escritura* y *4. Tipología del libro*. En el noveno (*9. La encuadernación del manuscrito*), hay unas páginas dedicadas a la *encuadernación de tipo bizantino* (pp. 307-320). Un «equivalente» a esta obra en francés serían Hoffmann (1998) o Géhin (2005a), mientras que en italiano se pueden consultar Maniaci 2002 y Agati 2009. También es muy interesante todo lo que se está publicando desde el punto de vista de la *Codicología estructural*, para la cual un primer acercamiento es Andrist, Canart y Maniaci (2013).

En *Codicología* se maneja una terminología común independientemente del ambiente gráfico en el que se trabaje, con alguna excepción, que hay que conocer para poder elaborar descripciones correctas. Por suerte, el *Vocabulaire codicologique* de Muzerelle (1985) cuenta con una versión en línea actualizada y multilingüe, los *Glossaires codicologiques*, publicados por el IRHT del CNRS, y que también incluye las correspondencias en español.[28] A este recurso no solo podemos acudir cuando estemos redactando un texto y necesitemos la definición o la traducción de un concepto, sino también para comprender un fenómeno determinado, puesto que en algunos se incluyen gráficos o dibujos ilustrativos.

Para algunas cuestiones más particulares algunas referencias son de conocimiento básico. Así, por ejemplo, sucede con el ya citado RGK o los catálogos de filigranas, que se conocen por el nombre del autor o su abreviatura. De esta manera, cuando se dice *Briquet* o *Br.* seguido de un número nos estamos refiriendo en concreto al catálogo en cuatro tomos del francés Charles Briquet (1923); si mencionamos a *Mošin* la filigrana será con muchas posibilidades un ancla y *Sosower* es el estudio de las filigranas en manuscritos griegos del siglo XVI conservados en bibliotecas españolas (en particular en la RBME, la Biblioteca nacional y la Biblioteca Histórica de la Universidad de Salamanca). El catálogo de Piccard (1961-1997) se organiza temáticamente, dedicando cada uno de sus diecisiete volúmenes a una silueta de filigrana de entre aquellas de las que cuentan con más ejemplares y variantes, y útil también para los manuscritos griegos es la consulta del de Harlfinger (1974-1980).

Para el pautado de los manuscritos en pergamino las referencias son la obra de Leroy (1976), continuada y ampliada por su discípulo Sautel (1995), mientras que para todo lo relacionado con los mecanismos para registrar el paso del tiempo se sigue acudiendo a Grumel (1958).

Para encuadernación y decoración no hay unas obras de referencia concretas. En el caso de las primeras se encuentran en línea *dossieres* de talleres de restauración que han realizado algún facsímil de encuadernaciones originales bizantinas, lo cual es muy didáctico para enseñar a los estudiantes.[29] En el caso de la decoración, los repertorios que indicamos en el bloque §2 de manuscritos iluminados además de para estudiar escrituras y ver cuestiones cronológicas cuentan con descripciones y bibliografía que orienten en una investigación de este tipo.

Para cerrar esta sección, hay que recordar que el libro, sea cual sea su forma, material y contenido, no es algo desligado de la sociedad que lo produce. Por ello, también hay que tener en cuenta bibliografía que trate esos temas. Una primera

---

[28] Institut de recherche et d'histoire des textes (2011). Se puede consultar igualmente la versión anterior, Muzerelle (2002). Del libro de Muzerelle citado existe una traducción española (Ostos, Pardo y Rodríguez 1997) y una italiana (Maniaci 1998²).

[29] Véase, por ejemplo, Vinourd (2012) con abundantes referencias bibliográficas, o Hervouin (2018).

lectura recomendable es el clásico de Reynolds y Wilson (1986), *Copistas y Filólogos*, o acudir a la rica bibliografía sobre lectores y bibliotecas de Gugliemo Cavallo (Cavallo 1988 o 2007, por ejemplo). Centrado en nuestro ámbito se pueden citar las contribuciones recogidas en volumen del coloquio celebrado en Dumbarton Oaks en 1971 (Mango y Ševčenko 1975), Wilson (1980; 1983) algunos de los trabajos más generalistas de Cavallo (1982; 2007) o Hunger (1989). Más reciente es Irigoin (2001) quien desgrana la evolución del libro griego atendiendo a cuatro ámbitos: Atenas y la Grecia arcaica y clásica, Alejandría y el mundo helenístico, Roma y el mundo grecorromano y Constantinopla y el mundo bizantino; las contribuciones recogidas en Mondrain (2006) se articulan en tres bloques (el primero y el último analizan la lectura y la escritura desde las prácticas de los copistas y de los textos literarios, mientras que el segundo se enfoca en el aprendizaje y la difusión de la lectura y de la escritura en la sociedad bizantina). Para comprender la evolución del soporte de escritura en el mundo antiguo se debe acudir a Del Corso (2022), un estudio reciente y actualizado para los siglos VII a.C.-IV d.C., mientras que Ronconi (2021) analiza la historia del libro y los lectores desde la Grecia arcaica hasta la Edad Media.

Finalmente, hay que tener en cuenta que por lo general los temas que se tratan en los artículos específicos o en los manuales sobre *Codicología* están bastante definidos, si bien el enfoque puede ser más tradicional o seguir alguna corriente más innovadora. Sin embargo, en este caso no es solo útil acudir a la bibliografía; hay otros recursos que pueden facilitar la comprensión y el estudio de algunas cuestiones relacionadas con la parte material del manuscrito. Ante la imposibilidad de llevar a nuestros estudiantes a una biblioteca con fondo manuscrito y enseñárselo in situ, lo cual sería probablemente de mucho más provecho, tenemos que recurrir a facsímiles, maquetas de libros o comparaciones con objetos similares que puedan ser más familiares, pero también a recursos que encontramos en línea, como vídeos, exposiciones virtuales, etc.[30]

---

[30] Por ejemplo, en mis clases les suelo recomendar la visualización de fragmentos de un vídeo del molino papelero Fabriano sobre la fabricación artesana del papel (en particular este: Gip2303 (2017), «Il Museo della Carta e della Filigrana a Fabriano». Disponible en https://youtu.be/VzohML-mcnM [fecha de consulta: 23 de marzo de 2025]). Es también interesante acudir a obras históricas, como los grabados de Lalande (1762) para la fabricación del pergamino y el papiro, o las ilustraciones en manuscritos como el Paris, Bibliothèque Nationale de France, Pet-Fol OE 111 (s. XVII), donde se presenta la fabricación de papel en China, o el London, British Library, Add. Or. 1699 (s. XIX), donde podemos ver, en una de sus ilustraciones, la fabricación del papel en Persia con los mismos instrumentos que conocemos para el ámbito occidental.

4. RECURSOS DIGITALES

Internet y la Web, así como los avances en la computación, han abierto un mundo de posibilidades impensables para unos artefactos que parecen la antítesis del ordenador y unas ciencias cuyo trabajo puede llegar a ser muy meticuloso y solitario. Una de las líneas que más se ha desarrollado, si no la que más, es la de la representación en el medio digital de objetos físicos. Estas representaciones, a la par que son otra garantía de preservación del original, han facilitado el trabajo a los investigadores, que pueden acceder de manera más rápida al manuscrito que están estudiando. Asimismo, el medio digital ha ayudado a la difusión en la sociedad de las labores realizadas por las instituciones *GLAM* (*Galleries, Libraries, Archives and Museums*, galerías, bibliotecas, archivos y museos) y los resultados del mundo académico, permitiendo el acceso, aunque sea a una réplica virtual, a objetos que, de otra manera, se degradarían más rápidamente o que por sus características no se pueden disponer tan fácilmente al público.

Con relación a los repertorios de escritura, no contamos con muchos ejemplos digitales, por lo que el ya mencionado RGK sigue siendo de consulta y referencia. Sin embargo, hay dos recursos para buscar paralelos con escrituras datadas cuya existencia es pertinente conocer. Por una parte, está *PapPal* enfocada a la escritura sobre papiro entre los siglos III a.C. y VIII d.C., y por otra *The Collaborative Database of Dateable Greek Bookhands* (CDDGB), que, como indica su título, se centra en escritura de textos literarios, independientemente del soporte, datados entre los siglos I y VIII, sin incluir ejemplares en minúscula.[31]

Ya hemos mencionado el *Vocabulaire codicologique* de Muzerelle, pero no es el único de ámbito codicológico que nos va a ser útil. Hay varios recursos dedicados en particular al papel y a los códices hechos en este soporte en el que vamos a encontrar bases de datos de filigranas, algunos de los catálogos anteriormente citados en formato digital o digitalizado (como es el caso de Briquet o Piccard), más referencias bibliográficas, etc. De entre ellos, yo suelo recomendar *Bernstein, Memory of Paper*.[32]

Un proyecto relacionado con los palimpsestos, muy interesante y que se está desarrollando actualmente se está llevando a cabo en la biblioteca de Santa Catalina del Sinaí (Egipto), con la participación del propio monasterio y varias instituciones académicas y de investigación. El registro en la base de datos es gratuito y nos permite acceder a las múltiples imágenes de más de 150 ejemplares localizados en

---

[31] «PapPal». Disponible en https://pappal.info/ (fecha de consulta: 23 de marzo de 2025) y «Greek Bookhands Database». Disponible en https://classics.artsandsciences.baylor.edu/academics/greek-bookhands-database (fecha de consulta: 23 de marzo de 2025).
[32] Wenger (2009-).

esta biblioteca que son palimpsestos o doble palimpsestos, como es el caso del Arab. NF 8, en el que encontramos escritura griega, latina y árabe.[33]

Como recurso general en línea se debe conocer *Pyle. A Gateway to Greek Manuscripts*, que ya hemos citado como fuente para algunas referencias bibliográficas. Este portal nació entre la comunidad académica italiana para unificar recursos y herramientas y ejercer de punto de encuentro de los estudiosos de los manuscritos griegos.[34] Con él nació también el blog *Paleografia Greca*.[35] Aunque ambos llevan tiempo sin recibir actualizaciones, esto no significa que se pueda ignorar su contenido. *Pyle* se organiza en varios menús. Algunos de ellos (*Catalogues*, *Facsimiles*, *Bookshelf*) nos dan acceso a referencias bibliográficas y en algunos casos a sus versiones en línea. *Projects* contiene una breve lista de enlaces a proyectos que trabajan sobre manuscritos, no únicamente del ámbito italiano, aunque solo algunos de ellos funcionan correctamente. El menú *Events* recibió su última actualización en 2017 y, en este caso, era más activo el citado blog. En *Tools* contamos con varias secciones de recursos en línea enlazados (algunos no disponibles ya): *Texts and dictionaries*, *Palaeography and codicology*, *Databases*, *Repertoires*, *Gateways*, *Online journals* y *Typography*. El último enlace (*Who's who*) nos presenta una lista de nombres y de instituciones que, aunque tampoco esté actualizado, sí que nos da un punto de partida para explorar quién trabaja sobre un determinado tema. Sin duda, lo más interesante son las secciones de recursos bibliográficos y herramientas.

Una base de datos que no se suele citar mucho, pero que puede tener su utilidad es *Digitized Greek Manuscrits*, alojada en la Universidad de Princeton.[36] Es muy sencilla de utilizar, porque podemos simplemente ir navegando por las páginas (los resultados se ordenan por el campo *Title*) o bien filtrar por alguno de los criterios combinables que nos ofrecen los menús desplegables de la cabecera (*City*, *Library*, *Collection*, *Number*, *Subject theme*, *Subject name*, *Script*, *Century* y *High Resolution*). En los resultados tenemos una pequeña ficha con datos básicos y el enlace a la digitalización.

En el caso de España, además de las digitalizaciones de la Biblioteca Nacional disponibles en *Biblioteca Digital Hispánica* y en los repositorios de otras bibliotecas universitarias o de otras instituciones, contamos con el *Álbum de copistas de manuscritos griegos en España*, alojado en la Universidad Complutense en el marco del *Seminario para el estudio de los manuscritos griegos en España (S.E.M.G.E.)*.[37] Es un recurso muy simple, puesto que consiste en una serie de láminas en las que se

---

[33] «Sinai Palimpsests Project». Disponible en http://sinaipalimpsests.org/ y https://sinai.library.ucla.edu/ (fecha de consulta: 23 de marzo de 2025).
[34] Maniaci, Orsini y Crisci (2013-).
[35] Arnesano (2011-).
[36] Jenkins (2015-).
[37] Hernández Muñoz (2004-2007).

ha identificado la mano de un determinado copista, ordenadas por bibliotecas (*Vol. I: Biblioteca de El Escorial*; *Vol. II: Biblioteca Nacional de Madrid*; *Vol. III: Biblioteca Universitaria de Salamanca*). Si bien es cierto que la web necesita una remodelación, ya que se han hecho nuevas identificaciones o correcciones que se tendrían que incorporar, y que desde la última actualización se han incluido algunas imágenes en línea de mejor calidad, sigue siendo muy apreciado como un complemento a las láminas del RGK (que no tiene volumen dedicado a España) y para practicar la transcripción paleográfica, aunque hay que señalar que, como en el resto de casos, no ofrece una transcripción.

Sin embargo, si hay un recurso que hay que conocer a la perfección y que va a ser el punto de inicio de muchas de nuestras investigaciones es, sin duda, *Pinakes*, a cargo desde el 2008 de André Binggeli y Matthieu Cassin. Esta base de datos tiene su origen en los años 70 en el Pontifical Institute of Mediaeval Studies en Toronto, donde se propusieron censar todos los manuscritos griegos hasta el s. XVI de los que se tenía constancia. En 1993 pasó a encargarse de su mantenimiento y ampliación el Institut de recherche et d'histoire des textes (IRHT) del CNRS en París.

Pinakes nos va a servir de varias maneras: para saber cuál es el contenido de un determinado manuscrito, cuántos manuscritos contienen un texto dado, en general o en una biblioteca en particular, o qué manuscritos pertenecieron a una persona en concreto, aunque ahora estén dispersos por diferentes instituciones. En la búsqueda (*Recherche*) se nos ofrecen tres posibilidades: buscar en general (*Recherche générale*), en la que completando los diferentes campos del formulario, con más o menos detalle, se nos devolverán una serie de resultados; buscar un manuscrito (*Rechercher des manuscrits*) partiendo de la localidad en la que se encuentre (podemos saltarnos el campo de país), con introducir solo tres letras el sistema ya nos ofrecerá las localidades cuyo nombre concuerda con esa cadena y según vayamos seleccionando nos irá acotando los siguientes campos, todos obligatorios. Al introducir una localidad (*Villes*) se filtran las instituciones (*Dépots*) que conservan manuscritos griegos en ella; al seleccionar el depósito se delimita el fondo (*Fonds*) y una vez que hayamos elegido uno en concreto, nos ofrecerá las signaturas (*Cotes*) que le corresponden. El botón *Recherche* al final del formulario obrará la magia. Otra opción de búsqueda es el número *Diktyon*, un número *currens* que identifica de manera individual cada manuscrito, a la que también se puede acceder directamente desde cualquier página con la caja de la derecha en la barra de menú.[38] El tercer modo de búsqueda ofrecido es la cruzada (*Recherche croisée*). *Pinakes* también nos permite buscar utilizando una serie de repertorios e índices en el menú *Répertoire & Index*. Actualmente están disponibles la búsqueda por catálogos especializados (de autores o especializados), en los índices que incluye la propia aplicación (autores, santos,

---

[38] Para saber más de este proyecto, véase Institut de recherche et d'histoire des textes (2016), «Diktyon. Réseau numérique pour les manuscrits grecs». Disponible en https://diktyon.irht.cnrs.fr/en/ (fecha de consulta: 23 de marzo de 2025).

copistas, posesores y otros, autores o títulos de la bibliografía), y por el comienzo del texto (*Recherche dans l'incipitaire*).

Cuando obtenemos la ficha de un manuscrito, esta puede estar más o menos completa, pero todas tienen la misma estructura. La cabecera la componen el país, la localidad, la institución donde está custodiado el manuscrito, el nombre del fondo y la signatura. Esto es muy importante porque básicamente nos va a servir para citar correctamente y de forma completa un manuscrito, de manera que un lector especializado lo entienda, con la localidad, institución y signatura. Podemos usar los nombres de las ciudades y las instituciones que nos brinda *Pinakes* a modo de estándar. A continuación, se nos indica el número *Diktyon* y qué tipo de signatura se trata (la actual o una anterior). El primer gran bloque (*Copistes, possesseurs & autres*) es un pequeño resumen de la historia del manuscrito, y en él encontraremos tanto hipervínculos a otros contenidos de *Pinakes* como a recursos externos (por ejemplo, al lado del nombre de un copista podemos tener el enlace a la lámina del *Álbum de copistas griegos en España* que ya hemos citado). El siguiente bloque recoge la bibliografía. Puede estar dividido en varias secciones: bibliografía general, estudios sobre el manuscrito, ediciones críticas, etc. Al hacer clic en alguna de esas referencias, obtendremos una página con una tabla en la que se nos presentan todos los manuscritos citados en esa publicación en particular que, a su vez, tendrá enlaces a los manuscritos individuales. En *Contenu* se desarrolla todo el contenido textual, y paratextual en los casos en los que sea necesario, de ese manuscrito. *Pinakes* es una herramienta fácil de aprender a usar y de manejar, y con la que hay que estar familiarizado, ya que ofrece muchas posibilidades al investigador.

BIBLIOGRAFÍA
Recursos impresos

Agati, M. L. (2009), *Il libro manoscritto da Oriente a Occidente: per una codicologia comparata*, Roma, L'erma di Bretschneider.

Andrist, P., P. Canart y M. Maniaci (2013), *La syntaxe du codex. Essai de codicologie structurale*, Turnhout: Brepols.

Astruc, C. (ed.) (1989), *Les manuscrits grecs datés des XIIIe et XIVe siècles dans les bibliothèques publiques de France. Vol. 1, XIIIe siècle*, París, Bibliothèque nationale de France.

Barbour, R. (1981), *Greek Literary Hands a.D. 400 – 1600*, Oxford, Clarendon Press.

Bautista Ruiz, H. (2011), «La escritura de la lengua griega desde sus primeros testimonios hasta la difusión del libro impreso», *Thamyris*, n. s. 2, pp. 81-103.

Bravo García, A. (1984a), «La paleografía griega hoy». En A. Martínez Díez (coord.), *Actualización científica en Filología Griega*, Madrid, Universidad Complutense, pp.1-64.

Bravo García, A. (1984b), «Una ojeada a la codicología griega», en A. Martínez Díez (coord.) *Actualización científica en Filología Griega*, Madrid, Universidad Complutense, pp. 65-79.

Canart, P. (1991), *Paleografia e codicologia greca: una rassegna bibliografica*, Ciudad del Vaticano, Scuola Vaticana di Paleografia, Diplomatica e Archivistica.

Canart, P., A. Jacob, S. Lucà y L. Perria (1998), *Facsimili di codici greci della Biblioteca Vaticana, 1: Tavole*, Ciudad del Vaticano, Biblioteca Apostolica Vaticana.

Cavallo, G. (1967), *Ricerce sulla maiuscola biblica*, Florencia, Le Monnier.

Cavallo, G. (2007), *Leggere a Bisanzio*. Milán, Sylvestre Bonnard.

Cavallo, G. (ed.) (1982), *Libri e lettori nel mondo bizantino: Guida storica e critica*, Roma, Laterza.

Cavallo, G. (ed.) (1988), *Le biblioteche nel mondo antico e medievale*, Roma – Bari, Laterza.

Cortés Arrese, M. A. e I. Pérez Martín (eds.) (2008), *Lecturas de Bizancio: el legado escrito de Grecia en España*, Madrid, Biblioteca Nacional.

Crisci, E., y P. Degni (eds.) (2011), *La scrittura greca dall'antichità all'epoca della stampa: una introduzione*, Roma, Carocci. (Una edición revisada apareció en 2021: Bianconi, D, Crisci, E., y P. Degni (eds.) (2021), *Paleografia greca*, Roma: Carocci.).

De Lalande, M. (1762), *Art de faire le parchemin*, París, Saillant et Nyon – Desaint.

Del Corso, L. (2022), *Il libro nel mondo antico. Archeologia e storia (secoli VII a.C.-IV d.C.)*, Roma, Carocci.

Escobar Chico, Á. (2008), «1. Paleografia y Codicología», en F. R. Adrados, J. A. Berenguer, E. R. Luján y J. Rodríguez Somolinos (eds.), *Veinte años de Filología Griega (1984-2004)*, Madrid, Consejo Superior de Investigaciones Científicas, pp. 11-36.

Follieri, E. (1969), *Codices Graeci Bibliothecae Vaticanae Selecti*, Ciudad del Vaticano, Biblioteca Apostolica Vaticana.

Gamillscheg, E., D. Harlfinger y H. Hunger (1989), *Repertorium der griechischen Kopisten 800-1600. 2. Teil: Handschrfiten aus Bibliotheken Frankreichs und Nachträge zu den Bibliotheken Großbritanniens*, Viena: Österreichische Akademie der Wissenschaften.

Gamillscheg, E., D. Harlfinger, H. Hunger y P. Eleuteri (1997), *Repertorium der griechischen Kopisten 800-1600. 3. Teil: Handschriften aus Bibliotheken Roms mit dem Vatikan*, Viena: Österreichische Akademie der Wissenschaften.

García Bueno, C. (2017), *El copista griego Jacobo Diasorino (s. XVI): estudio paleográfico y codicológico de sus manuscritos*, tesis doctoral, Universidad Complutense, Madrid. https://doi.org/10.5281/zenodo.3759835.

Gardthausen, V. (1879), *Griechische Paläographie*, Leipzig, Veit. https://doi.org/10.1515/9783112603345.

Géhin, P. (ed.) (2005a), *Lire le manuscrit médiéval : observer et décrire*. Paris, Armand Colin.

Géhin, P. (ed.) (2005b), *Les manuscrits grecs datés des XIIIe et XIVe siècles conservés dans les bibliothèques publiques de France. Vol. 2, Première moitié du XIVe siècle*, París, Bibliothèque nationale de France – Institut de recherche et d'histoire des textes.

Graux, C. (1982), *Los orígenes del fondo griego del Escorial* (trad. de G. de Andrés), Madrid, Fundación Universitaria Española.

Grumel, V. (1958), *La chronologie*, París, Presses Universitaires de France. https://gallica.bnf.fr/ark:/12148/bpt6k33309949.

Guzmán Guerra, A., I. Pérez Martín y J. Signes Codoñer (comps.) (2014), *Viajes por Bizancio y Occidente*, Madrid, Dykinson.

Harlfinger, D. y J. Harlfinger (1974-1980), *Wasserzeichen aus griechischen Handschriften*, Berlín, Verlag Nikolaus Mielke.

Harrauer, H. (2010), *Handbuch der griechischen Paläographie*, 2 vols., Stuttgart, Anton Hiersemann Verlag.

Hoffmann, P. (ed.) (1998), *Recherches de codicologie comparée. La composition du codex au Moyen Âge, en Orient et en Occident*, París, Presses de l'École normale supériéure.

Hunger, H. (1972), «Die sogenannte Fettaugenmode in griechischen Handschriften des 13. und 14. Jarhunderts», *Byzantinische Forschungen* 4, 105-113.

Irigoin, J. (2001), *Le livre grec des origines à la Renaissance*, París, Bibliothèque nationale de France.

Komines, A. (1970), *Facsimiles of dated Patmian codices*, Atenas, Basilikon Idryma Ereunon – Kentron Byzantinon Ereunon.

Leroy, J. (1976), *Les types de réglure des manuscrits grecs*, París, CNRS.

Mango, C. y I. Ševčenko (eds.) (1975), *Byzantine Books and Bookmen. A Dumbarton Oaks Colloquium*, Washington, Dumbarton Oaks. Incluye N. G. Wilson, «Books and Readers in Byzantium»; J. Irigoin, «Centres de copie et bibliothèques»; C. Mango, «The Availability of Books in the Byzantine Empire, a. D. 750-850»; H.-G. Beck, «Der Leserkreis der byzantinischen "Volksliteratur" im Licht der handschriftlichen Überlieferung» y K. Weitzmann, «The Selection of Text of Cyclic Illustration in Byzantine Manuscripts».

Maniaci, M (1998²), *Terminologia del libro manoscritto*, Roma, Istituto Centrale per la Patologia del Libro.

Maniaci, M. (2002), *Archeologia del manoscritto. Metodi, problemi, bibliografia reciente*, Roma, Viella.

Marcos García, J. J. (2017), *Manual ilustrado de Paleografía griega*, Madrid, Dykinson (2ª ed. 2018).

Martínez Manzano, T. y F. G. Hernández Muñoz (eds.) (2019), *Del manuscrito antiguo a la edición crítica de textos griegos. Homenaje a la prof.ª Elsa García Novo*, Madrid, Dykinson. https://doi.org/10.2307/j.ctv103xb9d.

Mioni, E. (1973), *Introduzione alla paleografia greca*, Padua, Liviana.

Mioni, E. y M. Formentin (1975), *I codici greci in minuscola del sec. IX e X della Biblioteca Nazionale Marciana*, Padua, Liviana.

Mondrain, B. (ed.) (2006), *Lire et écrire à Byzance*, París, Collège de France – CNRS.

Mošin, V. (1973), *Anchor Watermarks*, Ámsterdam, The Paper Publications Society.

Mošin, V. y S. Traljič (1957), *Filigranes des XIIIe et XIVe ss.*, 2 vols., Zagreb, Académie Yougoslave des Sciences et des Beaux-Arts.

Muzerelle, D. (1985), *Vocabulaire codicologique : répertoire méthodique des termes français relatifs aux manuscrits*, París, Editions CEMI.

Ostos, P., L. Pardo y E. E. Rodríguez (1997), *Vocabulario de codicología. Versión española revisada y aumentada del «Vocabulaire codicologique» de Denis Muzerelle* (*Instrumenta bibliologica*), Madrid, Arco Libros.

Perria, L. (2011), *Γραφίς. Per una storia della scrittura greca libraria (secoli IV a.C. - XVI d.C.)*, Roma – Ciudad del Vaticano, Università degli Studi di Roma «Tor Vergata» – Biblioteca Apostolica Vaticana.

Perria, L. (2018), *Γραφίς. Una historia de la escritura griega libraria, del siglo IV a.C. al siglo XVI* (trad. de L. Benassi e I. Pérez Martín), Madrid, Universidad San Dámaso.

Reynolds, L. D. y N. G. Wilson (1986), *Copistas y filólogos. Las vías de transmisión de las literaturas griega y latina*, Madrid, Gredos.

RGK = Gamillscheg, E., D. Harlfinger y H. Hunger (1981), *Repertorium der griechischen Kopisten 800-1600. 1. Teil: Handschriften aus Bibliotheken Großbritanniens*, Viena: Österreichische Akademie der Wissenschaften.

Ronconi, F. (2021), *Aux racines du livre. Métamorphoses d'un object de l'Antiquité au Moyen Âge*, París, Éditions de l'EHEES.

Ruiz García, E. (2002), *Introducción a la Codicología*, Madrid, Fundación Germán Sánchez Ruipérez.

Sautel, J.-H. (1995), *Répertoire de réglures dans les manuscrits grecs sur parchemin.* Turnhout, Brepols.

Sosower, M. (2004), *Signa officinarum chartariarum in codicibus graecis saeculo sexto decimo fabricatis in bibliothecis Hispaniae*, Ámsterdam, Adolf. M. Hakkert.

Spatharakis, I. (1981), *Corpus of Dated Illumintaed Greek Manuscripts to the Year 1453*, Leiden, Brill.

Speranzi, D. (2013), *Marco Musuro. Libri e scrittura*, Roma, Accademia Nazionale dei Lincei.

Turyn, A. (1972), *Dated Greek Manuscripts of the Thirteenth and Fourteenth Centuries in the Libraries of Italy*, Washington, University of Illinois.

Turyn, A. (1980), *Dated Greek Manuscripts of the Thirteenth and Fourteenth Centuries in the Libraries of Great Britain*, Washington: Dumbarton Oaks - Harvard University.

Vogel, M. y V. Gardthausen (1909), *Die griechischen Schreiber des Mittelalters und der Renaissance*, Leipzig: Otto Harrassowitz.

Wilson, N. G. (1973), *Medieval Greek Bookhands: Examples Selected from Greek Manuscripts in Oxford Libraries*, Cambridge (Ma), The Mediaeval Academy of America.

Wilson, N. G. (1980), «The Libraries of the Byzantine World», en D. Harlfinger (ed.), *Griechische Kodikologie und Textüberlieferung*, Darmstadt, Wiss. Buchges., pp. 276-309.

Wilson, N. G. (1983), *Scholars of Byzantium*, Londres – Baltimore, Duckworth Press – The John Hopkins Press.

Wilson, N. G. (2008), «Greek Palaeography», en E. Jeffreys, J. Haldon y R. Cormack (eds.), *The Oxford Handbook of Byzantine Studies*, Oxford, University Press, pp. 101-114.

Recursos en línea

Arnesano, D. (2011-), «Paleografia Greca. The blog of Pyle». Disponible en https://paleografia-greca.blogspot.com/ (fecha de consulta: 23 de marzo de 2025).

Biblioteca Nacional de España, *Biblioteca Digital Hispánica*. Disponible en http://bdh.bne.es/bnesearch/Inicio.do (fecha de consulta: 23 de marzo de 2025).

Binggeli, A. y M. Cassin (2008-), «Pinakes | Πίνακες. Textes et manuscrits grecs». Disponible en https://pinakes.irht.cnrs.fr/ (fecha de consulta: 09 de mayo de 2025).

Briquet, C. (1923), *Les Filigranes. Dictionnaire Historique des Marques du Papier dés leur apparition vers 1282 jusqu'en 1600*, Leipzig, Verlag von Karl. W. Hiersemann (reimpr. Hildesheim – Nueva York, Georg Olm, 1977). Disponible en https://memoryofpaper.eu/briquet/BR.php (fecha de consulta: 23 de marzo de 2025).

Canart, P. (1980), *Lezioni di Paleografia e di Codicologia greca*, Ciudad del Vaticano. Disponible en http://pyle.it/bookshelf/texts-on-pyle/ (fecha de consulta: 23 de marzo de 2025).

García Bueno, C. (2018), «Paleografía, codicología y crítica textual griegas». Disponible en https://www.zotero.org/groups/2165949/paleografa_codicologa_y_crtica_textual_griegas (fecha de consulta: 23 de marzo de 2025).

Gip2303 (2017), «Il Museo della Carta e della Filigrana a Fabriano», *Youtube*. Disponible en https://www.youtube.com/watch?v=VzohML-mcnM (fecha de consulta: 23 de marzo de 2025).

Hernández Muñoz, F. G. (2004-2007), «Álbum de copistas de manuscritos griegos en España». Disponible en https://www.ucm.es/copistas/ (fecha de consulta: 23 de marzo de 2025).

Hervouin, C. (2018), «Fac-simile d'une reliure byzantine du XVIIe siècle». Disponible en https://atelier-du-49.over-blog.com/2018/10/fac-simile-d-une-reliure-byzantine-du-xviie-siecle.html (fecha de consulta: 23 de marzo de 2025).

Institut de recherche et d'histoire des textes (2011), «Diktyon. Réseau numérique pour les manuscrits grecs». Disponible en http:///codicologia.irht.cnrs.fr/indexc (fecha de consulta: 23 de marzo de 2025).

Institut de recherche et d'histoire des textes (2011), «Index des termes». Disponible en http:///codicologia.irht.cnrs.fr/indexc (fecha de consulta: 23 de marzo de 2025).

Jenkins, D. (2015-), «Modern Language Translations of Byzantine Sources Digitized Greek Manuscripts». Disponible en https://library.princeton.edu/byzantine/manuscript-title-list (fecha de consulta: 23 de marzo de 2025).

Lake, K. y S. Lake (1934-1945), *Dated Greek Minuscule Manuscripts to the Year 1200, I-X and indexes*, Boston, The American Academy of Arts and Sciences. Disponible en http://pyle.it/facsmiles/lake-online/ (fecha de consulta: 23 de marzo de 2025).

Maniaci, M., P. Orsini y E. Crisci (2013-), «Pyle. A Gateway to Greek Manuscripts». Disponible en http://pyle.it/ (fecha de consulta: 23 de marzo de 2025).

Muzerelle, D. (2002), «Vocabulaire codicologique». Disponible en http://www.palaeographia.org/vocabulaire/pages/vocab2.htm (fecha de consulta: 23 de marzo de 2025).

Norman, J. (2021), «A Papyrus Fragment of Timotheus, Probably the Earliest Surviving Papyrus of a Greek Text». Disponible en https://www.historyofinformation.com/detail.php?id=3012 (fecha de consulta: 23 de marzo de 2025).

Orsini, P. y M. Maniaci (2013), «Greek Palaeography and Codicology Bibliography (post 1991). Beta edition». Disponible en http://pyle.it/bookshelf/bibliographies/ (fecha de consulta: 23 de marzo de 2025).

Pérez Martín, I. (2016), «Greek Codicology/Paleography». Disponible en https://www.oxfordbibliographies.com/display/document/obo-9780195389661/obo-9780195389661-0095.xml (fecha de consulta: 9 de mayo de 2025).

Piccard, G. (1961-1997), *Die Wasserzeichenkartei Piccard im Hauptstaatsarchiv Stuttgart, Findbücher I-XVII*, Stuttgart. Disponible en https://www.piccard-online.de/start.php (fecha de consulta: 23 de marzo de 2025).

Real Biblioteca del Palacio Real de Madrid, *RBDigital. Manuscritos*. Disponible en https://rbdigital.realbiblioteca.es/s/realbiblioteca/item-set/11350 (fecha de consulta: 23 de marzo de 2025).

Séction grecque et de l'Orient chrétien de l'IRHT (2016), «irht_grec». Disponible en https://www.zotero.org/groups/669969/irht_grec (fecha de consulta: 23 de marzo de 2025).

Sinai Palimpsests Project. Disponible en http://sinaipalimpsests.org/ y https://sinai.library.ucla.edu/ (fecha de consulta: 23 de marzo de 2025).

The Archimedes Palimpsest Project. Disponible en https://web.archive.org/web/20090221153000/http://www.archimedespalimpsest.org/digitalproduct1.html (fecha de consulta: 23 de marzo de 2025).

Vinourd, F. (2012), «Maquette de la reliure byzantine du Paris. gr. 2650». Disponible en https://vdocuments.mx/libro-en-madera-para-realizar.html?page=1 (fecha de consulta: 23 de marzo de 2025).

Wenger, E. (2009-), «Bernstein. The Memory of Paper». Disponible en https://memoryofpaper.eu/BernsteinPortal/appl_start.disp (fecha de consulta: 23 de marzo de 2025)

Wikipedia contributors (2023), «Derveni papyrus». Disponible en https://en.wikipedia.org/wiki/Derveni_papyrus (fecha de consulta: 23 de marzo de 2025).

Zorzi, N. y C. Giacomelli (eds.) (2022), *Tra Oriente e Occidente. Dotti bizantini e studenti greci nel Rinascimento padovano*. Padova, Padova University Press. Disponible en https://www.padovauniversitypress.it/publications/9788869383083 (fecha de consulta: 9 de mayo de 2025).